# Musikalische Porträtinterpretationen

von zwanzig modernen Komponisten

Paul Rosenfeld

Writat

Diese Ausgabe erschien im Jahr 2024

ISBN: 9789359949291

Herausgegeben von
Writat
E-Mail: info@writat.com

# Inhalt

# Wagner

Wagners Musik ist wie keine andere das Zeichen und Symbol des 19. Jahrhunderts. Die Männer, denen es offenbart wurde und die es zunächst ablehnen wollten und es dann leidenschaftlich und vorbehaltlos akzeptierten, fanden darin ihre Wahrheit. Es kam zu ihren Ohren wie der Klang ihrer eigenen Stimmen. Es war die gemeinsame, die universelle Sprache. Nicht nur in Deutschland, nicht nur in Europa, sondern in jedem Teil der Welt, der eine Kohlekraft-Zivilisation entwickelt hatte, drang die Musik Wagners mit der prägenden Kraft des perfekten Bildes herab. Männer aller Rassen und Kontinente wussten, dass es ebenso sehr von ihnen selbst stammte wie ihre ererbte und rassische Musik, und gingen darauf ein wie auf ein eigenes Abenteuer. Und wo immer die Musik wieder auftauchte, ob unter der Hand der Japaner, der Halbafrikaner oder der Yankees, schien sie von Wagner aus zu wachsen, so wie die hellen Triebe der Tanne aus den dunklen Trieben des Vorjahres sprießen. Eine ganze Zeit lang nutzte eine ganze Welt seine Redewendung. Sein Traum wurde bereits zu seinen Lebzeiten als integraler Bestandteil des Bewusstseins der gesamten Rasse anerkannt.

Denn Wagners Musik ist das Loblied des Jahrhunderts auf den materiellen Triumph. Es ist ihr Schrei des Stolzes auf ihre Besitztümer, ihr Streben nach immer größerer objektiver Macht. Wagners Stil ist steif und windelähnlich und geprägt vom Sinn für materielle Vermehrung. Es ist mutig, großartig, hochmütig im Bewusstsein des gigantischen neuen Körpers, den der Mensch erworben hat. Der klangliche Pomp und die Zeremonie, der Stolz der Trompeten, der arrogante Schritt, die großartige Ansprache, die breiten, vehementen, hochtrabenden Äußerungen, die üppige Textur seiner Musik scheinen für immer den Sieg des Menschen über die Energien des Feuers, des Meeres und der Erde zu verkünden , die Herrschaft über die Schöpfung, die plötzlich entstandenen Eisenbahnen, die Schifffahrt und die Minen, die Katastrophe von Reichtum und Komfort. Sein Werk scheint immer danach zu streben, Bilder von Größe und Reich zu schaffen, in denen Siegfrieds Schwert blitzt, in denen er mit Wotans Speer den Planeten beherrscht und über den Köpfen der Menschen die Burg der Götter errichtet. Es wagt es, sich mit den irdischen Kräften zu messen, jubelt im Feuer, rauscht mit dem Gewitter durch den Wald, glitzert und wogt mit dem Fluss, überspannt Berge mit der Regenbogenbrücke. Es ist voll von den Gesten von Riesen, Helden und Göttern, von den großen stolzen Bewegungen, von denen die Menschen in Zeiten wohlhabender Macht jemals geträumt haben. Sogar „Tristan und Isolde", das hohe Lied der Liebe, und „Parsifal", das Geheimnis, verbreiten Reichtum und Pracht um sie herum, sind in einer Atmosphäre aus schweren, prachtvollen Stoffen, inmitten von Gegenständen aus Gold und Silber und dickem, wolkigem Weihrauch angesiedelt. während die Protagonisten, die Liebenden und Retter, einen weltlichen Triumph zu feiern scheinen und sich selbst zu Königen krönen. Und über dem gesamten Werk von Wagners Musik schweben ein gewaltiges Diadem, die Türme, Brüstungen und Banner Nürnbergs, der freien Reichsstadt, Denkmal eines siegreichen Bürgertums, bürgerlicher Tugend, die auf den Ruinen des Feudalismus ihre eigene Welt errichtete, und hat allen Zeiten seine Würde und Nüchternheit und seinen Fleiß und seinen soliden Wert bewiesen.

Denn das Leben selbst vollführte die Wagnersche Geste. Der Wirbel aus Stahl, Glas und Gold, die schwarzen Expresspakete, die die sieben Meere durchpflügten, die rauchenden Züge, die die Eingeweide der Berge durchbohrten und Städte verbanden, in denen Horden von Geschäftsleuten pulsierten, die Telegrafendrähte, die die Welt mit ihren unaufhörlichen Berichten erzittern ließen, die ganze unheimliche, glitzernde Fee des Gewinns, der Industrie und der Herrschaft schien mit genau diesem Rhythmus, mit solcher Erhabenheit, mit solcher Berauschung zu treten, zu schweben, zu klingen, zu schmettern und anzuschwellen. Berge, die seit Tausenden von Jahren versiegelt waren, hatten sich wieder aufgespalten und eine Rasse mühseliger, rauchender Riesen hervortreten lassen. Die dichten Urwälder, die von Drachen heimgesuchten deutschen Wälder, waren wieder aufgesprossen, frisch und kühl und unerforscht, und nährten eine mächtige und fantastische Animalität. Wohin man auch blickte, schien der gehörnte Siegfried, der aus der Erde geborene Mann, wieder nahe, bereit, den Globus mit seinem gesunden Instinkt zu reinigen und zu verjüngen, die alten falschen Barrieren zu zerschmettern und nach oben zu Erfüllung und Macht vorzudringen. Als die Menschheit aus ihrem uralten Schlaf erwachte, glaubte sie zum ersten Mal, die Sonne am Himmel wahrzunehmen und das Licht der Schöpfung zu begrüßen. Und wo war diese Musik immanenter als in der Neuen Welt, in Amerika, dieser Essenz des gesamten Zeitalters? In welcher Umgebung wurde sie angemessener gewürdigt, so sächsisch die Akzente ihrer Rezitative auch sein mochten? Deutschland hatte Wagner hervorgebracht, weil es in Deutschland einen ununterbrochenen Fluss musikalischen Ausdrucks gab. Aber wäre der nordamerikanische Kontinent in der Lage gewesen, musikalische Kunst hervorzubringen, hätte er keine einheimischere, wirklich autochthonere als die von Richard Wagner hervorbringen können. Whitman hatte recht, als er diese Partituren „die Musik der ‚Blätter‘“ nannte. Denn nirgends blühte der Wald der Nibelungen üppiger und dunkler als an den amerikanischen Küsten, Bergen und Ebenen. Von den Türmen und Mauern New Yorks fiel ein Hauch, eine grandiose Sprache, eine Schrillheit und ein Ruhm, die wahrhaftig Wagners waren. Seine majestätischen, gebieterisch klingenden Töne, seine aufsteigenden Marschgeigen, sein pompöses und majestätisches Orchester existierten in der amerikanischen Szene. Selbst die Mauern und Flussufer, die berstenden

Städte, die Wut und Ausdehnung des Daseins ließen seine Ausdrucksweise verschwinden, ließen seine stolzen Prozessionen, sein klingendes Gold, seine stürmischen Synkopen und lodernden Blechbläser und Becken und seine vulkanisch überschwemmende Melodie in Schatten treten; sie schienen darum zu kämpfen, das zu erreichen, was seine Kunst war. Das amerikanische Leben schien nach dieser Musik zu rufen, damit seine Unermesslichkeit, sein wahnsinnig üppiger Reichtum und seine vielgestaltige Macht und transkontinentale Ausdehnung, sein lautes, grandioses Versprechen so etwas wie ewiges Dasein erlangen könnten.

Und so wie in Wagners Musik der Schrei des materiellen Triumphs des Zeitalters erklingt, so erklingt in ihr auch sein schrecklicher Schrei des Heimwehs. Die produzierte und über den Globus geschleuderte Energie wurde mit nicht geringerer Kraft wieder zurückgesaugt. Die Zeit, die den Sieg des Industrialismus erlebte, erlebte auch die Wiederbelebung oder den Wiederbelebungsversuch mittelalterlicher Gefühlsarten. Kardinal Newman war eine ebenso typische Figur des Lebens des 19. Jahrhunderts wie Balzac. Die Männer, die die neue Welt geschaffen hatten, verspürten in sich ein leidenschaftliches Verlangen, der Gegenwart erneut in die Vergangenheit zu entfliehen. Sie fühlten sich als Sieger und Besiegte, mächtig und doch verlassen und verlassen. Und Wagners Musik drückt beide Fluten mit gleicher Wahrhaftigkeit aus. So wie seine Musik tapfer ist mit einem Gefühl äußerer Kraft, so ist sie auch krank mit einem Gefühl innerer Unerfülltheit. Es gibt kein verzehrenderes Verlangen, kein schrecklicheres Heimweh, kein brennenderes Streben nach den alles überschwemmenden, alles überflutenden Fluten der Bewusstlosigkeit als das, was sich durch diese Musik ausdrückt. Es gibt Passagen, ganze Stunden von ihm, die wie das Streben eines Mannes sind, in die Dunkelheit der mütterlichen Nacht zurückzukehren, aus der er kam. Es gibt Musik von Wagner, die uns fühlen lässt, als hätte er versucht, große warme Wolken, große duftende Tücher, weite Vorhänge zu erschaffen, als sei er zu seiner Kunst gekommen, um etwas zu finden, in das er sich vollständig einhüllen und Sonne, Mond und Sterne auslöschen und in Vergessenheit versinken könnte. Nach einem solchen Heiler schreit Tristan, der im Sterben an der öden, felsigen Küste liegt, durch die unsterbliche Sehnsucht der Musik. Nach einem solchen göttlichen Boten klafft die Wunde des Amfortas; nach einem solchen Erlöser sehnt sich Kundry, die von sengenden Winden durch die Welt getrieben wird. Seine Liebhaber kommen aufeinander zu und suchen ineinander die Nacht, den Abstieg in die unergründliche Dunkelheit. Für sie ist Sex die Rückkehr, das völlige Vergessen. Durch jeden von ihnen ertönt der beharrliche Schrei:

„Frau Minne wird

Es werde Nacht!"

In diesen Männern und Frauen gibt es keine Zärtlichkeit, kein Bewusstsein füreinander. Es gibt nur die wilde, unpersönliche Sehnsucht nach völliger Verzehrung, das Erlöschen der brennenden Fackel, das völlige Aufgehen im Absoluten, das webende All. In jedem von ihnen steigert sich das Verlangen nach der Leere zu einer gigantischen, monströsen Blume, zu dem schimmernden Ding, das König Marks Garten und den plätschernden Bach und die fernen Hörner verzaubert, während Isolde auf Tristan wartet, oder zu dem verheerenden Fieber, das den kranken Tristan an sein Schmerzensbett fesselt.

Denn alle diese Wesen und hinter ihnen Wagner und hinter ihm seine Zeit sehnen sich nach der Vergangenheit, dem Vorgeburtlichen, dem Urschlaf und finden in einer solchen Rückkehr ihre große Erfüllung. Siegmund findet in den Zügen seiner Geliebten seine eigene Kindheit. Siegfried erweckt auf dem von Flammen umhüllten Hügel eine Frau, die vor seiner Geburt über ihn wachte und unverändert auf seine Reifung wartete. Mit dem Kuss von Herzeleide verwickelt Kundry Parsifal. Brunhilde ringt um die verzeihende Umarmung Wotans, sinkt in Unterwerfung, Versöhnung, Opferung an die Brust des Gottes. Und die Musik seiner Opern strebt nach einer umfassenden Vollendung, einem Aussterben, das sowohl Liebe als auch Tod und tiefer als beides ist. Das Feuer, das den Felsen der Walküre leckt, der Rhein, der im Finale der „Götterdämmerung" aufsteigt, die Szene überschwemmt und mit seinen stillen, wogenden Fluten über die Welt fegt, die gigantische Blüte, die im Liebestod ihre Blütenkrone öffnet und die Liebenden begräbt in einem Regen aus Düften und Blütenblättern, dem ruhigen rubinroten Glanz des Kelches, der den Schluss von „Parsifal" überdeckt, sind dies die Momente, auf die die Dramen selbst hinarbeiten und in denen sie ihren legitimen Abschluss, ihre Vollendung und ihr Ende erreichen. Aber nicht nur seine Finale sind voller Verzückung. Seine melodische Linie und die lyrischen Passagen in seinen Opern scheinen darauf hinzuarbeiten, wenn auch nicht endgültig, so doch zumindest vorbereitend. Diese seidenen, übermäßig süßen Perioden, der Moment der Versöhnung und Umarmung von Wotan und Brunhilde, die „Ach, Isolde"-Passage im dritten Akt von „Tristan", diese unzähligen lyrischen Höhenflüge mit ihren Anfängen und Abebben, ihren plötzlichen Fortschritten und Rückschritten, ihre … leidenschaftliche Wogen, die schließlich und nach all ihrem exquisiten Zögern anschwellen, aufflackern und sich in voller Fülle entfalten – auch sie scheinen zu versuchen, etwas von demselben Gebräu, demselben magischen Drogentrank zu destillieren, um etwas aus den Tiefen des Orchesters hervorzuzaubern Venusberg, ein Klingsor-Garten voller subtiler Düfte und sanfter Freude und ewiger Vergesslichkeit.

Und mit Wagner beginnt die neue Epoche der Musik. Er steht auf halbem Weg zwischen der feudalen und der modernen Welt. In ihm ist die alte und klassische Zeit vollendet. Tatsächlich ist so viel von seiner Musik Summe, ist Abschluss, dass es Zeiten gibt, in denen es nichts anderes zu sein scheint. Es gibt Zeiten, in denen seine Kunst völlig der Vergangenheit verfallen zu sein scheint; das Zusammentreffen eines Dutzend verschiedener Tendenzen, die in den letzten anderthalb Jahrhunderten lebendig waren; die Begrenzung der Arbeit eines Dutzend großer Musiker; die Verwirklichung des in Europa seit Einführung des Prinzips der Gleichschwebung geltenden Systems. In seinen Musikdramen gelten ein letztes Mal die alten Vorstellungen von Tonalität. Man spürt in „Tristan und Isolde" durchgehend die Tonart Des, in „Die Meistersinger" die Tonart C-Dur, in „Parsifal" die Tonart As und das dazugehörige Moll. Rhythmen, die während der gesamten klassischen Periode verwendet wurden, werden von ihm zu neuen Mustern verarbeitet und dienen ein letztes Mal. Motive, die von anderen übernommen wurden, werden von ihm aufgegriffen und sozusagen zu einem endgültigen Abschluss gebracht. Das Ende, der Abschluss, die Vollendung sind in seiner gesamten Kunst spürbar. Wenige Musiker hatten ihre Kraft und Methode direkter in ihren Händen, profitierten so enorm von den Experimenten ihrer unmittelbaren Vorgänger und wurden zu Erben solch immenser musikalischer Hinterlassenschaften. In der Tat war Wagner nie davor zurückgeschreckt, seine Schuld zuzugeben, und es gibt mehrere dokumentierte Fälle, in denen er Walthers Lied seinen Meistern paraphrasierte und die Komponisten erwähnte, die ihm in seiner Entwicklung am meisten geholfen hatten. Heute ist die Verschuldung sehr deutlich. Auf Schritt und Tritt sieht man, wie er von der Arbeit Beethovens profitiert, und zwar auf sehr schöne Weise. Die Struktur seiner großen und charakteristischen Werke basiert auf der symphonischen Form. Die Entwicklung der Themen „Tristan" und „Die Meistersinger" und „Parsifal" aus einzelnen Kernen; Die feine logische Abfolge, die Darstellung des thematischen Materials von „Parsifal" im Vorspiel und in der Erzählung von Gurnamanz und dessen anschließendes Wiederauftauchen, Abenteuer und Entwicklungen sind so etwas wie ein Gipfel der symphonischen Kunst, wie Beethoven sie verständlich gemacht hat. Und sein Orchester ist kaum mehr als das Orchester Beethovens. Er brauchte nicht die von Berlioz geforderte und von den modernen Menschen verwirklichte Gruppe unabhängiger Instrumentenfamilien. Er begnügte sich mit dem alten, klassischen Orchester, in dem bestimmte Gruppen verstärkt wurden und zu dem die Harfe, das Englischhorn, die Basstuba, die Bassklarinette hinzugefügt wurden.

Und seine Vorstellung einer „unendlichen Melodie", eines ununterbrochenen Musikflusses, der seinen Musikdramen Zusammenhalt und Einheitlichkeit verleihen sollte, war eine direkte Folge der Bemühungen

Mozarts und Webers, ihren Opernwerken Einheit zu verleihen. Denn obwohl diese Komponisten die alte Konvention einer Oper, die aus einzelnen Nummern besteht, beibehielten, gelang es ihnen dennoch, ihre Opern zu vereinheitlichen, indem sie in jeder von ihnen einen eigenen Stil schufen und eine emotionale Entwicklung in den verschiedenen Arien und konzertierten Nummern sicherstellten. Der Schritt von „Don Giovanni" und „Euryanthe" zu „Tannhäuser" und „Lohengrin" scheint heute nicht mehr ganz so lang wie früher. Tatsächlich gibt es Momente, in denen man sich fragt, ob „Lohengrin" wirklich einen Schritt über „Euryanthe" hinaus darstellt und ob die Steigerung von Kraft, Lebendigkeit und Fantasie nicht auf Kosten des Stils erfolgt ist. Darüber hinaus ist in vielen der tatsächlichen Fortschritte Wagners der Einfluss Webers deutlich erkennbar. Die finsteren Passagen scheinen nur Entwicklungen von Momenten in „Der Freischütz" zu sein; der großartige melodische Stil, das romantische Orchester mit seinen seufzenden Hörnern, der Ritterlichkeit und den Schnörkeln scheinen direkt aus „Euryanthe" zu stammen; die orchestrale Szenenmalerei des Sonnenaufgangs und andere Originaleffekte stammen aus „Oberon".

Selbst Meyerbeer lehrte Wagner mehr als nur den Einsatz bestimmter Instrumente, zum Beispiel der Bassklarinette. Der alte Opernspekulant war zweifellos für Wagners hohe Ansprüche an den Bühnenmaler und den Bühnentischler verantwortlich. Sein pompöser Auftritt begeisterte den Jüngeren nicht nur bei „Rienzi". Sie gaben ihm zweifellos den Mut, eine Opernkunst zu schaffen, die das neue Gold, die Macht und die Pracht feierte und in der Tat eine große Oper war. Wenn die Werke des einen Scheinwerke und die des anderen Poesie waren, so war es nur so, dass Wagner erkannte, was der andere sein ganzes Leben lang vergeblich zu erreichen suchte, und daran durch den inneren Börsenmakler gehindert wurde.

Und Chopins harmonisches Gespür sowie Berlioz' Orchesterzauber spielten eine Rolle in Wagners künstlerischer Ausbildung. Aber trotz all seiner unkalkulierbaren Schulden ist Wagner der große Initiator, der Zwinger der Moderne. Das liegt nicht nur daran, dass er das Alte zusammengefasst hat. Das liegt daran, dass er mit Gewalt eine Revolution begann. Indem er den Mann des 19. Jahrhunderts zum Ausdruck brachte, verwarf er das alte Dur-Moll-System, das Europa so lange dominiert hatte. Dieses System war das Ergebnis einer Vorstellung vom Universum, die den Menschen vom Rest der Natur abgrenzte, ihn in eine eigene Kategorie einordnete und vorgab, er sei sowohl das Zentrum als auch das Objekt der Schöpfung. Denn sie bezeichnete den Menschen als Konsonanz und die Natur als Dissonanz. Die Oktave und die Quinte, die Grundlagen des Systems, sind natürlich nur in der menschlichen Stimme zu finden. Sie entsprechen ungefähr dem Unterschied zwischen der durchschnittlichen männlichen und der durchschnittlichen weiblichen Stimme und dem Unterschied zwischen der durchschnittlichen Sopran- und Altstimme. Auf diesen Intervallen basieren die C-Dur-Tonleiter und ihre dreiundzwanzig abhängigen Tonleitern. Aber mit dem Aufkommen einer Vorstellung, die den Menschen nicht mehr vom Rest der Schöpfung trennte und ihn als einen kleinen Teil davon, als Bruder der Tiere und Pflanzen, von allem, was atmet, einordnete, konnte die alte Skala nicht mehr vollständig ausgedrückt werden ihn. Die Modulationen der Wind- und Wassergeräusche, die unendlichen Abstufungen und Klangkomplexe, die auf der Planisphäre zu hören sind, schienen ihn aufzufordern, sie einzubeziehen, sich ihrer bewusst zu werden und sie zu reproduzieren. Er benötigte andere, subtilere Skalen. Und mit Wagner ist die Monarchie der C-Dur-Tonleiter am Ende. „Tristan und Isolde“ und „Parsifal“ sind auf einer chromatischen Tonleiter aufgebaut. Das Alte musste sein Privileg verlieren und sich damit abfinden, einfach nur einer von vielen zu werden. Auch wenn dieser Schritt nicht kolossal ist, so ist er dennoch von immenser Bedeutung. Die musikalischen Würdenträger, die nach der Uraufführung jedes Wagner-Werks händeringend umherliefen und sich über ungeheuerliche Gesetzesbrüche und zerbrochene Traditionen beklagten, hatten ausnahmsweise Recht. Sie haben richtig eingeschätzt, aus welcher Richtung der Wind wehte. Wahrscheinlich hörten sie, in der Ferne leise pfeifend, die pentatonischen Tonleitern von Mussorgsky und Debussy, die Tonleitern von Skrjabin, Strawinsky und Ornstein, die barbarischen, exotischen und afrikanischen Tonleitern der Zukunft, die einhundertdreizehn Tonleitern, von denen Busoni spricht. Und heute gibt es keine musikalischen Regeln, verbotenen Harmonien, Dissonanzen mehr. Siegfried hat sie zusammen mit Wotans Speer zerschlagen. Ost und West stehen kurz davor, wieder zu verschmelzen. Hätte es Wagner nicht gegeben, wäre die Veränderung zweifellos trotzdem eingetreten. Allerdings wäre es langsamer angekommen. Denn was ihm gelang, war das schnelle Entleeren des alten Weins, der noch im Weinschlauch verblieben war, die Vorbereitung des Gefäßes für den neuen Jahrgang. Er zwang das Neue, sofort in Erscheinung zu treten.

Die volle Wirkung dieser Reformen, die ganze Macht Wagners, haben wir unserer Generation zweifellos nie gespürt. Sie konnte nur von der Generation gespürt werden, der Wagner sich zuerst offenbarte, der Generation, die zwischen 1850 und 1880 zur Reife gelangte. An den Menschen jener Tage vollbrachte er sein ganzes Werk der Zerstörung und Wiederbelebung. In ihnen riss er Mauern nieder. Sie waren es, die er neu hören ließ, sich ausdehnen und wachsen ließ in dem Bemühen, ihn zu verstehen. In dem Moment, als wir Wagner begegneten, war sein Werk bereits eine Art abgeschlossene Erfahrung, etwas, das wir bereitwillig und mit einer gewissen Leichtigkeit annehmen konnten, weil es von einer ganzen Welt akzeptiert und assimiliert worden war und Teil des menschlichen Organismus geworden war. Seine Macht war bereits etwas geschwächt. So war Wagner, der Musiker, nicht mehr in der Lage, Wagner, den Dichter, oder Wagner, den Philosophen, für uns so existieren zu lassen, wie sie für die Menschen der früheren Generation existierten. Nur Houston Stewart Chamberlain versuchte noch immer, auf dem brennenden Deck zu stehen, von dem alle anderen geflohen waren. Für uns war es offensichtlich, dass Wagners Werk seine Musik so überragte, und oft trotz seiner Verse und seiner Lehre. Für uns war es eine Binsenweisheit, dass dramatische Bewegung und das Auffüllen von Szenen durch die Einführung von Charakteren, die sich gegenseitig sinnlose Rätsel aufgeben und ausführlich erklären, was ihre Namen nicht sind, unvereinbar sind; dass Poesie nicht darin besteht, banale Ausdrücke in archaische, alliterative und extravagante Kleidung zu hüllen; dass Wotan kein Verständnis für die wesentlichen Elemente von Schopenhauers Philosophie zeigt, wenn er darauf besteht, Brunhilde seinen Willen zu nennen.

Und doch, was auch immer der Unterschied sein mag, steckte der größte Teil von Wagners Macht noch in ihm, als wir seine Musik kennenlernten. Der Zauber, mit dem er die Generation vor uns in seinen Bann gezogen hatte, war immer noch stark. Auch für uns gab es die Momente, als Siegfrieds höhlenartige Waldtiefen uns zum ersten Mal anhauchten, als „Die Meistersinger“ zum ersten Mal über den Köpfen der ganzen Welt das Gonfalon der Kunst zur Schau stellten, als wir zum ersten Mal das uferlose goldene Meer von „Tristan und Isolde“ betraten. Auch für uns klang und klang der Name Richard Wagner über allen anderen musikalischen Namen. Auch für uns war er eine Art souveräner Herr der Musik. Sein Werk schien der Höhepunkt zu sein, dem die Musik über Jahrhunderte hinweg zustrebte und von dem sie notwendigerweise wieder herabsteigen musste. Wir wussten, dass es andere und vielleicht reinere Werke als seine gab. Aber sie schienen uns trotz all ihrer Vollkommenheit fern und weniger überzeugend. Neue Musik würde kommen, vermuteten wir. Doch wir waren überzeugt, dass sie sich als unbedeutend und unbefriedigend erweisen würde. Denn Wagners Musik hatte für uns eine Glut, die keine andere besaß. Sie war der magnetische Punkt der Musik. Ihre Farben glühten und glühten mit einer Tiefe und Leidenschaft, die sie wie einen Zauberkreis von anderer Musik abzuheben schien. Sie öffnete uns wie keine andere. Wir verlangten genau solche Orchesterbewegungen, genau solche großartigen Gesten, genau solche warmen, alles durchdringenden Fluten und wurden von ihnen erfüllt. Dass eines Tages der Magnetismus, den sie auf uns ausübte, von ihr weichen und sichtbar vergehen würde, schien die entfernteste aller Möglichkeiten.

Denn wir haben ihn mit der Welt unserer Minderheit akzeptiert. Für jedes Individuum gibt es eine sehr unterschiedlich lange Zeitspanne, in der seine Existenz hauptsächlich ein Prozess der Nachahmung ist. Im Bereich des Ausdrucks erstreckt sich diese Unterwerfung unter die Autorität weit über die gesamte Schwangerschaftsperiode bis weit in die Zeit der körperlichen Reife hinein. Es gibt nur wenige Männer, sogar nur wenige große Künstler, die nicht, bevor sie ihre richtige Ausdrucksweise und Geste erlangt haben, die ihrer Lehrer und Vorgänger übernehmen. Shakespeare schreibt zunächst im Stil von Kyd und Marlowe, Beethoven im Stil von Haydn und Mozart; Leonardo ahmt zunächst Verrocchio nach. Und was für den Künstler die Nutzung der Manier ihrer Vorgänger bedeutet, das war für uns die einzige Hingabe an Wagner. Denn er war nicht nur in der Atmosphäre, nicht nur immanent in den Leben, die um uns herum geführt wurden. Seine Gestalt war deutlich vor uns zu sehen. Kaum eine andere Künstlerpersönlichkeit war so stark von uns abhängig. An den Wänden der Musikzimmer hingen Bilder von graubärtigen, behelmten Kriegern, die gepanzerte blonde Frauen auf dem Arm hielten, von Königinnen mit goldenen Ornamenten auf den Armen, die sich über Brüstungen beugten und ihre Schals hin und her bewegten, von Frauen, die sich ins Meer stürzten Darauf verklangen gespenstische Geräusche von alten Männern und jungen Mädchen, die sich neckend durch ein Fenster neben einem Fliederbusch unterhielten, das war Wagner. Es gab Bücher mit Geschichten von magischen Schwänen und Horden aus Gold und unheilvollen Flüchen, von geisterhaften Sturmschiffen und hohlen Hügeln und Schwertern, die in Baumstämmen steckten und auf ihre Träger warteten, von Götterrassen und Riesen und schmutzigen Zwergen, von Wächterfeuern und Zaubertränken Vergesslichkeit und prophetische Träume und Stimmen, das war Wagner. Es gab Erwachsene, die bei diesen Dingen, von denen man las, mithelfen gingen, die in einem Zustand und voller Aufregung einen Abend verließen, um den Aufführungen von „Die Walküre" und „Tristan und Isolde" beizuwohnen, und die mit unterschiedlichen Stimmen und Manieren über diese Erlebnisse sprachen von denen, in denen sie beispielsweise vom Theater oder dem Konzert sprachen. Und es gab großartige und stattliche und leidenschaftliche Stücke, die sich über das Klavier bewegten, die einen packten und einen für sie unersättlich machten. Lange bevor wir das Opernhaus tatsächlich betreten und ein Werk Wagners in seiner Gesamtheit gehört hatten, gehörten wir zu ihm und kannten seine Kunst zu unserer eigenen. Wir wurden als Wagnerianer geboren.

Aber in letzter Zeit hat uns ein großes Abenteuer erlebt. Was einst wie die entfernteste aller Möglichkeiten schien, ist tatsächlich geschehen. Wir, die wir im Zeichen Wagners geboren und aufgewachsen sind, haben die Dämmerung des Gottes miterlebt. Er ist von uns zurückgetreten. Er hat sich von uns in die relative Distanz entfernt, in die er in seiner Stunde der Allmacht alle anderen Komponisten verbannt hat.

Er wurde vertrieben. Eine neue Musik ist entstanden und nahegerückt. Formen, die so solide, wundersam und überzeugend sind wie seine, umgeben uns. In den letzten Jahren hat sich unser Verhältnis zu ihm nach und nach verändert, und zwar so allmählich, dass wir es kaum noch merken. Etwas in uns hat sich bewegt. Andere Musiker haben unsere Aufmerksamkeit erregt. Andere Werke wirken mittlerweile so lebendig und in tiefen Farben, so wundersam und fesselnd wie seine einst. Nach und nach formierte sich das musikalische Firmament neu. Lange Zeit waren wir uns der Veränderung nicht bewusst, dachten, wir stünden immer noch im Gegensatz zu Wagner, dachten, die Strahlen seines Genies seien immer noch so direkt auf uns gerichtet wie eh und je. Doch in letzter Zeit ist die Distanz so groß geworden, dass uns die Veränderung plötzlich bewusst geworden ist. Plötzlich kommen wir uns vor wie Reisende, die, nachdem sie nachts an Bord eines an ihrem Pier festgefahrenen Linienschiffs gegangen sind und inmitten vertrauter Objekte, unter den wohlbekannten Leuchtfeuern und Türmen des Hafens eingeschlafen sind, plötzlich am hellsten Tag aufwachen und das Schiff kaum bemerken Sie haben sich auf den Weg gemacht und stellen fest, dass sich die Szene völlig verändert hat. Sie finden sich auf dem Meer wieder und erblicken, hinter ihnen verschwindend, den Hafen und die Stadt, in der sie offenbar erst vor einem Moment eingeschlossen waren.

Es ist das Heranreifen einer Generation, die den Wandel hervorgebracht hat. Für jede Generation haben die von ihren Mitgliedern geschaffenen Kunstwerke eine besondere Bedeutung. Aus ihnen entspringt im Laufe ihrer Zeit der kreative Impuls. Denn jede Generation ist so etwas wie eine Einheit.


„Jede Generation d'hommes

Germant du meisterst mütterlicherseits in der Saison,

Garde en elle, eine geheime Gemeinschaft, ein sicheres Geschenk

    „Dans la profonde contexture de son bois",

Claudel versichert uns dies durch die Maske von Tête d'Or. Und die Ähnlichkeiten zwischen Werken, die unabhängig voneinander im Laufe weniger Jahre entstanden sind, sind im Allgemeinen so viel größer als jene, die zwischen Werken einer Epoche und Werken einer anderen Epoche bestehen, geben ihm recht. Die Stile von Palestrina und Vittoria, die offensichtlich unähnlich sind, sind sich dennoch ähnlicher als die von Palestrina und Bach, Vittoria und Händel; ebenso wie die von Bach und Händel, so unähnlich sie auch sind, eine größere Ähnlichkeit aufweisen als jene zwischen Bach und Mozart, Händel und Haydn. Und so ist für die Menschen einer einzigen Epoche das während ihrer Zeit geschaffene Werk eine mächtige Ermutigung zur Selbstverwirklichung, zur Erfüllung ihres Schicksals, zur Erfüllung ihres Lebens. Denn die Bewegung eines Teils einer

Maschine bewegt alle anderen. Und in der Arbeit der anderen Mitglieder dieser Generation steckt ein Teil jedes Menschen einer Generation. Die Männer, die die Kunst der eigenen Zeit gestalten, machen ein eigenes Experiment, beginnen von ihrem eigenen Ausgangspunkt, wagen es, sie selbst zu sein und sich selbst zu sein, angesichts der Widersprüche der anderen Epochen. Sie sind so herablassend, so herablassend, so neinsagend und abschreckend gegenüber den anderen Zeiten und ihren Meisterwerken! Sie sind so unsympathisch, so fremd und großartig und distanziert! Sie scheinen zu sagen: „So muss es sein; das ist Form; das ist Schönheit; alles andere ist überflüssig." Wer sich an sie wendet, um Hilfe und Verständnis zu erhalten, ist wie jemand, der sich an viel ältere Männer wendet, an Männer mit anderen Gewohnheiten und Sympathien, um sich zu erklären, und sich stattdessen verwirrt und herabgesetzt fühlt, einen heimlichen Eifersuchts- und Grollblick unter der Maske erhascht. Aber das Abenteuer, dem Künstler der eigenen Zeit zu begegnen, ist das, die wunderbarste aller Hilfen zu finden, nämlich Bestätigung. Es bedeutet, jemanden zu treffen, der das eigene Leben gelebt, die eigenen Gedanken gedacht und sich den eigenen Problemen gestellt hat. Es geht darum, Bestätigung zu bekommen, sich selbst zu akzeptieren und den Mut aufzubringen, sich auf die eigene Art auszudrücken.

Und wir, unsere Generation, haben endlich die Musik gefunden, die uns so kreativ ansteckt. Wir haben die Musik der postwagnerischen Epoche gefunden. Es ist unsere Musik. Denn wir sind die Nachkommen der Generation, die Wagner assimiliert hat. Auch wir sind die Reaktion von Wagner. Durch die Entdeckung haben wir gelernt, dass Musik in uns andere Empfindungen hervorrufen kann als die von Wagner. Wir haben gelernt, was es heißt, wenn uns Musik sagt: „So fühlst du dich schließlich." Wir haben endlich erkannt, dass wir von der Musik andere Formen, Proportionen und Akzente verlangen als von Wagner; Orchesterbewegung, Farbe, Rhythmen, die nicht von ihm stammen. Wir haben gelernt, dass wir eine ganz andere Rührung des musikalischen Kessels wollen. Ein Lied von Mussorgski oder Ravel, ein paar Takte von „Pelléas" oder „Le Sacre du printemps", ein einziger schöner Moment in einer Sonate von Skrjabin oder ein Quartett oder eine Suite von Bloch schenken uns eine Freude, eine Erleuchtung, eine Befriedigung, die nur wenige Stücke älterer Musik erreichen können. Denn unser eigener Moment des Handelns ist endlich da.

Also hat sich Wagner zurückgezogen und sich der Gesellschaft von Komponisten angeschlossen, die einen anderen Tag als unseren eigenen zum Ausdruck bringen. Die Souveränität, die in ihm war, ist auf andere Männer übergegangen. Wir betrachten ihn derzeit als die Männer seiner Zeit, die Beethoven und Weber angesehen hätten. Dennoch wird er immer derjenige bleiben, der uns allen Meistern am nächsten steht. Zweifellos ist er nicht der größte Künstler, der Musik gemacht hat. So kolossal seine Kräfte waren, so kolossal die Kämpfe, die er für die Durchsetzung seiner Kunst führte, seine musikalischen Kräfte waren den Aufgaben, die er sich stellte, nicht immer gewachsen. Die unermüdliche Erfindungskraft eines Bachs oder Haydns, die Robustheit eines Händels oder Beethovens, die harmonische Persönlichkeit eines Mozarts waren Dinge, mit denen er nicht mithalten konnte. Stilistisch ist er sogar Männern wie Weber und Debussy unterlegen. Man findet, es gibt viele Momente, in denen seine Partituren zeigen, dass er nichts im Kopf hatte und dass er einfach die Routine des Komponierens durchlief. Allzu oft ließ er zu, dass ihn das System der Leitmotive von der Notwendigkeit des Schaffens abhielt. Zu oft machte er seine Kunst zu einem rein mentalen Spiel. Seine Emotionen, sein kreatives Genie waren viel unregelmäßiger, sein Atem war viel kürzer, als man es sich einst vorgestellt hatte. Einige der früheren Werke begannen schnell und unwiederbringlich zu verblassen. Man fragt sich heute, wie es möglich ist, dass man einst gebannt den Aufführungen von „Der fliegende Holländer" und „Tannhäuser" lauschte. „Lohengrin" wirkt mit seinen militaristischen Trompeten, seinem Missbrauch der Blechbläser ein wenig brutal, seltsam preußischer Leutnant. Man wählt sogar einen der Akte von „Tristan und Isolde" und findet den ersten deutlich schlechter als den ergreifenden, großartigen dritten. Manchmal lässt man etwas zu lange hinter seinem Werk blicken, nicht den heldenhaften Kämpfer, sondern den Mann, der es liebte, in pelzbedeckten Morgenmänteln in traurigen Salons zu schmachten.

Wenn Wagner tatsächlich großartig erscheint, dann vor allem als einer der feinfühligsten Musiker. Es ist die Leichtigkeit seines Pinselstrichs, die uns im dritten Akt des „Tristan", der ersten Szene der „Walküre", staunen lässt. Es ist die Zartheit seiner Fantasie, der Fliederduft, der seine Erfindungen durchdringt, der uns im zweiten Akt der „Meistersinger" verzaubert. Durch die Partitur von „Parsifal" scheinen engelhafte Formen und Flügel zu ziehen, zierlich, zerbrechlich und mit Silber beschlagen wie die von Beardsleys „Morte d'Arthur".

Aber die Schuld, die wir ihm schulden, wird ihm in unseren Augen immer eine große Bedeutung verleihen. Die Männer von heute stehen alle direkt auf seinen Schultern. Es ist zweifelhaft, ob irgendjemand von uns, dem passiven Publikum, ohne seine Musik heute hier wäre, wie wir sind.

# Strauß

Strauss war nie der gute, der perfekte Künstler. Schon im ersten Aufflackern seiner Jugend, selbst zu der Zeit, als er die kometenhafte, schillernde Gestalt war, die über allen Glatzköpfen des Universums den Maßstab für die musikalische Zukunft darstellte, war es offensichtlich, dass sein Geist ernsthafte Mängel aufwies. Trotz der Kühnheit, mit der er seine erstaunlichen, ergreifenden und ironischen Visionen verwirklichte, trotz seines jugendlichen Feuers und Überschwangs – und es war so etwas wie eine goldene Jugend der Musik, die Strauss über die Welt hereinbrechen ließ – spürte man in ihm den nicht ganz so schön vertieften Mann , dessen Beredsamkeit zeitweise einen schwachen Akzent vernahm, hatte das Gefühl, dass mit dem großzügigen Gold eine unverwechselbare Legierung verschmolzen war. Die Reinheit, die Innerlichkeit, die Suche des Herzens, das religiöse Gefühl der Schönheit, die in der Kunst der großen Männer, die die Musik entwickelt hatten, so unverkennbar vorhanden waren, fehlten in seinem Werk. Er besaß weder das unerschütterliche Gespür für Stil noch die Schwere der Haptik, die einen perfekten Handwerker auszeichnen. Er war kein gewissenhafter und anspruchsvoller Künstler. Es war offensichtlich, dass er nachlässig war, sich mit einigen seiner Materialien zu schnell zufrieden gab und nicht immer mit den Details zufrieden war. Mit seinem Feuer vermischte sich eine Art Faulheit und Gleichgültigkeit. Aber Strauss war damals unverkennbar das Genie, der originelle und bissig ausdrucksstarke Musiker, der Ingenieur stolzer Orchesterflüge, der Vorreiter und Bannerträger seiner Kunst, und man verzieh seine Unzulänglichkeiten wegen der Strahlkraft seiner Figur oder blieb es bin mir ihrer halb bewusst.

Denn nachdem seine Lehrzeit vorüber war und alle Lust, Symphonien und Kammermusik im Stil von Schumann, Mendelssohn und Brahms zu schreiben, Opern nach dem Vorbild von „Tannhäuser" und „Parsifal" zu komponieren, aus ihm erloschen war, begann dieser schlanke, schläfrige junge Bayer mit dem hellen Lockenhaar und dem Schnurrbart, die Ausdruckskraft der Musik auf erstaunliche Weise zu entwickeln und das Orchester so wunderbar sprechen zu lassen, wie es noch nie zuvor gesprochen hatte. Unter seiner Hand zeigte die Symphonie, diese strengste, abstrakteste und ehrwürdigste aller Formen, tatsächlich etwas von der erzählerischen und analytischen Kraft des Romans, seiner Buchstäblichkeit und Konkretheit der Einzelheiten. Sie beschrieb die Entwicklung einer Figur, war psychologisierend, wie sie es bis dahin nur in Verbindung mit Poesie oder dem Theater getan hatte. Strauss ließ sie die Entzündungen der sexuellen Illusion darstellen, Nietzsche und Cervantes kommentieren, die Abenteuer, Purzelbäume und das Ende eines legendären Schurken erzählen, einen Helden unserer Zeit porträtieren. Er brachte all diese intellektuellen

Konzepte in eine Musik ein, die so brillant, lebhaft und bissig ist, dass nicht viele klassische Symphonien mithalten können. Andere und frühere Komponisten hatten zweifellos davon geträumt, das Orchester konkreter ausdrucksvoller, präziser erzählend und beschreibend zu machen. Die „Pastorale"-Symphonie ist keineswegs das erste Stück bewusst programmatischer Musik. Und vor Strauss hatten sowohl Berlioz als auch Liszt mit der erzählenden, beschreibenden, analytischen Symphonie experimentiert. Aber erst mit Strauss wurde der symphonische Roman endgültig verwirklicht.

Weder Berlioz noch Liszt hatten ihre Programme wirklich in lebendiger Musik verkörpert. Liszt opferte stets das Programm der sanktionierten musikalischen Form. Bei aller Radikalität war er zu sehr von den klassischen Konzepten, den traditionellen musikalischen Schemata und Mustern eingeschränkt, als dass er die Symphonie auf der Grundlage eines außermusikalischen Schemas hätte verwirklichen können. Seine symphonischen Gedichte zeigen, wie schwierig es für ihn war, seine Musik seinen Ideen folgen zu lassen. In „Die Ideale" zum Beispiel weicht er zugunsten eines konventionellen Abschlusses völlig von der Kurve des Schiller-Gedichts ab, das er angeblich umwandeln wollte. Die Variationen, in denen er Lamartines Vers wiedergab, sind ziemlich stereotyp. Wann gab es eine Zeit, in der Komponisten ihre Themen nicht in verliebten, rustikalen und kriegerischen Variationen verformten? Die Beziehung zwischen dem pompösen und etwas leeren „Lament and Triumph" und dem Einzigartigen, dem Besonderen, das das Leben von Torquato Tasso ausmachte, ist eher äußerlich. Und selbst bei „Mazeppa", in dem Liszts virtuoses Genie ihm zugute kam, hat man das Gefühl, dass Liszt die Tatsache nie ganz im Auge behalten konnte und sich schließlich in das Weben eines musikalischen Musters vertiefte, das seiner Idee ziemlich fremd war. Die „Faust-Symphonie" ist schließlich eine Ausnahme. Auch Berlioz ist es im Großen und Ganzen nicht gelungen, den musikalischen Roman zu verwirklichen. Wann immer er musikalische Form erlangte, geschah dies im Allgemeinen auf Kosten seines Programms. Sind die etwas malerischen Episoden von „Harold in Italien" trotz ihrer Vorzüge, und davon gibt es viele, mehr als nur vage mit dem Byronismus verbunden, der ihnen angeblich zugrunde lag? Die überraschend konventionelle Ouvertüre zu „König Lear" erweckt den Eindruck, als hätte Berlioz einer Aufführung einer Shakespeare-Komödie zugeschaut und geglaubt, er helfe bei der Tragödie, so wenig hat die Musik mit dem Thema zu tun. Und wo es Berlioz andererseits gelang, sein Programm zu respektieren, wie in der „Symphonic Fantastique" oder im „Lélio", entstand eine etwas dünne und formlose Musik.

Doch Strauss profitierte von den Experimenten seiner beiden Vorgänger und verwirklichte die neue Form besser als jeder andere vor ihm. Denn er besaß die besonderen Gaben, die zur Erfüllung dieser Aufgabe erforderlich waren. Er besaß in erster Linie eine wundersame Fähigkeit zur musikalischen Charakterisierung. Durch die repräsentative Feinheit seiner Themen, durch seine außerordentliche Fähigkeit zur thematischen Variation und Transformation, seine spielerische, witzige und farbenfrohe Instrumentierung war Strauss in der Lage, seiner Musik eine Konkretheit, Anschaulichkeit und einen Realismus zu verleihen, die der symphonischen Kunst bis dahin unbekannt waren, um eine Person, eine Situation, ein Ereignis kurz, sparsam und treffend zu charakterisieren. Er konnte nach Belieben pathetisch, ironisch, verspielt, beißend, nachdenklich sein. Er hatte einen sicheren Ton, war plattdeutsch in „Till Eulenspiegel", höflich und brillant in „Don Juan", edel und bitter sarkastisch in „Don Quijote", kindlich in „Tod und Verklärung". Sein Orchester war in der Lage, sich allen Kurven und Biegungen seiner ausgefeilten Programme anzupassen und Äquivalente für individuelle Züge zu finden. Es ist nicht einfach „ein Mann" oder gar „ein Liebesheld", der in „Don Juan" dargestellt wird. Es ist kein vage Symbol für den Dichter, wie es „Orpheus", „Tasso" oder „Mazeppa" geschaffen haben. Es ist Lenaus Held selbst, das besondere Wesen Don Juan Tenorio. Die vibrierende, brillante Musik der aufwallenden, leicht tretenden Streicher, der resonanten, pulsierenden Blechbläser entspringt in einem virilen Marsch, enthüllt den Mann selbst, seinen körperlichen Glanz, seine Berauschung, die ihn dazu brachte, in jeder Frau die Venus zu sehen, und die ihn am Ende sowohl zum Opfer als auch zum Helden des Sexuallebens machte. Es ist Till Eulenspiegel selbst, der schäbige, komische Schlingel, der ewige schmutzige kleine Junge mit seinen witzigen und obszönen Gesten, der aus jedem Takt des nach ihm benannten Tongedichts herauslüstert und mit den Fingern an der Nasenspitze über die ganze anständige und respektable Welt kreischt. Hier ist die Orchestermusik ausnahmsweise wirklich wunderbar schelmisch und frech, die Hörner fröhlich und windig und frech, die Holzbläser koboldhaft und obszön. Hier taumelt eine musikalische Form auf urkomische Weise und macht Kapriolen und tanzt auf kahlen Köpfen. Die Variation von „Don Quijote", die mit Holzbläsern und Tamburin Dulcinea del Toboso beschreibt, ist rundlich und plebejisch und gutmütig in ihrer Person, ist umso schneidender vulgär und flach durch die vorangegangene, gewandte Variation, die den schönen, klangvollen Traum des Ritters von ihr beschreibt. Es gibt keine Musik, die klagender und dümmer wäre als jene, die im selben Werk die „Schafe" darstellt, gegen die Don Quijote so tapfer kämpft. Und es gibt auch keine Musik, die bösartiger und kleinlicher wäre als jene, die die Gegner in „Ein Heldenleben" darstellt. Das Porträt der Gemahlin des Helden, für das Frau Richard Strauss zweifellos Modell saß, ist so überaus eindeutig, dass man, ohne auch nur ein Foto der Dame gesehen zu haben, behaupten kann, dass sie mit einer diatonischen Figur geschmückt ist. Und die amüsanteste Passage der „Sinfonia Domestica" ist sicherlich dieser Komplex aus bayerischer Lustigkeit, bayerischer Grobheit, bayerischer Verträumtheit und bayerischer Gutmütigkeit, die thematische Gruppe, die als Selbstporträt des Komponisten dient.

Und so wie es damals scheinbar nur wenige Charaktere gab, die Strauss nicht malen konnte, so schien es auch wenige Situationen, wenige Atmosphären zu geben, denen er nicht gerecht werden konnte. Ein paar Takte, das unheimliche Klopfen der Pauken und Bratschen, das Grübeln der Holzbläser, das dumpfe Flackern der Flöten, der mühsame Atem der Streicher, und schon liegen wir erschöpft und keuchend auf dem Sterbebett nach Luft, beschwert von den Trümmern der Hoffnungen, in Erwartung der grausamen Schläge auf das Herz, die alles beenden werden. Hörner und Geigen zittern und knurren, Flöten schrillen, eine kurze Gestalt steigt in den Oboen und Klarinetten herab, und Till hat seinen Schurkenschweiß vergossen und tanzt in der Luft. Das Orchester offenbart uns Don Juans Liebesbeziehungen in ihrer ganzen Individualität: Zuerst die leidenschaftliche, feurige Beziehung mit der Gräfin, die schnell begann und schnell endete; dann die sanftere und innigere Gemeinschaft mit Anna, mit der Langeweile, die sich aus dem ständigen Verlangen der Dame nach Gefühlen und romantischer Haltung ergibt; dann die große Nacht der Liebe und der Rosen mit ihren berauschten goldenen Hörnern, ihren ekstatisch singenden Geigen; und schließlich die niederschmetternde Enttäuschung, der Schauder des Ekels. Die Schlacht in „Ein Heldenleben" stellt den Krieg wirklich dar; die pfeifende, ironische Windmaschine in „Don Quixote" persifliert Träume so bissig wie keine Musik es getan hat; das Orchester beschreibt den enthusiastischen Don, der sich von seinem Wahnsinn erholt, und lächelt abschließend; in „Also sprach Zarathustra" stapelt er die Wälzer der Wissenschaft hoch und tanzt mit dem Superman in fernen Welten.

Und obwohl er weniger erfinderisch war als Liszt und weniger reich und temperamentvoll als Berlioz, war Strauss besser als seine beiden Meister in der Lage, sein Material auf schwierigen und originellen Linien zu organisieren und musikalische Formen zu finden, die seine Programme repräsentierten. Dank ihrer Arbeit war er freier von den klassischen Traditionen als sie es waren und konnte die Musik genauer nach seinen Konzepten ausrichten und die älteren Formen wie das Rondo und das Thema und die Variationen perfekter seinem Zweck unterordnen. Kompositionen wie „Till Eulenspiegel", „Tod und Verklärung" und „Ein Heldenleben", solide gemacht und doch sowohl erzählend als auch dramatisch, ordnen die sinfonische Dichtung in die Kategorie der legitimen musikalischen Formen ein. Die Themen von „Till" wachsen aus einander heraus, genau wie die Themen einer Beethoven-Sinfonie oder von „Tristan" oder „Parsifal". Tatsächlich hat Strauss für die sinfonische Dichtung etwas von dem getan, was Wagner für die Oper getan hat. Und kaum eine überwältigende Zahl klassischer Symphonien enthält Musik, die beredter ist als etwa der „Sonnenaufgang" in „Also sprach Zarathustra", die letzte Variation von „Don Quijote" mit ihren durchdringenden, zerschmetternden Posaunen der Niederlage oder die furchterregende Eröffnungspassage von „Tod und Verklärung". Denn Strauss konnte beim Bau seiner Bauwerke seiner Verve und Fantasie freien Lauf lassen. Sein Orchester bewegt sich in den seltsamsten und unkonventionellsten Kurven, schießt mit der Gewalt einer explodierenden Feuerwaffe, schlendert wie ein Zelter, stürzt sich wie ein Vogel herab. Es gibt nur wenige, die beim ersten Hören eines Gedichts von Strauss nicht das Gefühl haben, als ob sich eine wilde, beunruhigende und panische Präsenz über den Konzertsaal gebeugt und das Orchester gequält hätte. Denn in seinen Händen ist es nicht mehr das vertraute und furchtlose Ding, das es einmal war, ein Ding, über dessen Verhalten man sich sicher sein kann. Es ist zu einer furchterregenden Maschine aus Stahl und Gold geworden, die von verrückten und unerwarteten Dingen vibriert. Muster springen und purzeln aus ihm heraus. Violinmusik schießt schnell in den Raum, Trompeten spielen Tonleitern, die Tempi bewegen sich mit der Geschwindigkeit von Schnellzügen. Es ist zu einem riesigen, schrecklichen Vogel geworden, dem Riesenalk der Musik, der einen mit seinen Klauen packt und spiralförmig ins Himmlische aufsteigt.

Aber es war das, was er zu leisten und ins Leben zu rufen schien, noch mehr als das, was er bereits definitiv erreicht hatte, das der Figur von Strauss den eigentümlichen Glanz verlieh. Es war Nietzsche, der den Traum von einer neuen Musik verwirklicht hatte, einer Musik, die wild und schön animalisch sein sollte, voller Lachen, vom trockenen, guten Licht des Intellekts, von „Salz und Feuer und der großen, zwingenden Logik". die leichten Füße des Südens, der Tanz der Sterne, der zitternde Tagesschein des Mittelmeers. Die anderen Komponisten, die Beethovens, Brahms und Wagners, waren traurige, leidende, verwundete Männer gewesen, Männer, die ihre göttliche Unschuld und Freude in den Trümmern verloren hatten und deren spirituelle Körper Narben trugen, trotz all der Muskelkraft, die sie während ihrer Kämpfe gewonnen hatten. durch Hunger und Frustration und Qual. Der Schmerz hatte sogar ihr Lied verdorben. Denn was Unschuld, mühelose Bewegung und göttliche Freude, Mozartsche Koordination und Harmonie hätte sein sollen, war voller schrecklicher Schreie, krampfhafter, zerreißender Bewegungen und verhüllender Trauer. Und Nietzsche hatte von Musik einer anderen Art geträumt. Er hatte von einer Musik geträumt, die eine Brücke zum Superman schlagen sollte, dem Mann, dessen jede Bewegung unbeschwert sein würde. Er hatte in der hellen Luft eines ewigen Morgens einen von ungebrochener Energie strahlenden Jüngling über Bergketten schreiten sehen, vor dem die ganze Welt im Frühlingssonnenschein lag wie ein Reich vor seinem Herrn. Er hatte einen gesehen, neben dem die anderen Musiker als Sträflinge aus sibirischen Gefangenenlagern standen, die zufällig auf ein Bankett der Götter gestoßen waren. Er hatte einen jungen Titanen der Musik gesehen, betrunken von Leben, Feuer und Freude, der auf dem Gipfel der Welt tanzte, schwankte und lachte und mit seinen Fingern zwischen den Sternen Sonnen und Sternbilder zum Absturz brachte. Er hatte die alte und ewig jugendliche Gestalt des indischen Dionysos erblickt.

Und auch wenn Strauss selbst kaum mit dem Gott zu verwechseln war, ließ er dennoch Nietzsches Traum realisierbar erscheinen. Er erlaubte einem für einen Moment, ein musikalisches Reich wahrzunehmen, in dem der Erdenbürger nicht atmen konnte. Er erlaubte einem für einen Moment, „das Vorspiel einer tieferen, mächtigeren, vielleicht böseren und geheimnisvolleren Musik" zu hören; eine überdeutsche Musik, die neben dem blauen und mutwilligen Meer und dem klaren Mittelmeer nicht verblasst, verkümmert und vergeht Himmel; eine übereuropäische Musik, die sich selbst inmitten der gelbbraunen Sonnenuntergänge der Wüste behaupten würde; eine Musik, die mit großen, schönen, einsamen Raubtieren verkehren kann; eine Musik, deren größter Reiz in ihrer Unkenntnis von Gut und Böse liegt." Denn er kam mit dem leichten, sorglosen und arroganten Gang, dem intellektuellen Glanz, der großartigen Geste und der Würde des Musikers der neuen Rasse. Man wusste, dass der Mann, der solche Musik komponierte, auf einer Art Menschengröße geboren worden war, in einer kühleren, helleren Atmosphäre als der der überfüllten Täler. Denn in dieser Musik schlug ein schnellerer Puls, bewegte sich ein leichterer, feurigerer, stolzerer Körper, ertönte ein ironischeres und verächtlicheres Lachen, atmete eine seltenere Luft, als sie in der Musik geschlagen, bewegt, getönt und geatmet hatte. Es machte betrunken mit angenehmen Klängen, mit satten, satten Harmonien, mit ausgelassenen Tanz- und Walzerbewegungen. Es schien die Ankunft einer neuen Art von Männern anzukündigen, Männern mit vernünftigerem, gesünderem, sportlicherem Geist und robusterem und kühlerem Verstand, einer Generation, die mit dem Leben zufrieden war und weniger von den unaussprechlichen Sehnsüchten der romantischen Welt zerrissen und belastet war. eine Generation, die auf der ganzen Welt zu Hause ist. Denn es hatte nichts von der ruhelosen, kranken Begierde Wagners, nichts von seinem übertriebenen Pathos, seiner Schwere und steifen Erhabenheit. Es war entspannter, witziger, unterhaltsamer, spannender, beliebter und doch verkopfter. Obwohl es offensichtlich die Rede eines komplizierten, modernen Mannes war, selbstbewusst, kultiviert, nervös, Produkt einer Gesellschaft, die vielleicht nicht ganz so frei und nietzscheanisch war, wie sie sich selbst nannte, aber dennoch kultiviert, erleuchtet und verfeinert, wirkte sie dennoch überaus fundiert . Das süße, breite, diatonische Idiom, der Humor, der schläfrige bayerische Akzent, die kecken, naiven, kleinen Volkslieder, die ruhigen, berührenden, kindlichen Töne, der Schluss von „Tod und Verklärung" mit seiner wundersamen Entfaltung Blumenkrone um Blumenkrone, waren in der Tat erfrischend nach all der brennenden Chromatik Wagners, der schwülen Luft von Klingsors Wundergarten.

Und diese Musik glitzerte mit der Sonne. Schließlich war die Tonhöhe von Wagners Orchester überwiegend nüchtern und gedämpft gewesen. Aber im Orchester von Strauss erhielt die Farbskala der *Freilichtmaler* eine musikalische Entsprechung. Diese hohen und brillanten Farbtöne, diese schimmernden, beißenden Töne geben einem das Gefühl, als hätte Strauss mit dem Pinsel eines Monet oder eines Van Gogh Musik gemacht. Seine Trompeten klingen hoch und strahlend und silbrig, seine Geigen funkeln und elektrisierend, und manchmal winden sie einen trägen, fröhlichen, rauchblauen Faden durch das sonnenverbrannte Gewebe der Partitur. Seine Hörner strahlen in sanften, fruchtigen Klangfarben. Die neue Farbsüße, die er in seinen Liedern erreicht, das blasse Gold von „Morgen", das Rosa der Serenade, das milde Abendblau von „Traum durch die Dämmerung", schimmert durch seine Orchesterpartituren. Noch nie haben Blasinstrumente reicher und lieblicher geklungen als in dieser „Serenade für dreizehn Bläser". Beim ersten Hören von „Also Sprach Zarathustra" schien es, als ob gerade der Morgen im Orchester angekommen wäre, um diese berühmte, blecherne Eröffnungspassage zu schaffen. Denn hier, unter der Hand von Strauss, beginnt das Orchester, seine Form zu runden und seine logische Gestalt anzunehmen. Die verschiedenen Instrumentenfamilien werden unabhängig gemacht; oft getrennt spielen. Das zersplitternde Messing, von dem Berlioz geträumt hatte, wird Wirklichkeit. Violas d'amore, Zwischenrufe und Windmaschinen werden in die Band eingeführt; die bekannten Instrumente werden in unbekannten Registern eingesetzt. Durch die Tondichtungen von Strauss verfügt der Orchesterkomponist erstmals über eine geeignete Palette und kann eine ebenso große Brillanz erreichen wie der moderne Maler.

Es ist heute schwer vorstellbar, dass Richard Strauss jemals so große Hoffnungen geweckt hat, dass es eine Zeit gab, in der er Nietzsches verrückten Traum von einer modernen Musik wahr werden ließ und dass eine Zeit lang der Nimbus des Dionysos um seine Figur brannte. Heute ist es schwer, sich daran zu erinnern, dass Strauss der Welt einst als goldener Jüngling der Musik, als Ingenieur stolzer Orchesterflüge, als Vorreiter und Bannerträger seiner Kunst erschien. Denn es ist lange her, dass er versprochen hat, die neue Schönheit, den neuen Rhythmus zu enthüllen, der wie ein wunderbarer Anfang und Flug zu einer selteneren Ebene der Existenz, einem blaueren Äther, dem Freund von allem Unerschrockenen, Lebendigen und Jungen, dem „Pfeil von" schien Sehnsucht nach dem Superman. Es ist lange her, dass ein gnädiges, herrschaftliches Licht seine Person erleuchtet hat. In den letzten Jahren ist er fast das genaue Gegenteil von dem geworden, was er war, von dem, was er so mutig anstrebte. Er, der einst eine so elektrisierende, so vitale, so brillante Figur war, ist trostlos und äußerlich und sogar dumm geworden. Er, der einst als Verfechter des Neuen galt, hat uns nun mit der Ermüdung des Kampfes, mit tiefem Selbstmisstrauen und Entmutigung erfüllt, ist zu einer schweren und bedrückenden Last geworden. Er, der einst versuchte, die Welt um sich herum zum Ausdruck zu bringen und der Dichter der kommenden Zeit zu sein, scheint jetzt nur noch von dem Wunsch beseelt zu sein, das Erstaunliche, das Oberflächliche zu tun, und orientiert sich an allen vergänglichen und oberflächlichen Strömungen des modernen Lebens. Denn Strauss hat sich nicht nur nicht vertieft, ist nicht gereift und hat an Statur nicht zugenommen; Er ist nicht einmal stehengeblieben, sondern der Künstler geblieben, der er einmal war. Im letzten Jahrzehnt hat sich sein Zustand zunehmend und stetig verschlechtert. Er ist ein schlechter Musiker geworden. Er ist das Grausame, die große Enttäuschung der modernen Musik, der modernen Kunst. Das Traumlicht ist völlig ausgefallen, hat die nachfolgende Dunkelheit für die momentane Erleuchtung noch dichter gemacht. Heutzutage wird Strauss als eine Rakete gesehen, die mit vielfarbigem Feuer zischend in den Himmel stieg, dann plötzlich zerbrach und bis Mitternacht schnell erlosch.

Es ist selbst für diejenigen, die sich von Anfang an bewusst waren, dass Strauss nicht der Geist „pardähnlich, schön und flink" war und dass in ihm immer deutlich grobe und unsensible Partikel vorhanden waren, nicht leicht, in dem trägen und lustlosen Menschen zu erkennen, wer erfindet „Josephs Legende" und die „Alpensymphonie", der junge und feurige Komponist, Genie trotz aller Unreinheiten seines Stils, der „Till Eulenspiegel" und „Don Quijote" komponierte; Nicht einfach, auch wenn sich die Konturen seines Idioms nicht radikal verändert haben und obwohl man in den schläfrigen, leichten Phasen seines späteren Stils manchmal die breite, einfache Diktion seines früheren Stils erkennen kann. Denn dem späteren Strauss fehlen vor allem und deutlich die Merkmale, die den früheren zu einer so brillanten und einnehmenden Figur machten. Hinter den Werken des früheren Strauss verbarg sich ein äußerst feurig erlebendes Wesen, ein Mann mit kraftvollen, ergreifenden und schönen Empfindungen und der Gabe, diese reich auszudrücken. Hinter der Arbeit des letzteren verbirgt sich nur allzu offensichtlich ein Mann, der schon seit langer Zeit nichts Schönes, Starkes oder Vollständiges gefühlt hat, der überhaupt nicht mehr die Kraft besitzt, überhaupt etwas zu empfinden, und der innerlich erschöpft, stumpf und erschöpft ist. Der eine hatte einen brennenden und wunderbaren Sprachdruck. Der andere scheint nicht in der Lage zu sein, Energie und Interesse ausreichend zu konzentrieren, um ein hartes und lebendiges Stück Arbeit zu schaffen. Der eine schien neue Wege durch das Gehirn zu bahnen. Die anderen Stufen verlaufen träge auf abgenutzten Straßen. Er ist nicht einmal mehr lustig. Der Erfinder wunderbarer Orchestermaschinen, der

Mann, der in die Totenkammer eindrang und unter dem Galgen stand, hat sich dem Spielen mit seinem Medium zugewandt, der Nachahmung anderer Komponisten, Mozarts im „Rosenkavalier", Händels in „Josephs Legende", Offenbachs und Lully (eine Verbindung, die nur Strauss geschmacklos herbeiführen konnte) in „Ariadne auf Naxos". Er ist zunehmend oberflächlich und unoriginell geworden und hat begonnen, schamlos Mendelssohn, Tschaikowsky, Wagner und sogar sich selbst zu zitieren. Seine Gefühllosigkeit hat übermäßig zugenommen und dazu geführt, dass er Stile vermischte, dramatische und koloraturhafte Passagen vermischte, die Redewendungen von drei Jahrhunderten in einem einzigen Werk durcheinander brachte und mit seiner Kunst alle möglichen sinnlosen Streiche spielte. Sein literarischer Geschmack ist zunehmend unsicherer geworden. Er, der einst bei der Auswahl seiner Texte so sorgfältig war und die Talente moderner deutscher Dichter wie Birnbaum, Dehmel und Mackay erkannte, akzeptiert Libretti, die so langweilig, unkünstlerisch und kostbar sind wie die, die Hofmannsthal ihm liefert, und leiht ihnen seine Kunst die langweiligen Possenreißer von „Der Rosenkavalier" und „Ariadne auf Naxos". Etwas in ihm hat sich verbogen und ist verunreinigt.

Eines jedenfalls war der Strauss der Tondichtungen unbestreitbar. Er war frei, blendend, kühn ausdrucksstark. Und das ist der Strauss der letzten Jahre dünn und selten. Es sind nicht Oscar Wildes Wachsblumen der Sprache, noch die übermäßig steife und konventionelle Handlung von „Salome", die einen an der Strauss-Oper dieses Namens langweilen. Es ist nicht einmal das Libretto des „Rosenkavaliers", das im Grunde grob, flegelhaft und gefühllos ist, wie es unter all seiner gepuderten Kostbarkeit ist, das einen an Strauss' „Musikalischer Komödie" ermüdet; oder die hybride, lahme, geschmacklose Form von „Ariadne auf Naxos", die einen gegen diese kleine Monstrosität aufbringt. Es ist die im Allgemeinen ausdruckslose und unzureichende Musik, in die Strauss sie gekleidet hat. Die Musik von „Salome" zum Beispiel ist nicht einmal mit Wildes Drama vergleichbar. Es war die Befreiung von einem zwanghaften Verlangen, die Abkehr von einer erbarmungslosen Sinnlichkeit, die der Dichter mit dieser Darstellung erreichen wollte. Aber Strauss' Musik behindert und negiert die beabsichtigte Wirkung, abgesehen von so außergewöhnlichen Passagen wie der schimmernden, ruhelosen, nervenaufreibenden ersten Seite oder dem Beginn der Szene mit dem Kopf oder bestimmten anderen purpurnen Flecken. Sie entmannt das Drama mit seiner durchdringenden Schönheit, seiner trägen Glückseligkeit, wo es monströs und furchterregend sein sollte, seinen Reminiszenzen an Mendelssohn, Tschaikowsky und „Klein-Ägypten". Der laszive und hieratische Tanz, der Tanz der sieben Schleier, wird durch einen *Valse lente dargestellt*. Oft grenzt die Partitur gefährlich an Zirkusmusik, erinnert an die Nebenschauplätze auf Jahrmärkten. Ohne Zweifel schwächt sie dadurch den Geruch ab, den Wildes Stück ausstrahlt. Aber wenn wir eine Opern-

„Salome" haben müssen, ist es nur vernünftig zu verlangen, dass der Komponist in seiner Musik die sexuelle Grausamkeit und Raserei zum Ausdruck bringt, die in der Figur der Tänzerin symbolisiert wird. Und die Salome in Strauss' Partitur ist ebenso wenig die Salome von Wilde wie die Salome von Flaubert oder Beardsley oder Moreau oder Huysmans. Man kann nicht umhin, sie als eine ausgesprochen dralle, wohlhabende Berlinerin zu empfinden, die Frau beispielsweise des Besitzers eines großen Kaufhauses; eine schwere Dame, die viel weniger „dämonisch" und „pervers" ist, als sie es gerne hätte. Aber es gibt Momente, in denen man das Gefühl hat, Strauss' Heldin sei nicht einmal eine Berlinerin oder gehöre der oberen Mittelklasse an. Es gibt Momente, in denen sie eindeutig Käthi ist, die Kellnerin im Münchner Hofbräuhaus. Und obwohl sie Jochanaan erklärt, dass „es sein Mund ist, in den sie verliebt ist", spricht sie die Worte in ihrem eigenen aufrichtigen, ungekünstelten Dialekt.

Auch ist „Elektra", obwohl sie es oft ist, schärfer als „Salome", nicht das musikalische Äquivalent für die massiven und gewalttätigen Formen archaischer griechischer Skulptur, die Strauss beabsichtigte. Elektra selbst ist vielleicht noch wahrhaftiger die Verkörperung von Wut als Salome der verkörperte Luxus; Hässlichkeit und dämonisches Grübeln, Wahnsinn und Grausamkeit kommen hier mit noch größerer Kraft zum Ausdruck als in der früheren Partitur; die Szene der Wiedererkennung zwischen Bruder und Schwester ist umfassender und ergreifender als alles andere in „Salome"; Elektras Lobgesang und Tanz sind trotz ihrer Nähe zu einer banalen *Kantilene* und ihres für den späteren Strauss so charakteristischen *Tempo di Valse* vielleicht noch grandioser und unheilvoller triumphierend als die Szene der Tänzerin mit dem Kopf. Dennoch ist das Werk keineswegs realisiert. Es ist formal unrein, was keine der früheren Tondichtungen ist. Weder Stil noch Form werden tief empfunden. Beide sind oberflächlich und äußerlich konzipiert; und nichts beweist dies so eindeutig wie die extreme Wirkungslosigkeit der Kontrastmomente, mit denen Strauss versucht hat, die vorherrschende Stimmung seines Werks aufzulockern. So wie in „Salome" die unruhigeren und sinnlicheren Passagen, so träge sie auch empfunden werden, dennoch unendlich bedeutsamer sind als die intensiv kontrastierende, alberne Musik, die dem Propheten zugewiesen wurde, so sind auch in „Elektra" die Momente, in denen Strauss grausam, brutal und hässlich ist, von viel größerer Ausdruckskraft als jene, in denen er versucht hat, schön zu schreiben. Denn während in Momenten der ersten Art die Löwen der mykenischen Tore manchmal knurren und finster blicken, ist es in den Momenten der teutonischen Bierkrug, der sich bemerkbar macht. Elektra beklagt ihren Vater in einer sehr hübschen und unauffälligen Melodie und fleht ihre Schwester an, Klytaimnæstra zu der Begleitung einer Art *Valse perverse zu töten* . Auch Chrysothemis erklärt im *Tempo di Valse* ihr Bedürfnis nach Ehe und Mutterschaft. Als Organismus existiert das Werk nicht.

Aber auch die Aussagekraft und Bedeutsamkeit von „Salome“ und „Elektra“, so begrenzt und unbefriedigend sie sind, fehlt in den neueren Werken. Mit „Der Rosenkavalier“ scheint Strauss einen Zustand erreicht zu haben, in dem es ihm unmöglich ist, tief in ein Thema einzudringen. Zweifellos war er immer fleckig, auch wenn er in seinen goldenen Tagen immer den inneren, prägenden und verbindlichen Rhythmus jedes seiner Werke festlegte. Aber seine letzten Arbeiten sind nicht nur fleckig, sondern auch völlig rückgratlos, wirbellose Massen, auf denen ein paar Juwelen, ein paar feine Flecken matt schimmern. „Salome“ und „Elektra“ hatten zumindest eine gewisse Würde, eine gewisse Haltung. „Der Rosenkavalier“, „Ariadne auf Naxos“, „Josephs Legende“ und „Eine Alpensymphonie“ sind bei aller technischen Virtuosität behelfsmäßig, träge, schlampig, allesamt Orchesterwunderwerke. Jeder weiß, wie die Partitur von „Rosenkavalier“ hätte aussehen sollen, ein fröhliches, blumiges, zügelloses Ding, das wahre Bild des galanten Jahrhunderts mit seinen weltlichen Liebschaften und Bändern und Amoretten, seinen *Petit-Maîtres* und Furbelows und *Billets-Doux*, es ist leichte Emotionen und ebenso leichte Hingabe. Aber Strauss‘ Musik ist einzigartig flach und hohl und langweilig, freudlos und durchnässt, obwohl sie mit Walzern durchsetzt ist und die entzückende Einleitung zum dritten Akt und das brillante Trio enthält. Es weist alle schlimmsten Fehler des Librettos auf. Hofmannsthals „Komödie für Musik“ ist zwar grob und vulgär im Geiste und unoriginell in der Gestaltung, aber voller kluger Präzision und pikanter Details, die aus Drucken und Memoiren des 18. Jahrhunderts stammen. Die Szene des Frisierens ist ein auf die Bühne übertragener Druck von Hogarth; Rofranos Name „Octavian Maria Ehrenreich Bonaventura Fernand Hyazinth“ ist wie ein Essay über die Kultur des Wiens von Canaletto; Der von den Figuren gesprochene höfliche Jargon des aristokratischen Österreich des 18. Jahrhunderts mit seinen steifen, höflichen Formen und dem vermischten Französisch muss aus alten Zeitschriften und Amtsblättern gelernt worden sein. Und Strauss‘ Partitur ist ebenso kostbar, gleichermaßen ein Stück Gelehrsamkeit und Klugheit. Mozart nutzte die Dummheiten Schickaneders für sich; Weber triumphierte über die lächerlichen Romanzen der Helmine von Chezy. Doch Strauss folgt Hofmannsthal hilflos und durchnässt. So wie Hofmannsthal Hogarth imitiert, so imitiert Strauss Mozart, beeinflusst seinen Stil, seine Wendungen, seinen Geist; fügt im ersten Akt eine sirupartige Note im Stil von Haendel oder Méhul ein; und vermischt Mozart mit modernen komischen Opernwalzern, Händel mit postwagnerischen Beschwörungsformeln. Und wie Hofmannsthals Libretto bleibt auch die Partitur eine oberflächliche und formlose Sache. Der innere und kohärente Rhythmus, der spirituelle Takt und Schwung, die große Einheit und Richtung fehlen. „Ich wollte schon immer eine Oper wie die von Mozart schreiben, und jetzt habe ich es geschafft“, soll Strauss nach der Uraufführung von „Der Rosenkavalier“

gesagt haben. Aber „Der Rosenkavalier" ist fast ein Antipode zu „Don Giovanni" oder zu „Falstaff" oder zu „Die Meistersinger" oder zu einer der großen komischen Opern. Denn es fehlt genau das, was die anderen in Hülle und Fülle besitzen: eine starke lyrische Bewegung, ein warmes Gefühl, das die Musik Takt für Takt, Szene für Szene, Akt für Akt durchdringt und dem Zuhörer die Freude, die Vitalität, die Schönheit davon vermittelt Die Herzen der Komponisten waren erfüllt. Es ist lange her, dass Strauss so etwas empfunden hat.

Hätte die neue Zeit keine musikalische Kunst hervorgebracht, wären weder Debussy noch Skrjabine, weder Strawinsky noch Bloch in Erscheinung getreten, hätte man möglicherweise gezwungen sein können, die traurige Dekadenz von Richard Strauss als die unvermeidliche Entwicklung zu glauben, die das musikalische Genie in der modernen Welt erwartet. Es gibt eine international zusammengesetzte Gruppe, die sich vor allen anderen zeitgenössischen Körperschaften den Stil der Moderne anmaßt. Es ist die Gruppe, deren Ranken in jede große Hauptstadt und jedes große Zentrum, in jede künstlerische Bewegung und jedes Anliegen reichen, der Gelangweilten, der Verwöhnten. Das gegenwärtige System hat eine große Zahl von Menschen ohne Hintergrund, ohne Tradition, Kultur oder Geschmack in einen *quasi aristokratischen und gemächlichen Zustand* erhoben . Aufgrund ihrer Größe und ihrer Ressourcen dominiert diese Gruppe von Menschen ohne Geschmack, ohne Interesse, ohne Finesse insbesondere die Welt der Kunst wie die Welt des Spiels und verlangt nach Ablenkung, Sensation und Aufregung, obwohl sie nicht wirklich existiert kann es sich nicht leisten. Tatsächlich ist diese Band gekommen, um dem gesamten heutigen Leben einen Rahmen zu geben; Seine Mitglieder geben vor, die Kultur der Gegenwart zu repräsentieren. Mit dieser Gruppe mit ihren ausgefransten Gefühlen und müden Pulsen hat sich Strauss zunehmend identifiziert, bis er in letzter Zeit so etwas wie ihr Hofmusiker geworden ist, der sie mit Stimulanzien versorgt, ihre Neugier weckt, sie mit der oberflächlichen Neuheit überrascht und begeistert seine Werke und versucht, ihm die Erfahrungen zu verschaffen, die er selbst so beklagenswerterweise nicht erlangen kann. Dafür schuf er den gruseligen Horror, die süße Erotik der Partitur von „Salome". Dafür ahmte er Mozart im „Rosenkavalier" zuckersüß nach; verstümmelte Molières Komödie; beging die Vulgaritäten und Heucheleien der „Josephs Legende". Und gäbe es keine eindeutig gegenteiligen Beweise, könnte man annehmen, dass diese Gruppe wirklich das moderne Leben repräsentiert; dass seine Modernität die einzig wahre sei; und dass Strauss, indem er es ausdrückte und sich daran anpasste, auf die einzige Art und Weise handelte, die dem zeitgenössischen Komponisten zugestanden wurde. Aber da es solche Beweise in Hülle und Fülle gibt, da ein Dutzend anderer Musiker, um nur von den Praktikern einer einzigen Kunst zu sprechen, es geschafft haben, sich selbst zu schützen und dennoch

Schönheit um sich herum zu schaffen, auf der Ebene zu bleiben, auf der Strauss sein Leben begann, durchzuhalten Wenn man sich in die Richtung bewegt, in die er ursprünglich gesetzt hatte, und dennoch voll und ganz lebt, ist man davon überzeugt, dass der Verfall von Strauss, der ihn zum musikalischen Lieferanten dieser Gruppe gemacht hat, nicht das Ergebnis des Drucks äußerer und feindseliger Umstände war. Man ist fest davon überzeugt, dass es eine innere Schwäche in ihm selbst war, die es den verwöhnten und hässlichen Leuten ermöglichte, ihn von seinem Weg abzubringen und für ihre Zwecke zu nutzen.

Und am Ende ist man gezwungen, diesen unglücklichen Mann als Opfer einer psychischen Verschlechterung zu betrachten. Was man so vielen Menschen in seiner Umgebung widerfahren sieht, das Erlöschen einer Flamme, das Verwelken einer Blüte, die Abstumpfung und Vergröberung der Empfindsamkeit, der Verfall der geistigen Energien, scheint auch ihm widerfahren zu sein. Und da es im Leben so vieler Menschen geschieht, warum sollte es einen dann überraschen, es im Leben eines Künstlers geschehen zu sehen, wie es das Genie entjungfert und die musikalische Kunst ruiniert? All die hektische, unwirkliche Aktivität des späteren Strauss, die Zerstreuung der Kräfte, weist auf eine solche Ursache zurück. Er erklärt sich in jeder Handlung zu dem Typ, der seine Energien nicht mehr für die Ausführung einer ehrlichen Arbeit sammeln kann, der nicht mehr zu einem direkten, vollen, lebendigen Ausdruck gelangen kann, der nicht mehr in den Mittelpunkt eines Themas, einer Idee vordringen kann. Er ist der Typ Mensch, der sich in irgendeiner grundlegenden Beziehung untreu ist, sich selbst in all seinen Taten untreu ist. Viele Leute haben die Liebe zum Geld für Strauss' Niedergang gehalten; dass er sich um des Gewinns willen mit Händen und Füßen in die Gewalt seiner Verleger begeben und um des Gewinns willen schlechte Musik produziert habe. Zweifellos spielt die Liebe zum Geld eine übermäßige Rolle im Leben dieses Mannes und wird immer wichtiger. Aber es ist wahrscheinlich, dass Strauss' Verlangen nach unaufhörlichem Gewinn eine Art Perversion ist, eine Manie, die ihn beherrscht, weil seine Energien innerlich daran gehindert werden, ihren logischen Lauf zu nehmen und Kunstwerke zu schaffen. Obwohl er ein Luxusliebhaber ist, hat Strauss wahrscheinlich nie dringend Geld gebraucht. Etwas Geld hat er zweifellos von seiner Mutter geerbt, der Tochter des Münchner Bierbrauers Pschorr; seine Werke haben immer hohe Preise erzielt – seine Verleger haben ihm bis zu tausend Dollar für ein einziges Lied gezahlt; und er hat immer große Summen durch das Dirigieren verdienen können. Egal wie erhaben und streng seine Kunst geworden wäre, er hätte immer so leben können, wie er wollte. Es besteht kein Zweifel, dass er mit „Salome" und „Der Rosenkavalier" genauso viel Geld verdient hätte, wenn es Werke von hohem künstlerischem Wert gewesen wären, wie er mit ihnen in ihrem gegenwärtigen Zustand verdient hat. Die Wahrheit ist, dass er seine

Abneigung, die Wehen des Schaffens auf sich zu nehmen, rationalisiert hat, indem er sich selbst einen ständigen und großen Geldbedarf vortäuschte und sich erlaubte, seine Energien in einem hektischen, unruhigen, oberflächlichen Leben zu vergeuden, in einem Getümmel von Konzerttourneen, Gastdirigaten und gewinnbringenden Unternehmungen aller Art, die ihm etwa zwei oder drei der Sommermonate zum Komponieren lassen und ihn wahrscheinlich seiner besten Energie berauben. So verlassen Werke seinen Schreibtisch halb konzipiert, halb ausgeführt. Die Partitur von „Elektra" lässt er sich von seinen Verlegern entreißen, bevor er ganz damit fertig ist. Er beginnt mit der Komposition des „Rosenkavaliers", bevor er überhaupt den dritten Akt gesehen hat. Der dritte Akt kommt; Strauss findet ihn miserabel. Aber es ist zu spät. Das Werk ist halb fertig, und Strauss muss es durchziehen. Das Komponieren wird immer mehr zu einer mechanischen Angelegenheit, die brillante Orchestrierung schlampiger, unauffälliger Musik, das Aufpolieren von Details, das Spiel mit oberflächlicher Klugheit, das eine Partitur wie den „Rosenkavalier", so schwach sie auch sein mag, für viele Musiker interessant macht.

Und Richard Strauss, der einzige lebende Musiker, der sich mit größter Leichtigkeit dem ununterbrochenen Komponieren widmen könnte, setzt sich jeden Abend um neun Uhr an den Schreibtisch in seiner Charlottenburger Wohnung, also immer dann, wenn er nicht in der Berliner Oper Dienst hat.

Und immer die Ausreden: „Geld für den Unterhalt von Frau und Kind zu verdienen, ist keine Schande", „Ich werde ein Vermögen anhäufen, das groß genug ist, um das Dirigieren ganz aufzugeben und meine ganze Zeit mit dem Komponieren verbringen zu können." Aber man kann sicher sein, dass Strauss, wenn er ein Selbstgespräch führt, eine andere Verteidigung vornimmt. Man kann also sicher sein, dass er sich zynisch, bitter, grob rechtfertigt, sich selbst sagt, dass das Spiel nicht die Mühe wert ist, dass Größe eine Frage der Werbung ist, dass nur die Werte der kommerziellen Welt existieren, dass anderer Erfolg als Die Beschaffung von Applaus, Reichtum und Bekanntheit stellt ein Scheitern dar. Warum sollten Sie sich die Mühe machen, gute Werke zu schreiben, die Ihnen posthumen Ruhm einbringen, wenn Sie ohne Mühe Werke schreiben können, die Ihnen zu Lebzeiten Ruhm einbringen? Die ganze Welt besteht aus Schwindel und Werbung und Opportunismus, nicht wahr? Reputationen werden durch Verlage und Zeitungen geschaffen. Größe ist eine Angelegenheit, die von Mehrheiten bestimmt wird. Aber beeindrucken Sie das Publikum, aber komponieren Sie Werke, die allgemeines Interesse hervorrufen, aber brechen Sie ein paar akademische Formeln und machen Sie sich einen Namen, aber schreiben Sie Musik, die beim ersten Hören überrascht und wunderbar erscheint, und Ihr Ruhm ist gesichert. Das Wichtigste ist, luxuriös zu leben und seinen Namen in der Öffentlichkeit bekannt zu machen. Wenn man das tut, wird man das Leben so vollständig gelebt haben, wie es nur möglich ist. Und was spielt das alles für eine Rolle, wenn einer tot ist?

Und obwohl die Welt voller Männer ist, deren geistige Energie auf ähnliche Weise gelähmt wurde, bleibt das schreckliche Unglück von Richard Strauss zutiefst bewegend. Wie tief auch immer die Millionen strahlender Geister gefallen sein mögen, die einen lebendigen Tod gestorben sind, ihr Fall war nicht tiefer als der dieses Mannes. Es kann kein Zweifel an der Vollständigkeit von Strauss' Katastrophe bestehen. Es ist lange her, dass er für seine einst glühenden Bewunderer mehr als nur langweilig war, ein Gegenstand des Hasses für Tausende ehrlicher, idealistischer Musiker. In seinem 56. Jahr hat er seine Führungsposition und seine herausragende Stellung, die er einst innehatte, vollständig verloren. Schon vor dem Krieg konnten sich seine Opern nur mit Mühe auf der Bühne behaupten. Und es ist möglich, dass er seinen Ruhm überlebt. Man fragt sich, ob er nicht einer der Männer ist, deren aufgeblasener Ruf durch den Krieg beschädigt wurde, und dass sich die Welt angesichts seiner beiden neuen Opern bald fragen wird, wie es möglich war, dass dieser Mann diese Position überhaupt innehatte. Wäre er der idealistischste, kompromissloseste Musiker gewesen, hätte man ihn nicht weniger respektieren können. Vielleicht lag seine letzte Chance in der „Alpensymphonie". Hier war eine Zeremonie, die ihn noch einmal zum Priester hätte machen können. Europa hatte einen Gipfel erreicht, die Menschheit hatte eine Vision. Davor lag ein langer Abstieg, ein Wolkenbruch, der Sonnenuntergang einer Zivilisation, eine weitere Nacht. Hätte Strauss sich noch einmal wappnen können, noch einmal den Glauben, die Energie, das Feuer aufbringen können, das jene ersten großartigen Seiten schuf, die ihm eine Welt eroberten, dann wäre er vielleicht gerettet worden. Aber es war unmöglich. Etwas in ihm war für immer tot. Und so erscheint uns, die wir seine Verfechter, sein Publikum hätten sein sollen, sein Werk bereits alt, selbst in seiner besten Form Teil der Vergangenheit, unwirklich, abgesehen von einigen der schönen symphonischen Werke. Für uns, die wir einst glaubten, in ihm den Mann der neuen Zeit zu sehen, scheint er nur der tapfere, klangvolle Trompetenruf zu sein, der einen König ankündigte, der nie in Erscheinung trat, das grelle Licht, das im Osten den Himmel für einen Augenblick erhellt und einen neuen Tag zu verheißen scheint, aber wieder erlischt. Er ist in der Tat die falsche Morgendämmerung der modernen Musik.

# Mussorgski

Die Musik Mussorgskys entsteht aus einem dichten und wütenden Grund. Es kommt aus einem Boden, der dicht unter unseren Füßen liegt und der breiter ist als die weiteste Einöde und tiefer als die bodenlosen Abgründe des Meeres. Es entsteht aus einem Boden, der durch alle Zeiten und Zeitalter, durch alle Tage der Menschheit bis zu den Grundfesten des Globus selbst reicht. Denn es erwächst aus dem Fleisch der namenlosen, zahllosen Scharen von Menschen, die das Leben im Laufe seines Lebens zum Elend verdammt hat. Es hat seine Wurzeln dort, wo Tod und Niederlage waren. Es hat seine Wurzeln in allem verletzten, verstümmelten und frustrierten Fleisch, in allem Fleisch, das einen Gott hätte gebären können und unfruchtbar umgekommen wäre. Es hat seine Wurzeln in jedem Wesen, das ohne Sonne war, in jedem Wesen, das unter Kälte, Hunger und Krankheit gelitten hat, und durchdringt und berührt jedes stumme Leid, jede Niederlage, die der Mensch jemals erlebt hat. Und aus diesem Meer verstümmelten Fleisches erhebt es sich wie eine leise, zitternde Sprache, stockend, unartikuliert und gebrochen. Es hat keinen hohen, zwingenden Akzent, keine Beredsamkeit. Und doch braucht es nur seine dürftigen und zitternden Töne zu heben, und schon wird der Glanz der Welt ausgelöscht, und das große, leuchtende Firmament wird zu einem traurigen Grau, und in einem einzigen Augenblick erfahren wir, wie ernst und düster es ist Heilige Wahrheit, kennen Sie den schrecklichen Boden, den wir betreten, wissen Sie, was der Mensch jemals gelitten hat und was unsere eigene Existenz nur beweisen kann.

Denn es ist der Schrei eines Menschen, der in jeder Faser seines Wesens von diesem einen Bewusstsein besessen und verzehrt wird. Es ist, als ob Mussorgski, der große, ritterliche Russe, der große, sehnige Riese, dessen Blut für Pracht und Tapferkeit und Glocken, Spiele und Gesänge brennt, sein ganzes Leben lang der Fürst in „Khovanchtchina" gewesen wäre, dem die Zauberin „Schande" vorhersagt und die Verbannung erwartet dich. Weder dein vergangener Ruhm noch deine Weisheit können dich retten, was es bedeutet, die Tränen der Hoffnungslosen zu weinen so wirst du die Wahrheit dieser Welt erfahren." Es ist, als hätte er diesen Schrei unaufhörlich aus einer Million Kehlen gehört, als hätte er in seinen Ohren geklingelt wie eine Bourdon, bis er ihn vollkommen informierte und seine Jugend, Kraft und Macht des Gesangs durchdrang. Es ist, als hätte sich sein Wesen ganz der Ausrichtung auf die weiten, sonnenlosen Weiten der Welt geöffnet und sich in der Qual ausgedehnt, das Wissen um diese unzähligen zerbrochenen Leben in sich aufzunehmen. Denn es sind die unzähligen besiegten Millionen, die in seiner Kunst wieder aufleben. Sie sind es, die mit seiner Stimme sprechen. Besser noch als Walt Whitman hätte Mussorgsky sagen können:

„Durch mich, lange stumme Stimmen, viele lange stumme Stimmen,

Stimmen der endlosen Generationen von Gefangenen und Sklaven,

Stimmen der Kranken und Verzweifelten und der Diebe und Zwerge,

Stimmen von Zyklen der Vorbereitung und des Aufbaus"—

Es ist, als hätte er sich ihnen völlig hingegeben, als hätte er ihnen seine gewaltige russische Kraft, seine Lebensfreude, seine Freude überlassen, ihnen sein stolzes Fleisch gegeben, damit ihr Schrei und ihr Bekenntnis die Ohren der Lebenden erreichen könnten.

Manchmal ist Mussorgsky das Leben ganzer Zivilisationen verworfen. Manchmal sind es ganze Kulturen, unter denen die Erde verschwunden ist, ganze Gruppen von Menschen, die einen Moment lang schweigend und verzweifelt in einer Welt standen, die sie achtlos beiseite warf, und sich dann umdrehten und weggingen. Manchmal ist er die brutale, unwissende, hilflose Menge, die im fallenden Schnee kniet, während die Eroberer, die Großen dieser Welt, falsch und wahr gleichermaßen, im Fackelschein inmitten von Fanfaren, Hymnen und Akklamationen vorbeigehen und die schönen, hohen Worte sprechen und machen Sie die königlichen Gesten, die ihnen das Schicksal zugewiesen hat. Manchmal ist er sogar das Leben vor dem Menschen. Er ist das stumme Tier, das von einem anderen, größeren gefressen wird; die Pflanzen, die vom Sonnenlicht überfüllt sind. Er kennt den Schmerz unbelebter Dinge. Und dann, in anderen Momenten, ist er ein bestimmtes vergessenes Individuum, ein dunkles, namenloses Wesen, eine Kreatur, eine fühlende Welt wie der Mönch Pimen oder der Unschuldige in „Boris Godounow", und aus dem Staub der Jahrhunderte ein stockender, unartikulierter Mensch Sprachanrufe an uns. Er ist der Arme, der Alternde, der Schwachsinnige; der betrunkene Kerl murmelt in seiner Benommenheit; die Gefangenen des Lebens, denen der Tod seine eindringlichen, verlockenden Lieder singt; der halbidiotische Bauernjunge, der versucht, der prächtigen Dorfschönheit seine Liebeserklärung auszusprechen; der elende Narr, der in der hereinbrechenden, verschneiten Nacht weint. Er ist derjenige, der noch nie zuvor in der Musikkunst gesprochen hat und nun aufsteht, um uns herum ist und uns mit ihnen eins macht.

Aber sie sind nicht nur inhaltlich in dieser Musik vertreten. Diese Musik ist sie, in ihren Kurven und Winkeln, in ihrer Melodie und ihrem Rhythmus, in ihrem Stil und ihrer Form. Es gibt Zeiten, in denen es im Verhältnis zu anderer Musik so steht, als ob einige, halb Riese, halb Tagelöhner, in der Gesellschaft von Gelehrten, Dichtern und anderen hochgebildeten und zivilisierten Männern stehen könnten. Die Ungebildeten, die Ungehobelten, die Demütigen, die Männer, denen die Beredsamkeit fremd ist, sind in dieser Musik mit Leib und Seele vertreten. Es sticht direkt aus ihrer Kehle. Kein Film, keine Verfeinerung ihrer Sprache, keine Musikkunst entzieht uns sie. Da Mussorgsky diese Partituren ursprünglich schrieb, sind ihre Formen Seite für Seite sichtbar. Wenn seine Musik lacht, lacht sie wie Barbaren, die ihre Seite halten. Wenn es weint, weint es wie eine kleine alte Bäuerin, die in ihrer Trauer kauert und schaukelt. Es hat den ganzen Lärm und die Heiserkeit der Stimmen, die aus Bauernhütten erklingen und in Männern stecken, die Schuhe aus Birkenrinde tragen, grobe Nahrung zu sich nehmen und unter Kälte und Hunger leiden. In seinem Idiom finden sich die Geschreie und Wehklagen Tausender Analphabetenmütter, von Menschen, für die der Ausdruck wie ein Zerreißen der Eingeweide, wie eine schreckliche Geburt einer Geburt ist. Es enthält die Stimmen von Leuten, die auf Jahrmärkten singen, von Leuten, die in Gasthäusern sitzen; erhabene und fanatische und mystische Stimmen; Stimmen von Kindern und Dienstmädchen und Soldaten; tausend Arten ungehobelter, grimmiger, scharfsinniger Redner. Die Klage von Xenia in „Boris Godounow" ist kaum mehr als die Unterstreichung der Worte, die Betonung der Stimme eines einfachen Mädchens, das seiner Trauer um jemanden Ausdruck verleiht, der kürzlich und auf grausame Weise gestorben ist. Es gibt Momente, in denen die gesamte Opernmaschinerie „Boris Godounow" nicht eleganter, kunstvoller und raffinierter zu sein scheint als eine der einfacheren Melodien, die vom einfachen Volk über Jahrhunderte hinweg geschätzt, von Generation zu Generation weitergegeben und von jedem übernommen wurden In Momenten der Trauer, der Freude, der Sehnsucht und der Leichtigkeit brachte es Trost, Trost und Erleichterung. Diese Musik ist ein allgemeiner russischer Gesang. Es ist Russland, das ohne Worte spricht. Denn wie das Volkslied trägt es die Genialität und die Werte der Volkssprache in sich. Mussorgskys Stil ist ein Blutsbruder der gesprochenen Sprache und in der Tat so sehr die russische Sprache, wie Musik nur sein kann. Um es mit den Worten von Jacques Rivière zu sagen: „Es spricht in Worten, die auf *ia* und *schka enden* , in bescheidenen Phrasen, in schnellen, armen, flehenden Worten." Tatsächlich sind Mussorgskis Partituren so unkonventionell, so grob, zottelig und völlig unelegant, dass sie in höflichen Musikkreisen auch heute noch Anstoß erregen. Nur in den modifizierten, „korrigierten" und zweifellos kastrierten Versionen von Rimsky-Korsakow behaupten sich „Boris" und „Chovanchtschina" auf der Bühne. Dieses Eisen, diese Granit- und Diamantmusik, dieser düstere, ergreifende, eindringliche Ausdruck wird nicht in die alten Vorstellungen passen. Die Alten sprechen vage von „musikalischem Realismus", „Naturalismus" und versuchen, eine Schublade für diese große, zitternde Masse des Lebens zu finden.

Zweifellos ist die Musik Mussorgskis nicht ganz eisengrau. So wie sich inmitten von „Boris" die sanfte Szene zwischen dem Zaren und seinen

Kindern abspielt, so sind in diesem strengen Musikkorpus helle und fröhliche Farben, brillante und freudige Kompositionen verstreut. Heimelig und beliebt und naiv sind seine Melodien und Rhythmen immer, kleine Bauernmädchen mit baumelnden Zöpfen, Bauernburschen im Galagewand, bunte Bälle, die herumgeworfen werden, Singspiele, die regelmäßig mit klatschenden Handflächen begleitet werden, Lieder über Enten usw Sittiche, Tänze voller Schlurfen und Springen. Sogar die Bewegungen der prächtigen „Persischen Tänze" in „Khovanchtchina" sind einzigartig naiv und einfach und unprätentiös. Manchmal jedoch erstrahlt die ganze Pracht der byzantinischen Kunst in dieser Musik, und die goldstaubigen Tonarten, die metallische Flachheit der pentatonischen Tonleiter, die mystischen dämmernden Gesänge und dreisten Trompetenrufe lassen uns die Mosaike von Ravenna, dem Schwarzen und dem Schwarzen sehen goldene Ikonen russischer Kirchen, die mit Strahlenkranz geschmückten Heiligen auf Backsteinmauern, die Minarette des Kremls. Es gibt kaum eine Opernszene, die prachtvoller ist als die Szene der Krönung von Zar Boris mit ihrer gewaltigen Pracht aus Glockengeläut und Klarinettenklängen sowie dem Weihnachtsgesang der knienden Menge. Dann fegt Mussorgski, wie Boris selbst, in steifen, mit Wappen verzierten Gewändern durch die Kirche, gekrönt von der gewölbten, blinkenden slawischen Tiara. Und doch erreicht uns durch all diese leuchtenden Farben, wie durch die dunkleren, traurigeren Töne des größten Teils seiner Arbeit, dieses eine qualvolle, überwältigende Lebensgefühl, dieses einzige große Bewusstsein. Die schwulenreichen Orte sind nur ein Teil davon und verstärken die große düstere Masse. Ihre Einfachheit, ihre Kindlichkeit, ihre Unschuld sind Eigenschaften, die man erst nach dem Leiden wahrnimmt. Das Sonnenlicht in ihnen ist das anmutige, süße, freundliche Sonnenlicht, das nur zwischen Nächten voller Schmerzen fällt. Die hellen und ritterlichen Passagen von „Boris", die Musik, die durch die Erinnerungen an das feudale Russland und den Ruhm der Zaren hervorgerufen wird, verleihen dem großen grauen Haufen, zu dem sie gehören, einen tieferen, seltsameren, noch wehmütigeren Ton. „Khovanchtchina" ist nie so sehr die Tragödie, das Denkmal für Wesen und Kulturen, die im unerbittlichen Lauf des Lebens verdrängt und beiseite geworfen wurden, wie in der Szene, in der Fürst Iwan Chowanski seinen Tod findet. Denn in dem Moment, in dem der alte Bojar und mit ihm die alte Ordnung Russlands in den Untergang geht, wird von seinen Anhängern die süßeste Melodie angestimmt, die Mussorgski geschrieben hat oder schreiben konnte. Und aus dieser Hymne an die Herrlichkeit des untergehenden Hauses scheint uns all das Pathos ewig vergehender Dinge, all die Wehmut des letzten Sonnenuntergangs, all der letzte Gruß eines verschwundenen Glücks zu kommen. Klarer als jeder andere Moment, gleichmäßiger als das unendlich strenge und einfache Vorspiel, das die letzte Szene von „Boris" einleitet und aus großer Entfernung zu kommen scheint und all die

Traurigkeit, Dunkelheit und Erbärmlichkeit der menschlichen Existenz zusammenfasst, das Die Szene bringt den großen, trostlosen Monolithen zum Vorschein, der das Werk Mussorgskis wirklich ist, das große Bewusstsein, das es still und anklagend gegen den Himmel erhebt. So wie sich Zechen düster und unheimlich über Bergbaustädten erheben, so erhebt sich diese Musik in ihrem russischen Schnee und steht schrecklich und schön da.

Und in letzter Zeit hat der einzelne Schaft die glamourösen Wagner-Hallen übertroffen. Die Opern Mussorgskis haben begonnen, die Bedeutung zu erlangen, die einst Wagners Opern besaßen. In hohem Maße ist es der Wandel der Zeiten, der Mussorgskis Kunst gefördert und geschätzt hat. Obwohl „Boris" zur gleichen Zeit wie „Die Götterdämmerung" das Licht der Welt erblickte und Mussorgski chronologisch sehr nahe an der früheren Zeit liegt, ist er uns in seinen Gefühlen viel näher als Wagner. Die andere Generation mit ihrem Stolz auf materielle Macht, ihrem Gefühl des Wohlstands, ihrem Drang nach Beherrschung der irdischen Kräfte, ihrem Bedürfnis nach Luxus war nicht in der Lage, jemanden zu verstehen, der das Leben als eine düstere, traurige Sache empfand, der sich als Kind, als altes Weib, als Bettler fühlte, hilflos in der schrecklichen Kälte. Dafür war eine weniger naive und selbstbewusste Generation erforderlich, eine kultiviertere, desillusioniertere und geläutertere Generation. Und so lag Mussorgskis Musik mit ihrem armseligen, ungehobelten und bescheidenen Ton, ihrer Abneigung gegen Stolz, materielle Größe und Herrschaft, ihrer Eisenhaftigkeit, Grausamkeit und Trostlosigkeit unbekannt und vernachlässigt im Schnee. Tatsächlich musste sie auf das Erscheinen von „Pelléas et Mélisande" warten, um ihren rechtmäßigen Platz einzunehmen. Denn während Mussorgski Debussy künstlerisch beeinflusst haben mag, war es Debussys Werk, das Mussorgskis Anerkennung und Popularisierung verschaffte. Denn die Musik von Debussy ist der zarte, klassische, wollüstige und aristokratische Ausdruck desselben Bewusstseins, dessen strenge, nüchterne, barbarische Musik Mussorgskis ist; die Liebkosung im Gegensatz zur Zwickmühle. Folglich war Debussys Kunst die leichter verständliche der beiden. Doch als „Pelléas" erst einmal produziert war, war die Annahme von „Boris" unvermeidlich. Mussorgskis Generation war angebrochen. Die Männer, die so fühlten wie er, die die Wahrheit seines kargen, metallischen Stils und seiner schlichten Bauten erkannten, hatten die Mehrheit erreicht. Eine Welt konnte in der Musik des Toten ihr Symbol erkennen.

Aber es ist keineswegs nur Mussorgskis Aktualität, die ihn zu seiner heutigen Position gebracht hat. Es ist die wunderbare Originalität seiner Kunst. Er ist einer der originellsten und originellsten Komponisten, einer der großen Formerfinder. Mussorgskis Musik ist fast eine wahre Schatzgrube. Sie ist nicht die Entwicklung einer Sache, die Fortsetzung einer Linie, das logische

Ergebnis der Arbeit anderer, wie es die Werke so vieler, selbst der größten Musiker sind. Sie scheint wie ein Meteorit aus den Geheimnissen der Formen auf die Erde gefallen zu sein. Genau im Moment von Wagners Triumph und der vollen Reife von Liszt und Brahms komponierte Mussorgski, als wäre er in eine Welt hineingeboren worden, in der es keine musikalische Tradition gab, eine Welt, in der es tatsächlich keine schöne Musikliteratur und nur ein paar Volkslieder, orthodoxe liturgische Gesänge und griechisch-katholische Tonleitern gab. Der Musiktheorie gegenüber scheint er völlig gleichgültig gewesen zu sein. Er erkannte nur eine Regel an, und die lautete: „Kunst ist ein Mittel der Kommunikation zwischen den Menschen und kein Zweck." Er war Autodidakt und erfand mit jedem Schritt der Komposition tatsächlich eine neue Kunst der Musik. Und was er hervorbrachte, war zwar nicht großartig in der Masse, aber neuartig und von einer Neuheit, die eines der Wunder der Musik ist. Kaum eine Phrase in seinen Opern und Liedern bewegt sich in einer konventionellen oder unoriginellen Kurve. Die Lieder von Mussorgski sind Dinge, die man in jedem ihrer Momente wiedererkennen kann, so tief und völlig unverwechselbar sind sie. Es gibt keinen Takt der Sammlung namens „Sans soleil", der nicht reichhaltig und kraftvoll neu wäre. Die Harmonien klingen neu, die Melodien sind frei und seltsam und ausdrucksstark, die Formen sind solide und schwer wie Bronze und Eisen. Sie sind wie aus der Erde ausgegrabene Klumpen. Es herrscht äußerste Einfachheit. Und jeder Strich ist entscheidend und bedeutungsvoll. Mussorgski scheint näher an das Leben herangekommen zu sein als die meisten Künstler, er scheint die Gefühle in ihrer Nacktheit und Schärfe erfasst und mit der Unschuld eines Kindes gefühlt zu haben. Eine seiner Sammlungen trägt den Titel „La Chambre d'Enfants". Und diese Überraschung und Verwunderung über alle gewöhnlichen Tatsachen des Lebens, die Schärfe, mit der die Erkenntnis des Todes kommt, kennzeichnen nicht nur diese Gruppe, sondern alle Lieder. Er ist in ihnen allen das Kind, das den toten Käfer daliegen sieht und sein Erstaunen und seine Sorge direkt aus seinem Herzen mit der Schärfe der notwendigen Sprache zum Ausdruck bringt. So viel andere Musik wirkt neben diesen kleinen Formen aus Granit indirekt, zögerlich, furchtsam.

Und dann sind Mussorgskis Opern, insbesondere „Boris", dramatisch schneller als die meisten Wagner-Opern. Er machte nie den Fehler, den der Meister von Bayreuth so oft machte, nämlich das Drama der Musik unterzuordnen und die Handlung zugunsten eines „Waldwebens" oder eines „Charfreitagszaubers" anzuhalten. Die kleinen Szenen in Puschkins Stück spinnen sich schnell durch die Musik; die Handlung wird durch eine skelettartige Form der Musik, durch schnelle, lebendige Tonätzungen und durch die einfachsten, direktesten Darstellungen verstärkt. Die musikalische Charakterisierung ist äußerst schärfst; originelle Ideen häufen sich aufeinander und lösen sich ohne viel Aufhebens ab. Die Partitur von Boris, so dünn sie auch ist, ist eine Schatzkammer der Erfindungen, der vollkommensten Musik, die für das Theater geschrieben wurde. Nur wenige Opernwerke sind musikalisch wichtiger und dennoch weniger anspruchsvoll. Und „Chowantschtschina", so fragmentarisch sie auch ist, ist fast nicht weniger voller edler und schöner Ideen. Diese Fragmente, Melodien, Chöre, Tänze sind allesamt echte Erfindungen, wunderbare, in Netzen gefangene Stücke, Schönheiten der seltensten Art. Ein tiefer, satter Glanz umspielt diese Melodien. Ihre Einfachheit ist die Einfachheit vollkommen gelungener Erfindungen, von Dingen, die mühelos aus der Erde entsprungen sind. Sie ähneln so sehr Volksweisen, dass man sich fragt, ob sie nicht vor Hunderten von Jahren entstanden und von Generationen von Russen überliefert wurden. Eines davon, der große Chor in der ersten Szene, könnte sogar als eine Art Nationalhymne für Russland gelten. Andere, wie die instrumentale Begleitung des ersten Auftritts von Fürst Ivan Chowanski, sind einige jener Stücke, die eine ganze Kultur, eine ganze Tradition und Rasse repräsentieren.

Diese Stücke sind die Kinder eines unendlich edlen Geistes. Es gibt etwas in diesen herrlichen Melodien, diesen großartigen Rufen, diesen stolzen und feierlichen Themen, von denen sowohl „Boris" als auch „Chowantschtschina" voll sind, das Wagner plebejisch und bürgerlich erscheinen lässt. Obwohl die Musik bäuerlich ist, nach Erde stinkend, roh und kraftvoll, scheint sie sich dennoch auf einen stolzeren, feineren Geist zu beziehen als den des anderen Mannes. Die Zurückhaltung, die Direktheit, die Unschuld jeglicher Theatralik, die Vermeidung von allem, was rein effektiv ist, die Würde des Ausdrucks, das Salz und die Ironie, der runde, volle Klang jedes Details sind gut und stärkend nach den Schlackenüberschwemmungen von Wagners Genie. Die hageren grauen Pfähle, die metallischen Oberflächen, die Heimlichkeiten von Mussorgski sind männlicher, stärker, widerstandsfähiger als Wagners Musik. Nur Leute, die sich ihrer selbst aristokratisch sicher sind, können nach Belieben so fröhlich und unbeschwert sein. Wenn es in der modernen Musik etwas gibt, das mit den schieren, stumpfen, kraftvollen Bänden primitiver Kunst vergleichbar ist, dann ist es das Werk Mussorgskis. Und im Laufe der Jahre werden die Statur und der Geist dieses Mannes gewaltiger und erstaunlicher. Man muss nur den Akzent des Großteils der modernen Musik hören, um zu ermessen, in wessen Schatten wir alle leben und wie weit der von ihm ausgehende Impuls getragen hat. Die gesamte lebendige Musikwelt, von Debussy bis Bloch, von Strawinsky bis Bartók, wurde von ihm belebt. Und wenn es irgendeine moderne Musik gibt, die die Widerstandskraft zu besitzen scheint, die Jahrhunderte und Äonen zurückdrängt, dann sind es seine Werke aus Bronze, Eisen und Granit. Was die Welt verlor, als Modest Mussorgski im Alter von 42 Jahren starb, werden wir nie erfahren.

Vor allem aber hat seine Musik die Erhabenheit eines im Wesentlichen religiösen Aktes. Sie ist Ausdruck des tiefsten spirituellen Wissens eines Volkes. Mussorgski wurde getragen von der großen Kraft der russischen Nächstenliebe, der russischen Demut, des russischen Mitleids. Es war dieses große religiöse Gefühl, das den Mann ergriff, der einst ein stutzerhafter Gardist gewesen war, der sich damit begnügte, Damen zu unterhalten, indem er ihnen auf dem Klavier Bruchstücke aus „Il Trovatore" und „La Traviata" vorspielte, und das ihm seinen tiefen Sinn für die Realität gab, sein Wissen darüber, wie einfach und traurig das menschliche Leben letztlich ist, und das ihn so herrlich mit dem Leiden mitschwingen ließ, das der Verfassung der Welt innewohnt. Es gab seiner Kunst ihre Farbe, ihren Charakter, ihre Tendenz. Es erfüllte ihn mit der unsentimentalen, warmen, animalischen Liebe, die ihn den Menschen getreu darstellen ließ und den Atem seiner Mitmenschen fesseln ließ, als er ihre Körper verließ. Sicherlich war es das schwache, starke Gefühl seiner Rasse für das Sakrament des Schmerzes, aus dem seine Musik entspringt. Er selbst bekannte, dass es das Gefühl der unausgesprochenen Qual eines anderen war, das Mitgefühl mit einem halbidiotischen Bauernjungen, der seine hoffnungslose Liebe herausstammelt, das den Dichter zuerst in ihm bewegte und ihn zum Komponieren brachte. Die Musik der Niederlage, der beharrliche Schrei des Schmerzes der Welt erklingt aus seiner Musik, weil das russische Volk immer das große Geheimnis und die Realität und das Gute des Leidens gekannt hat, dass nur die Demütigen, nur diejenigen, die Niederlage, Schmerz und Unglück ertragen haben, das Gesicht des Lebens sehen können, dass Kummer und Qual die menschliche Existenz heiligen können und dass der Mensch in den Tagen seines Triumphs und seines Wohlergehens ein grausames und böses Wesen ist, das Unglück jedoch oft göttliche und liebliche Züge in ihm zum Vorschein bringt. Dostojewski war nie mehr der russische Prophet als in seiner Schrift „Der Idiot", in der er seinen demütigen Dank dafür aussprach, dass er durch den Fluch der Natur, durch die völlige Nutzlosigkeit seiner physischen Maschine, durch Krankheit, Dummheit und Armut davor bewahrt worden sei, das Böse in der Welt zu tun und zu ihrem Tod beizutragen. Und Mussorgski ist das Gegenstück des großen Romantikers. Wie der andere kommt er in Priester- und Waschamt. Wie der andere drückt er den bewegenden, demütigen Gott aus, den Gott der niedrigen, breiten Stirn und des Bauerngewandes, den sein Volk in sich trägt. Sowohl Prosa als auch Musik sind Manifestationen des russischen Christus. In Europa kam er in seiner späten Stunde als Abgesandter des einen religiösen modernen Volkes und rief die Menschen dazu auf, die Wahrheit zu erkennen und ihr Leben entsprechend zu reformieren. Er kam, um den Menschen aus der Sklaverei des neuen gigantischen Körpers zu befreien, den er gezeugt hatte, um ihn von der Machtgier zu entwöhnen, um ihn zu besänftigen und zu demütigen. Er erfüllte erneut die Prophezeiungen des

Alten Testaments. Das Evangelium Tolstois, die Romane Dostojewskis und die Musik Mussorgskis sind die neuen Evangelien. In Mussorgski hat die Musik der neuen Welt ihren Priester gegeben.

# Liszt

Oh, großartiger und elender Abbé Liszt! Seltsame und unnatürliche Verschmelzung der edelsten und gemeinsten Eigenschaften! Man kann kaum sagen, wer an Ihnen der Stärkere war: der Grandseigneur oder der niederträchtige Komiker. Denn in Ihrer Arbeit sind sie gleichermaßen untrennbar miteinander verbunden. In Ihrer Kunst ist es der Schauspieler, der im Palastsaal thront, der große Herr der Musik, der auf den Brettern des Wandertheaters stolziert und herumtollt. Nirgendwo in der gesamten Musik ist die Größe dem Staub so nahe, und nirgendwo offenbart der Staub grandiosere Züge. Ihre Kompositionen sind die brillantesten Bastarde, die beklagenswertesten legitimen Dinge. Sie treffen uns sowohl mit Bewunderung als auch mit Abneigung, wirken auf uns, als ob die scharlachroten Satingewänder eines venezianischen Patriziers die Präsenz fauler, unansehnlicher Lumpen unter ihnen verraten würden. Sie erinnern an die Fassaden der Paläste von Vicenza, die vom pompösen und klassizistischen Palladio entworfen und aus Stuck und anderen billigen Materialien ausgeführt sind.

Und doch offenbaren die vielen Werke, in denen du dich nicht als Künstler zeigst, die Fülle deiner Kräfte fast ebenso sehr wie die wenigen, in denen du es tust. Der leerste Ihrer vielen pompösen Orchester-Soliloge, der schwächste Ihrer vielen Klavier-Pyrotechniken, der eisigste Ihrer Blumensträuße aus eisigen, explodierenden Sternen, der messingste Ihrer unverhohlenen Schlussreden, der allerfalschste Ihrer unzähligen Pastenjuwelen verkünden, dass Sie es sind wurden geboren, um zu den Großen Ihres Fachs zu gehören. Denn sie offenbaren Ihnen das unbestreitbare virtuose Genie. Die Raffinesse der Nachahmung des Edelsteins verrät, wie tief Sie ein Gefühl für die Schönheit des echten Edelsteins hatten und wie erfahren Sie im Handwerk des Diamantschleifers waren. In die Gestaltung Ihrer schlechten Kunstwerke floss ein Temperament, eine Verspieltheit, eine Fruchtbarkeit, eine Launenhaftigkeit, ein Genie ein, das viele bessere Künstler nicht besaßen.

Du warst in der Tat reich beschenkt und mit musikalischen Gaben überschüttet, so wie ein in den Armen liegender Prinz mit Geschenken und Ehrungen überhäuft wird. Alles in Ihrer Persönlichkeit war großartig, herrschaftlich und immens. Du wurdest als musikalischer König von Zypern, Jerusalem und Armenien geboren, Titelherrscher riesiger, nicht beanspruchter Gebiete. Nur wenige Komponisten waren erfinderischer. Kein Komponist hat jemals seine Ideen mit liberalerer Hand ins Ausland gestreut. Kompositionen wie die h-Moll-Klaviersonate, das Tongedicht „Mazeppa" und die „Dante"-Symphonie sind, was auch immer ihr künstlerischer Wert sein mag, voller Originalthemen von hoher Qualität und wie Schatzkammern, in denen Goldornamente nachlässig verstreut liegen in Haufen. Tatsächlich lieferte Ihre Erfindungskraft nicht nur Ihren eigenen Kompositionen Stoff, sondern auch denen Ihres Schwiegersohns Richard Wagner. James Huneker brachte es einmal so treffend auf den Punkt: „Wagner hatte Ihnen viel zu verdanken, außer Geld, Mitgefühl und einer Frau." Denn Siegmund und Sieglinde existierten lange in Ihrer „Dante"-Symphonie, bevor Wagner sie in „Die Walküre" übertrug; Parsifal und Kundry spielten lange Zeit in Ihrer Klaviersonate, bevor er sie in sein „Bühnenweihfestspiel" einführte.

Sie waren wie kein anderer Ihrer Zeit für das Komponieren am Klavier gerüstet. Für Sie war das Instrument eine neuere, fremdere, jungfräulichere Sache als für Schumann oder Chopin. Du wusstest noch besser als sie, wie man auf die richtige Stimme achtet. Sie waren sich der richtigen Farbe und Qualität besser bewusst als sie. Sie scheinen völlig ohne vorgefasste Meinung darauf gekommen zu sein. Ihre h-Moll-Sonate bleibt, so unbefriedigend ihre tatsächliche Qualität auch sein mag, eines der Meisterwerke dieser Art. Bei wenigen Werken kommen die verschiedenen Stimmlagen des Instruments besser zur Geltung und die unterschiedlichen Lautstärken des Klavierklangs können besser kontrastiert werden. Tatsächlich liegt die Sonate auf verschiedenen Ebenen, geht aus verschiedenen Richtungen hervor, grenzt eine feste Form ab, lässt im Gegensatz dazu sogar Beethovens Werk flach und zweidimensional erscheinen. Hier liegt fast zum ersten Mal eine Sonate vor, die eindeutig Musik *des* Pianoforte ist. Und die modernen Errungenschaften in der Klavierkomposition mindern keineswegs das Wunder Ihres Verständnisses für die Dynamik des Instruments. Die neuen Männer, Skrjabine und die Komponisten der modernen französischen Schule, sind möglicherweise tiefer vorgedrungen, als es in Ihrer Macht stand, und haben möglicherweise dort erreicht, wo Sie versagt haben. Dennoch hätten sie ohne Ihre Orientierungshilfe nicht weiterkommen können. Sie sind Ihnen zu großem Dank verpflichtet.

Nicht einmal Wagner hatte einen größeren Einfluss auf die neue Zeit als Ihriger und bereitete der neuesten Musik den Weg. Sie sind in der Tat der gute Freund aller, die von einer neuen musikalischen Sprache, einer neuen musikalischen Syntax, Ausgewogenheit und Struktur träumen und sich auf den Weg machen, die weiten, vagen Regionen, die *Terra incognita* des Tons, zu erkunden. Denn du bist ihr Vorfahre. Wenn Ihr Werk in seinem allgemeinen, homophonen Charakter vor allem der Romantik zuzuordnen ist, macht Sie Ihre Überzeugung, dass der Inhalt die Form jedes Stücks bestimmt, zum Bindeglied zwischen klassischer und moderner Musikkunst. Die symphonische Dichtung, ob sie nun aus den Ouvertüren Beethovens stammt oder nicht, ist größtenteils Ihr Werk, denn obwohl Sie selbst nicht frei genug von den klassischen Formeln waren, um eine völlig programmatische symphonische Form zu schaffen, wie es Strauss später getan hat, haben Sie ihm dennoch gegeben der Hinweis, wovon er am meisten profitiert hat. Auch die Impressionisten scheinen von Ihnen abzustammen. Das kleine Stück mit dem Titel „Les jeux d'eau de La Villa d'Este" scheint ihren Stil nicht wenig vorwegzunehmen. Und obwohl Sie nicht für die Musik der nationalistischen russischen Schule verantwortlich waren, sorgte der robuste, farbenfrohe Barbar in Ihnen dafür, dass Sie ihre Arbeit willkommen hießen und ermutigten. Es veranlasste Sie, Borodin und Mussorgski jene herzlichen Briefe zu schreiben, die ihnen so sehr gefielen. Denn damals waren sie nur unbekannte Arbeiter, während du der Fürst der Musiker warst.

Tatsächlich ist nichts fürstlicher, nichts offenbart die Weite und Großzügigkeit Ihres Geistes besser als Ihre Beziehungen zu Ihren Handwerkskollegen. Künstler sind oft so kleinlich in ihrem Verhalten zueinander, dass es in der Tat erfrischend ist zu lesen, mit welcher unfehlbaren Freundlichkeit Sie so viele Komponisten behandelt haben, die weniger glücklich gestellt waren als Sie. Und nicht nur Wagner und César Franck profitierten von Ihren guten Taten. Viele unbekanntere und jüngere Männer, zum Beispiel der arme Edward MacDowell, wussten, was es heißt, herzliche und lobende Briefe von Ihnen zu erhalten, von Ihnen in ihrer Karriere unterstützt zu werden, ihre Kompositionen durch Ihre Hilfe von den besten deutschen Orchestern zur Aufführung gebracht zu bekommen. Und Sie waren nicht eingebildet, bezeichneten Ihre symphonischen Gedichte lächelnd als „Gartenmusik" und antworteten Wagner, als er Ihnen mitteilte, dass er Ihnen dieses oder jenes Thema gestohlen hatte: „Gott sei Dank, jetzt wird es zumindest gehört!" Hätten Sie, oh Liszt, die Vornehmheit Ihres Wesens in Ihrem Komponieren ebenso rein zum Ausdruck gebracht wie in Ihren gesellschaftlichen Beziehungen, dann hätten wir uns nicht über riesige Trümmer, nicht über Elend beklagen müssen, das die vollkommene Pracht Ihrer Gestalt trübt.

Doch leider hat die wahre Erhabenheit Ihrer Begabung nie ein Werk hervorgebracht, das wirklich symbolisch für sich selbst steht. Denn wenn Ihre Musik als Ganzes überhaupt Erhabenheit besitzt, dann ist es die hohle Erhabenheit der Inflation, der Prahlerei, der Äußerlichkeit. Ihre Musik ist fast durchweg ein monströses *Theaterdekor* . Sie versucht ständig, eine tragische, satanische und leidenschaftliche Atmosphäre zu schaffen, gewaltige, majestätische und furchterregende Dinge anzudeuten, enorme Wirkungen zu erzielen. Sie ist voller lauter, hochtrabender Ankündigungen, voller Wirbelstürme, Gewitter, Krönungen auf dem Kapitol, Ideale, Wehklagen, Kavalkaden durch halb Asien, Vorhänge, Massaker, Fresken, Fassaden, Magnificats, grellen Sonnenuntergängen, Krummsäbeln, Wundern, Kreuzestriumphen, Rückzügen aus der Welt. Sie ist voll von allen romantischen Requisiten. Wie riesige Bühnenbilder werden die verschiedenen Passagen und Sätze vor unseren Augen geschleppt, und wir werden aufgefordert, unsere Augen an Darstellungen gigantischer Felsen und tief hängender Himmel und heiliger Einsiedlerwohnungen zu weiden, die uns gefährlich an die Wunder erinnern, die in den Peepshows auf Lebkuchenmärkten gezeigt werden. Die Atmosphäre der Kompositionen ist so ausnahmslos sensationell, die Geste so kalkuliert, so theatralisch, dass ein Großteil des wirklich beeindruckenden Materials, die Menge der originellen Ideen, jede Substanz verliert und zu undeutlichen Bestandteilen dieser riesigen Berge der Langeweile, dieser Verschwendung rhetorischer und bombastischer Instrumente, dieser lauten und tänzelnden Konzerte der Zirkusmusik wird. Diese überbetonten Werke, diese prätentiösen Fassaden, diese riesigen, pompösen Fresken von Kaulbach, diese byronischen Instrumentalmonologe, diese hohlen, leeren Schnörkel der Blechbläser, diese töricht satanische Chromatik, diese unvermeidlichen Triumphe des Kreuzes und der gregorianischen Tonarten haben beinahe etwas Beleidigung der Intelligenz an sich.

Zweifellos war ein Großteil Ihres Barchent- und Rhodomontade-Gehabes, Ihrer diabolischen Haltung, Ihrer grandiosen Kämpfe zwischen den Heerscharen des Bösen und dem Licht des Baumes, Ihrer endlosen Fanfaren dem Alter geschuldet, in dem Sie aufwuchsen. Die Äußerlichkeit, die Pompösität der Absicht, die theatralischen Posen waren Teil der romantischen Konstitution. Der Wunsch, sensationelle Effekte zu erzielen, die Tendenz zur Äußerung, zur Einnahme theatralischer Posen und pompöser Absichten war jedem einzelnen der Männer angeboren, unter denen Sie Ihre Jugend verbrachten. Denn sie waren sich plötzlich und schmerzlich bewusst geworden, dass die Natur gegenüber ihren individuellen Schicksalen und Sorgen äußerst gleichgültig war. Sie waren in ihrer *Eigenliebe so verletzt* , dass sie versuchten, ihr vermindertes Selbstwertgefühl wiederherzustellen, indem sie die Bedeutung und Intensität ihrer Leiden übertrieben und sich von ihren satanischen Sünden und schrecklichen Schicksalen überzeugten. Manfred, der düster auf einem Alpenfelsen posierte und

    „Die Natur zu ihrer Fehde

Mit Galle und Halbstiefel-Haltung,"

war der Typ von euch allen. Ihr musstet das Bewusstsein eurer eigenen Bedeutungslosigkeit abwehren, indem ihr euch vorstelltet, dass ihr inmitten einer gewaltigen Umgebung, greller Naturerscheinungen, brennender Prärien, Zinnen, Sturzbäche, Kolosseen, unterirdischer Paläste, mondbeschienener Ruinen, Banditenhöhlen lebt und unter schrecklichen Flüchen, schrecklichen Strafen, Erbsünden usw. usw. leidet.

Aber während wir zum Beispiel die frenetische Romantik eines Delacroix wegen der Tugend seiner Malerei sogar attraktiv finden und die eines Berlioz und eines Chateaubriand wegen der vielen Schönheiten und der wahren Erhabenheit ihrer Stile verzeihen, können wir das nicht Lerne ganz, deine zu lieben. Denn bei Ihnen wurde die Krankheit durch das Vorhandensein eines weiteren starken Anreizes verschlimmert, zu stolzieren und sich zu positionieren und Ihre Kunst zu externalisieren und aufzublähen. Denn du warst der Virtuose. Du warst der Mann, dessen gesamtes Wesen darauf ausgerichtet war, eine Wirkung zu erzielen. Sie waren der Mann, dessen Leben auf dem Konzertpodium gelebt wird, dessen Werte denen des Konzertsaals entsprechen und der sein höchstes Gut in der unmittelbaren Wirkung seines Auftritts sieht. Von Kindheit an waren Sie der vergötterte Klaviervirtuose. Ihr ganzes Leben lang waren Sie von der Bewunderung erfüllt, die Ihnen die großen Damen aller Hauptstädte Europas in sehr greifbarer Form entgegenbrachten. Und ein Virtuose bist du dein ganzes Leben lang geblieben. Sie haben sich aus dieser frühen Situation nie zu etwas Heilsamerem für den Künstler entwickelt. Im Gegenteil, Sie brauchten ständig die Atmosphäre der Aufführung, der Ausstellung, die Sie umgab, und hielten die Rosenblätter und die Parfümwolken für absolut notwendig. Der größte Teil Ihrer Komposition scheint nur die Anstrengung zu sein, die Bewunderung und Bewunderung, die leuchtenden Augen, die halb geöffneten Lippen und die wogenden Brüste um Sie herum aufrechtzuerhalten. Alles in Ihrer Klaviermusik ist auf diesen Effekt abgestimmt. Die schamlosen Sentimentalitäten, das üppige Verweilen bei süßen Akkorden und prägnanten Tönen, die pompösen Rezitative, die feuchten, sinnlichen Höhepunkte, die erregenden Figurationen, die übertriebenen Drapierungen wurden für die unmittelbare, überwältigende Wirkung beim ersten Hören ins Leben gerufen. Alles ist erweitert und gespickt und darauf ausgerichtet, Ihnen die Pascha-Kraft zu verschaffen, nach der Sie sich gesehnt haben. Abgesehen davon, dass sie windig und theatralisch ist, ist Ihre Musik das, was Nietzsche so bitter nannte: „Die Schule der Geläufigkeit – nach Frauen".

So wird Ihr enormes künstlerisches Talent vergeudet, Ihre Ideen oberflächlich dargestellt, Ihre Wissenschaft missbraucht. Denn während das Schicksal Sie mit großartigen Gaben überschüttete, schien es gleichzeitig versucht zu haben, seine Großzügigkeit zunichte zu machen, indem es Ihrer Persönlichkeit die Grundlegierung einschmolz, indem es verfügte, dass Sie enorme Kräfte haben und diese dennoch missbrauchen sollten. Es hinderte Sie oft daran, völlig echt, völlig glühend, völlig fein zu sein. Es verweigerte Ihnen größtenteils die wahre diamantene Härte des Künstlers, die

Unantastbarkeit der Seele, den Sinn für Stil. Es machte Sie, den ungeheuer fruchtbaren Erfinder, die Fundgrube des thematischen Materials, verschwenderisch; unfähig, Ihr Erz zu raffinieren, Ihren Ideen nachzugehen und ihnen ihren vollen Wert zu geben. Wagner hätte von Ihnen, wenn er es gewollt hätte, das sagen können, was Händel über den Komponisten gesagt haben soll, von dem er entlehnte: „Was nützt einem Mann wie ihm eine so gute Idee?" Man muss sich tatsächlich Wagner zuwenden, um viele der Erfindungen zu würdigen, die Sie so sorglos aus sich heraus geworfen haben, die Musik von Siegmund und Sieglinde, Parsifal und Kundry. Was Sie selbst betrifft, sind Sie zu sehr das „virtuose Genie", zu sehr im Herzen der Schauspieler. Ihre Musik ist vielleicht die raffinierteste, auf Effekthascherei ausgelegte, die künstlichste, die wir kennen. Sie sind vielleicht das brillanteste Artifex der Musik.

Wir haben immer das Gefühl, Sie vor uns auf der Bühne sitzen zu sehen, vertieft in den Ausdruck Ihrer Leidenschaft, Ihres Ekels vor Leidenschaft, Ihres Verzichts auf Leidenschaft. Aber diese Versunkenheit ist nicht ganz so vollständig, wie es den Anschein macht. Während der ganzen Vorstellung haben Sie heimlich ein kleines, böses Auge auf die Damen im Publikum gerichtet.

Manchmal spielen Sie den Religiösen. Vielleicht steckte in Ihnen wirklich eine Ader der Hingabe und des Glaubens. Die Tatsache, dass Sie die Priesterweihe empfingen, um der Heirat mit der Fürstin von Sayn-Wittgenstein zu entgehen, die Ihnen all die Jahre nachstellte und Sie zweifellos mit ihren theologischen Schriften langweilte, widerlegt deren Existenz nicht völlig. Tatsächlich lässt Ihre „Dante"-Symphonie mit ihrer Hölle voller reueloser Sexualstraftäter, ihrem Fegefeuer voller Menschen, die ihre Exzesse bereuen, ihrem Paradies, das durch einen Hymnus an die Jungfrau Maria dargestellt wird, erahnen, welche Rolle und wie real die Religion in Ihrem luxuriösen Leben gespielt haben könnte. Aber größtenteils erinnert die Religiosität Ihrer Musik zu sehr an die des modischen Beichtvaters. Sie spenden zweifellos Trost. Aber Sie bringen ihn freiwillig ins Boudoir. Sie sprechen traurig von den grausamen Winden der Lust. Sie verweilen beim Beispiel der frommen Heiligen Elisabeth von Ungarn. Sie breiten Ihre Hände über schöne Büßerinnen aus und machen eine Reihe der schönsten Gesten. Du flüsterst honigsüße Vergebung für leidenschaftliche Sünden. Du erregst immer Tränen und Dankbarkeit. Aber am Ende entpuppt sich dein „Trost" nur als ein weiterer „Liebestraum".

Zweifellos haben Sie Ihr Heimatland geliebt. Aber Ihr Patriotismus erinnert gefährlich an das Restaurant Magyar, den Geiger im Froschmantel. Du schöpfst aus deiner Geige leidenschaftliche Klagen. In einer Art Ekstase feiert man Ungarn. Dann reichen Sie strahlend lächelnd den Hut weiter.

Nur ein einziges Mal wanderte Ihr Blick nicht flüssig zur Galerie. Nur ein einziges Mal wurde Ihre Kunstfertigkeit nicht durch Pläne für aufreizende Effekte, für sensationelle Kontraste, für grandiosen und bombastischen Ausdruck getrübt. Nur ein einziges Mal waren Sie ganz und gar der Künstler, der Ihr Werk mit einem feinen Glanz des Lebens erfüllte und es zutiefst würdevoll und leidenschaftlich, aufrichtig und fest, zutiefst bewegend machte. Auch für Sie gab es die grundsätzliche Ausnahme. Für Sie gab es die „Faust-Symphonie". Das Werk ist romantische Musik, die Musik der byronischen Schule *schlechthin* . Auch hier ist das Grübeln und Aufbegehren, der satanische Zynismus, die Expertensprache. Aber hier ist das Wunder geschehen, und Ihre Musik, die im Allgemeinen so locker, oberflächlich und theatralisch ist, hat den Punkt, die Intensität, die Bedeutung, die ihr überall sonst zu fehlen scheint. Hier ist ausnahmsweise ein Werk von Ihnen, das sich aus eigener Initiative bewegt, das ein unabhängiges und wunderbares Leben hat, das brillant und doch substanziell ist. Hier hast du dich materialisiert. Wir glauben an deinen Faust, wie wir weder an deinen Tasso noch an deinen Mazeppa noch an deinen Orpheus glauben. Denn er bringt Ihre eigenen romantischen Grübeleien in berührenden und eindrucksvollen Worten zum Ausdruck. Mit dem Thema „Faust in ritterlicher Hofkleidung des Mittelalters", das uns vor Augen führt, haben Sie Ihren herrschaftlichen Stolz und Ihre Anmut zum Ausdruck gebracht. Goethe muss mit seiner Tragödie, seinen Figuren eine längst erstickte Ader in einem berührt haben. In jedem der drei Sätze, dem Faust, der Marguerite und dem Mephisto, machen Sie Ihre beste Musik. Im ersten Teil gibt es ein echtes Drama. Im zweiten Moment herrscht eine warme, duftende Stille. Vielleicht pflückt Gretchen ihr Gänseblümchen etwas zu gründlich. Aber in ihrer Musik steckt eine seltene Sensibilität und Feinheit des Gefühls. Es ist alles in Pastelltönen gehalten. Es liegt etwas sehr Junges und Warmes darin, das vielleicht keine andere Komposition von Ihnen zeigt, als ob Sie beim Komponieren längst verdorbene, ursprüngliche Emotionen wiedererlangt hätten.

Aber es war der dritte Satz, das *Allegro ironico* , der Ihre Schleusen öffnete und Ihr Genie hervorbrachte. Denn in der Vorstellung des Mephisto, die Sie bei Goethe fanden, fanden Sie Ihre eigene spirituelle Gleichung. Auch Sie waren Opfer eines desillusionierten Intellekts, der alles, was Sie für rein und schön hielten, verwüstete und all Ihre Sehnsüchte mit seinem schwefeligen Spott übergoss. Trotz all Ihrer Marienverehrung waren Sie erfüllt vom „Geist der stets verneint". Und so konnten Sie einen musikalischen Mephisto erschaffen, der Ihre anderen Werke, Sonate und alles andere, überdauern und Sie in anderen Zeiten zum Ausdruck bringen wird. Denn hier spricht alles, was man dunkel hinter Ihren gezuckerten und prätentiösen Kompositionen spürt, offen aus. Wenn wir dieses gewaltige Scherzo hören, erkennen wir den Zynismus, der Ihren Geist zerfressen hat. Wir hören ihn aufwallen und den Himmel erfüllen. Wir hören, wie es sein spöttisches Lachen über Kummer,

Sehnsucht und Stolz, über Reinheit und Zärtlichkeit in jenen unerhörten Orchester-Arabesken ausgießt, die sich auf die Themen der Sätze „Faust" und „Marguerite" stürzen und sie zu grinsenden Verzerrungen peitschen. Wir hören es leugnen und stampfen und fluchen, die ganze Welt in zotiger Verachtung umstürzen. Der Schlusschor versucht vielleicht, eine andere Emotion hervorzurufen. Sie können sich mit aller offensichtlichen Inbrunst umdrehen und „das Ewig-Weibliche" anflehen, Sie zu retten. Der andere Ausdruck bleibt der aussagekräftige. Es ist eines der größten Stücke musikalischer Ironie. Es steht auf einer Stufe mit „Till Eulenspiegel" und „Petrouchka".

Es ist auch das traurigste Ihrer Werke. Denn es zeigt uns ein für alle Mal, wie unendlich viel größer Du als Musiker hättest sein können, oh elender und großartiger Abbé Liszt!

# Berlioz

Der Lauf der Zeit, der so viele Musiker von uns zurücktreten und verschwinden ließ, hat Berlioz uns immer näher gebracht und ihn großartig gezeigt. Das Zeitalter, in dem er lebte, die Jahrzehnte nach seinem Tod hielten ihn für substanzlos genug. Sie erkannten in ihm nur den Projektor gigantischer Bauwerke, nicht den Erbauer. Seine Musik schien nur ein Gerüst zu sein. Obwohl eine Generation von Musikern von ihm lernte und durch ihn die richtigen Stimmen der Instrumente des Orchesters hörte, obwohl die Musik durch seine Arbeit zunehmend bildhafter, ironischer und konkreter wurde, wirkte sein eigenes Werk immer noch hässlich und voller unerfüllter Absichten. Wenn er es als Künstler überhaupt geschafft hat, dann wegen seiner frenetischen Romantik, seiner Bizarrheit, seiner byronischen Haltung, Charakterzügen, die bei ihm doch eher nebensächlich und zweitrangig waren. Denn das waren die einzigen seiner Eigenschaften, die seine Stunde verstehen konnte. Alle anderen wurden ignoriert. Und so blieb Berlioz ein halbes Jahrhundert lang einfach der Komponist der extravaganten „Symphonic Fantastique" und des brillanten „Harold in Italien" und im Übrigen ein Komponist brüchiger und dürrer Werke ohne authentische Ideen, „ein besserer Literat". als Musiker." Doch mit dem Abschied von der Welt aus dem romantischen Haus erholte sich Berlioz rasch. Seine Musik, die zuvor hässlich schien, erlangte nach und nach Kraft und Bedeutung. Seine Musik, die dünn und grau schien, ist plötzlich zufriedenstellend und rot geworden. Herausragende Komponisten wie Richard Strauss, so konservative Dirigenten wie Weingärtner, so sensible Kritiker wie Romain Rolland haben seine enorme Stärke und Bedeutung erkannt und sich in zweifelsfreier Sprache über ihn geäußert. Es ist, als ob die Welt sich bewegen musste, um Berlioz zu sehen, und dass er erst an einem Tag, der für ihn und unter den Männern seiner Verwandten von Bedeutung war, die ihm gebührende Statur annehmen und leben konnte.

Denn wir leben heute in einer Zeit barbarischer Übergriffe. Wir sehen den alten europäischen Musikkontinent, der von asiatischen Horden, Skythen und Mongolen und Medern und Persern, allen wilden Musikstämmen, überschwemmt wird. Wieder einmal verschwindet die alte willkürliche Grenze zwischen den Kontinenten und die klassischen Merkmale des Westens vermischen sich mit denen des subtilen, sinnlichen, spirituellen Ostens. Es ist, als würde die Musikkunst mit ihren neuen Tonleitern, ihren neuen Harmonien, ihrem neuen Kolorit, ihrem neuen rhythmischen Leben revolutioniert, als würde sie zu ihren Anfängen zurückkehren. Es ist, als würde ein Teil des ursprünglichen Impulses, Musik zu machen, wieder erwachen. Und so ist Berlioz durch diese Verwirrung plötzlich voller Bedeutung geworden. Denn er selbst war der ranghöchste aller Barbaren.

Ein Werk wie das „Requiem" hat keine Vorgeschichte. Es entspricht keinem anerkannten Kanon, scheint keiner anderen Logik zu gehorchen als der des unhöflichen und mächtigen Geistes, der es hervorgebracht hat. Für den Mann, der Musik schreiben konnte, die so grob, so kraftvoll, so rasant und frei von Vergangenheit oder Tradition war, musste sich die Welt tatsächlich am ersten Tag ihrer Schöpfung befunden haben. Denn solch eine Form muss in der Tat ihren makellosen und makellosen Rand und ihre unverminderte Masse gehabt haben, sie muss sich scharf und überzeugend hervorgetan haben. Die Musik hat die Unhöflichkeit einer direkten und bedingungslosen Antwort auf eine solche Vision. Kein Wunder, dass dies für eine silberne und romantische Epoche inakzeptabel war. Auch die Romantiker hatten den Anspruch, riesige Leinwände zu malen. Aber die Größe ihrer Leinwände war eine Absicht geblieben, eine Sache großer und prätentiöser Dekoration. Berlioz' Musik war für ihren Geschmack sowohl zu grob als auch zu überwältigend. Und wahrlich, auch uns, die wir die großen kubischen Massen der Modernen gespürt und den barbarischen Schritt gehört haben, erscheint der Sinn für Schönheit, der die riesigen Blöcke der „Requiem"-Musik verlangte, immer noch ein wenig seltsam und monströs Ding. Es scheint tatsächlich ein Atavismus zu sein, eine Rückkehr zu Gefühlsweisen, die die Denkmäler anderer Zeitalter, barbarischer und vergessener Zeiten geschaffen haben. Berlioz hat sein Werk wohl „Babylonisch und Ninevitisch" genannt! Sicherlich ähnelt es nichts so sehr wie den grausamen und schwerfälligen Massen, den schroffen, riesigen Gräbern, Wällen und Terrassen von Khorsabad und Nimroud, kahl und bedrückend unter der Sonne Assyriens. Berlioz muss ein elementares Bedürfnis nach Form gehabt haben, das dem menschlichen Geist innewohnt, aber vergraben und vergessen wurde, bis es in ihm wieder zum Leben erwachte. Denn es gibt eine wahrhaft primitive und wilde Macht in der Vorstellung, die solche Musikberge aufhäufen, in der zerschmetternden Wut der Trompeten schwelgen und choragische Pyramiden errichten könnte. Hier gab es vor Strawinsky und Ornstein, sogar vor Mussorgsky eine Musik, die barbarisch, radikal und revolutionär war, eine Musik, neben der ein Großteil der modernen Musik zurückbleibt.

Es hat vor allem etwas von der Nacktheit, etwas von der Klarheit der Konturen, nach denen die modernen Menschen streben. In den letzten Jahren hat sich eine entschiedene Reaktion auf die dunstigen und fließenden Konturen der musikalischen Impressionisten gezeigt, insbesondere auf den Stil von „Pelléas et Mélisande". So unterschiedliche Männer wie Schönberg, Magnard und Igor Strawinsky haben auf ihre eigene Weise versucht, ihren Werken eine neue Kühnheit, eine neue Kraft und Prägnanz des Entwurfs zu verleihen – der eine durch eine Art mathematischer Härte, der zweite durch eine gotische Strenge, der dritte durch eine maschinenartige Regelmäßigkeit. Etwas von derselben Schärfe und Klarheit wurde von Berlioz erreicht, wenn auch nicht genau mit ihren Mitteln, so doch zumindest in einem nicht weniger bemerkenswerten Ausmaß als sie. Er erreichte es durch die Nacktheit seiner Melodielinie. Die Musik des „Requiems" ist fast vollständig eine einzigartig kraftvolle und charakteristische Linie. Sie ist praktisch ohne Unterstützung. Viele Leute behaupten, Berlioz habe Kenntnisse in Harmonie und Kontrapunkt benötigt. Sicherlich war sein Gefühl für Harmonie sehr rudimentär, in keiner Weise verfeinert gegenüber dem seiner Vorgänger, sehr einfach im Vergleich zu dem seiner Zeitgenossen Chopin und Schumann. Und seine Versuche, einen Kontrapunkt zu schaffen, sind, gemessen am ersten Satz von „Harold in Italien", ziemlich unbeholfen. Aber es ist fraglich, ob ihm diese Unwissenheit nicht eher Vorteile als Nachteile brachte und ob er sich nicht letztlich ziemlich unabhängig von diesen beiden musikalischen Elementen machte. Denn das „Requiem" erlangt durch seine scharfe, schwere, rechteckige, rhythmisch kraftvolle Melodielinie eine neue Art musikalischer Erhabenheit. Es bringt durch sie eine kühne, nackte, gewaltige Sprache zum Ausdruck. Mit Baudelaire hätte Berlioz sagen können: „L'énergie c'est le grâce suprême." Denn die Schönheit dieses Meisterwerks liegt gerade in der abgrenzenden Kraft, dem Merkmal dieser rohen, kraftvollen, schmucklosen Melodie. Zweifellos erscheint seine Musik denjenigen, die immer noch von ihrer Nacktheit verblüfft sind, dünn. Wenn es jedoch überhaupt dünn ist, dann ist es so dünn wie das Stahlkabel.

Und es hat die rhythmische Lebendigkeit und Fülle, die die neueste Musikkunst auszeichnet. Wenn es eine Eigenschaft gibt, die an einem Ort außerhalb der Strawinskys und Ornsteins, der Blochs und Skrjabins, vereint, dann ist es die Furchtlosigkeit, der Überschwang und die Wildheit, mit der sie ihre Rhythmen erklingen lassen. Bei der Vibration dieser heftigen, kühnen, klappernden, fast krampfartigen Schläge scheint etwas in uns, das lange in uns verborgen war, aufzusteigen und zu gestikulieren, zu tanzen und zu springen. Und Berlioz besaß dieses elementare Gefühl für Rhythmus. Als Schumann die „Symphonie Fantastique" hörte, war er davon überzeugt, dass die Musik in Berlioz zu ihren Anfängen zurückkehrte, zu dem Zustand, in dem der Rhythmus ungezwungen und unregelmäßig war, und dass sie in kurzer Zeit die Gesetze, die sie so lange gebunden hatten, zunichte machen würde. So kommt es uns auch vor, trotz aller rhythmischen Neuerungen unserer Zeit. Die Persönlichkeit, die die Musik überschwänglich als rhythmisch vielfältig, prägnant und frei schlagen konnte, muss tatsächlich eine primitive Naivität und Vitalität und Spontaneität des Impulses besessen haben. Welch Ausdruck eines ungezügelten Willens in dieser Meinungsfreiheit! Berlioz muss der Blutsbruder des Wilden gewesen sein, des elementaren Wesens, das aus den dunklen und verborgenen Bedürfnissen des Lebens selbst auf seinem rauen Musikinstrument einen mächtigen Rhythmus erfindet. Oder er muss wie ein mächtiges und aufgeregtes Ross gewesen sein, das sich an seinem Gebiss reibt und wild darauf ist, seiner

Energie freien Lauf zu lassen. Sein Blut muss sich schon immer nach der Befreiung von prallen, eckigen und unregelmäßigen Schlägen gesehnt haben, es muss seine Fantasie schon immer mit neuen und überzeugenden Kombinationen überflutet haben und ihn zu den Bewegungen des Springens und Marschierens getrieben haben. Denn er scheint die Akzente, die beschleunigen, heben und hervorstechen lassen, in Hülle und Fülle gefunden zu haben, und zwar in allen Variationen, von den flotten und zarten Schritten der Ballette in „La Damnation de Faust" bis zu dem großen, weitreichenden Schwung, der das antreibt Chöre des „Requiem" berghoch; Von den verrückten und aufrührerischen Schlusssätzen der „Harold"-Symphonie und der „Symphonie Fantastique" bis hin zu den roten, turbulenten und *Canaille* -Marschrhythmen, wahre Musik aufständischer Massen, klirrend mit Anklängen an Tocsins, Barrikaden und Revolutionen.

Doch gerade in der Behandlung seines Instruments scheint Berlioz den neuesten Musikern am nächsten zu stehen. Denn er war der Erste, der sich vom Orchester die Musik diktieren ließ. Zweifellos hatte es vor ihm geschickte und einfühlsame Orchestratoren gegeben, Männer, die sich der Natur ihrer Instrumente zutiefst bewusst waren, Männer, die wie Mozart ihre Tränen beim Klang eines Lieblingsinstruments kaum zurückhalten konnten und wunderbar für Flöten schrieben und Hörner und Oboen und alle Bestandteile ihrer Blasorchester. Aber im Vergleich zu seinem waren ihre Kenntnisse des Instruments offensichtlich relativ. Denn bei ihnen hatte die Musik im Großen und Ganzen eine allgemeine Klangfarbe. Phrasen, die sie beispielsweise Violinen oder Flöten zugeordnet haben, können anderen Instrumenten zugeordnet werden, ohne der Komposition völligen Schaden zuzufügen. Aber in den Werken von Berlioz sind Musik und Instrumente untrennbar miteinander verbunden. Man kann seine Orchestrierung überhaupt nicht neu arrangieren. Auch wenn es denkbar wäre, dass die Phrasen, die er für Fagott oder Klarinette geschrieben hat, von anderen Instrumenten ausgeführt werden könnten, würde die Musik durch die Ersetzung völlig untergehen. Welches Instrument außer der Bratsche könnte das berühmte „Harold"-Thema zu schätzen wissen? Denn so wie in einem Gemälde von Cézanne die Form untrennbar mit der Farbe verbunden ist, ja mit ihr eins ist, so ist auch in den Werken von Berlioz und den Modernen die Form Teil der sinnlichen Qualität des Bandes. Als Rimsky-Korsakow die Aussage äußerte, dass eine Komposition für Orchester nicht existieren könne, bevor die Orchestrierung abgeschlossen sei, formulierte er lediglich eine Regel, nach der Berlioz sein ganzes Leben lang gehandelt hatte. Denn Berlioz machte sich daran, die Sprache des Orchesters zu erlernen. Er forderte nicht nur neue Instrumente, Instrumente, die schließlich zu integralen Bestandteilen moderner Blasinstrumente geworden sind, sondern er widmete sich auch der Untersuchung der tatsächlichen Beschaffenheit, Reichweite und Qualität der alten Instrumente und verfasste die berühmte

Abhandlung, die zum Lehrbuch geworden ist der Wissenschaft der Instrumentierung. Die Dürftigkeit vieler seiner Werke, zum Beispiel die Schwäche der Ouvertüre zu „Benvenuto Cellini", resultiert aus seiner Unerfahrenheit in der neuen Sprache. Aber er musste nicht lange üben. Es dauerte nicht lange, bis er zum Lehrer seiner Zeitgenossen wurde. Wagner verdankt der Instrumentierung von Berlioz ebenso viel wie der Harmonik von Chopin.

Doch für die neuen Menschen ist er mehr als ein Lehrer. Für sie ist er wie der Entdecker eines neuen Kontinents. Durch ihn haben sie eine neue Art gefunden, die Welt wahrzunehmen. Aus dem Malkasten, den er geöffnet hat, haben sie die Farben gemalt, die uns in ihrer Musik das Antlitz der Erde neu sehen lassen. Die Tondichtungen von Debussy und die Ballette von Ravel und Strawinsky, die schillernden Orchesterkompositionen von Strauss, Rimsky und Bloch hätten kaum entstehen können, wenn Berlioz nicht die Aufmerksamkeit der Welt auf die Instrumente gelenkt hätte, in denen die Farben und Klangfarben, in denen sie ruht, schlummern.

Und so hat das große, mächtige und zurückhaltende Wesen, das schließlich Berlioz war, Anerkennung gefunden. Denn hinter dem feurigen, vulkanischen Berlioz, hinter dem byronischen und fantastischen Komponisten stand immer ein anderer, größerer Mann. Die Geschichte der Kunst von Berlioz ist die Geschichte der allmählichen Inkarnation dieses ruhigen und majestätischen Wesens, des allmählichen Triumphs dieser größeren Persönlichkeit über die andere, bis hin zur endgültigen Enthüllung und realen Präsenz in „Roméo" und der „Messe für die Menschen". Tot." Der wilde Romantiker, der Liebhaber des Fremden, des Gruseligen und des Grotesken, der die „Symphonic Fantastique" schuf, ist vielleicht nie ganz ins Schweigen geraten. Und etwas vom Salz und Geschmack der größeren, charakteristischeren Werke von Berlioz, die winzigen musikalischen Partikel zum Beispiel, aus denen das „Queen Mab"-Scherzo in „Roméo" besteht, oder die bizarre Kombination von Flöten und Posaunen im „Requiem", Seine makaberen Werke wie die Orcagna-Fresken in Pisa sind auf seine phantastischen Fantasien zurückzuführen. Aber nach und nach setzte sich der tiefere Berlioz durch. Dieser tiefere Geist war ein Wesen, das aus einer riesigen und lieblichen Höhle der menschlichen Seele aufstieg und in prächtige und leuchtende Gewänder gekleidet war. Es war ein Geist, der sich, so groß und einfach er war, nicht ohne weiteres in die Welt hinein aufbauen konnte und lange warten musste, bis er ein würdiges Portal finden konnte. Es gelang ihm nur teilweise, fragmentarisch und in verschiedenen Transformationen zum Ausdruck zu kommen, bis es durch Veränderung in der Idee der Totenmesse seine passende Gelegenheit fand. Dennoch fehlte es nie ganz in der Kunst von Berlioz, und in der großen klaren Bedeutung, die es im „Requiem" erlangte, können wir seine vielfältigen und allgegenwärtigen Konkretisierungen vom Beginn seiner Karriere an erkennen.

Es steht bereits in der Ouvertüre zu „König Lear", in der edlen und anmutigen Einleitung. Von Anfang an zeigte Berlioz einen stolzen und aristokratischen Geist. Selbst in seinen hilflosesten Momenten ist er immer edel. Er zeigt, dass er von einem Hass auf alles beseelt ist, was ungerecht, ungeschmückt und vulgär ist. In seiner Geste liegt immer Größe, Ernsthaftigkeit und Keuschheit. Die Kälte ist meist einfach die scheinbare Kälte der Zurückhaltung; die Kahlheit, der Lakonismus eines Geistes, der lockere, unbeholfene Redeweisen verabscheute. Sogar die frenetischen und orgiastischen Finals der „Harold"- und „Fantastic"-Symphonien sind von athletischer Härte und Ironie gemildert, schließlich durchdrungen vom guten, trockenen Licht des Intellekts. Der größte Teil des „Harold" ist in seiner Kühle, Ordentlichkeit und Leichtigkeit offensichtlich das Werk eines Menschen, der nicht bereit war, sich in der Sache des Ausdrucks zu zerzausen, der seine Empfindungen eher zurückhaltend als überschwänglich darlegte und immer ein wenig abseits stand . Die „Corsair"-Ouvertüre hat vielleicht nicht die wilde, reiche Ballade wie die des „Fliegenden Holländers". Aber es ist erfüllt vom klaren und zitternden Licht des Mittelmeers. Es ist, in den Worten von Hans von Bülow, „so prägnant wie der Knall einer Pistole." Und es fliegt schnell vor seinem eigenen Wind. Die Mob-Szenen in „Benvenuto Cellini" sind hell, lebhaft und funkelnd und stehen im Vergleich zu bestimmten Passagen in „Petrouchka" nicht schlecht. Und sicherlich manifestiert „Roméo" auf unvergessliche Weise die Feinheit und den Adel von Berlioz' Temperament. „Die Musik, die er für seine Liebesszenen schreibt", hat jemand bemerkt, „ist der beste Test für den Charakter eines Musikers." Denn in Wahrheit gibt keine musikalische Ausdrucksform dem latent Vulgären in ihm eine so umfassende Möglichkeit, sich zu entfalten. Und man braucht nur die „Gartenszene" von „Roméo" mit zwei anderen stilistisch verwandten Musikstücken zu vergleichen, dem zweiten Akt von „Tristan" und dem „Romeo" von Tschaikowsky, um zu erkennen, in welch anmutigem Licht Berlioz' Werk wirkt Musik offenbart ihn. Wagners kraftvolle Musik hängt wie eine bedrückende und schwüle Nacht über dem Garten seiner Liebhaber. Laub und Bäche und selbst das Mondlicht pulsieren im Fieber des Blutes. Aber es gibt keine Zärtlichkeit, keine Jugend, keine Zartheit, keine Anmut in Wagners Liebespassagen. Auch Tschaikowskys Werk ist überwiegend grell und sinnlich. Und während zumindest Wagners Werk voller tierischer Reichtümer ist, ist Tschaikowskys Werk morbide, hysterisch und pervers und versetzt uns inmitten von Sofas, Vorhängen und rosa Lampenschirmen statt draußen unter den Nachthimmel. Berlioz' Werke hingegen sind voller stiller und duftender Poesie. Es handelt sich tatsächlich um die Musik von Shakespeares Liebhabern. Es ist wie das Öffnen von Herzen, die vor lauter Freude verstummt sind. Es hat die ganze hohe

Romantik, die ganze Ekstase des unberührten Geistes. Denn Berlioz scheint immer seine Offenheit und seine Jugend besessen zu haben. Dreihundert Jahre lang haben sich Menschen Shakespeares Stück mit seiner italienischen Nacht und seinem Balkon über den Obstbaumwipfeln zugewandt, voller Staunen über seine jugendliche Lieblichkeit, sein zartes Bild der ersten Liebe. In der Musik von Berlioz fand sie endlich einen würdigen Rivalen. Denn auch der Musiker trug etwas von der Anmut, Erhabenheit und Süße des Geistes in sich, die der Dichter so souverän zum Ausdruck brachte.

Aber vor allem im „Requiem" offenbarte sich Berlioz in all seiner Größe und Macht. Denn in ihm finden die ganze aristokratische Kühle und Knappheit von „La Damnation de Faust" und „Harold en Italie", die ganze freskohafte Ruhe von „Les Troyens à Carthage" ihren freiesten, reichsten Ausdruck. „Würde mir die Zerstörung all dessen angedroht, was ich je komponiert habe", schrieb Berlioz am Vorabend seines Todes, „würde ich für dieses Werk um mein Leben betteln." Und er hatte recht mit seiner Einschätzung seines Wertes. Es ist in der Tat eines der großen Klanggebäude. Denn der Lauf der Ereignisse, der Berlioz das Werk abverlangte, hatte ihm eine seinen Fähigkeiten angemessene Funktion gegeben und ihm erlaubt, sich unsterblich zu verewigen. Er wurde von seinem Land berufen, eine Messe für einen Gedenkgottesdienst in der Invalidenkirche zu schreiben. Dieses Gebäude mit der goldenen Kuppel, das dem Andenken der vielen Gefallenen, der zahllosen Soldaten, die in den Kriegen der Monarchie, der Republik und des Kaiserreichs gefallen waren, geweiht war und bald Napoleons Grabstätte werden sollte, brauchte einen Geistlichen. Und so erhob sich das Genie Berlioz und kam. Das „Requiem" ist die Rede einer großen und klassischen Seele, geformt vom ruhigen Licht und fruchtbaren Boden des Mittelmeers. Trotz seiner „babylonischen und niniven" Masse ist es voll von lateinischer Ruhe, lateinischer Ruhe, lateinischer Ergebung. Der schlichte, ruhige Ton bei aller Energie, die goldene Süße des „Sanctus", die nackte Akzeptanz aller Tatsachen des Todes sind die Sprache eines Menschen, der in sich eine zugleich primitive und erhabene Haltung hatte, eine Haltung, die wir mittlerweile fast vergessen haben. Wenn wir der Messe lauschen, haben wir das Gefühl, als ob einige *Angehörige* eines mediterranen Volkes in verzückter und erhabener Stimmung gekommen wären, um Opfer darzubringen, die Lebenden zu besänftigen und die unzähligen Scharen der heroischen Toten mit angemessenen Riten zu feiern. Es gibt einige Kompositionen, die den gemeinsamen Nenner aller Menschen aller Zeiten zu finden scheinen. Und zu solchen Kunstwerken gehört die große Totenmesse von Hector Berlioz.

Dennoch war der Auftrag, das „Requiem" zu schreiben, nur ein vorübergehender Willkommensgruß an Berlioz. Die Zeit, in der er lebte, war auf seine Kunst nicht vorbereitet. Sie war besser auf Wagner vorbereitet.

Denn Wagners Musik war der älteren Musik näher, das war es, was sie eigentlich zusammenfasste. So musste Berlioz unverstanden und ohne Zuhause bleiben. Und als schließlich die Zeit kam, in der Wagners Musik in den Hintergrund trat und eine andere ihren Platz einnahm, war Berlioz noch immer halb begraben unter dem Missverständnis seiner Zeit. Und doch hätte Berlioz mit der Kassandra von Eulenberg in dem Moment, als es schien, als würde die ewige Nacht ihn für immer verdunkeln, sagen können:

"Einst treibt der Frühling uns in neuer Blüthe

Empor ans Licht; Leben, wir scheiden nicht,

Denn ewig bleibet, was in uns erglühte

Und drängt sich ewig wieder aufs Licht!"

Denn die Ähnlichkeit, die so viele der neuen Männer mit ihm tragen, hat uns ein wunderbares Beispiel für die ewige Wiederkehr der Dinge geliefert.

# Franck

César Franck, gebürtiger Lütticher Belgier und erst durch Adoption Pariser, prägte dennoch die moderne französische Musik. Die Gruppe von Musikern, die – in dem Moment, als die große Komponistenlinie, die seit den Tagen Bachs in Deutschland verbreitet war, in Strauss, Mahler und Reger schwand – die hohe Tradition der französischen Musik wiederbelebte, schuf eine frische und originelle Musikkunst , und durch den Einfluss, den es auf die neuen Talente anderer Nationen ausübt, mittlerweile beinahe die internationale Musikszene beherrscht, hätte es ohne ihn kaum existieren können. Er sicherte den künstlerischen Erfolg nicht nur von Männern wie Magnard, d'Indy und Dukas, deren Kunst deutliche Anzeichen seines Einflusses aufweist. Komponisten wie Debussy und Ravel, die scheinbar unabhängig von ihm zur Reife gelangten, haben dennoch unermesslich von seinem Werk profitiert. Es ist möglich, dass sie, wenn er nicht aus Lüttich ausgewandert wäre und im Herzen Frankreichs gearbeitet hätte, ihre Ausdrucksfülle nicht erreicht hätten. Denn wofür Berlioz vielleicht zu verfrüht, zu exzentrisch und radikal war, um dies herbeizuführen: die Zerstreuung der Benommenheit, die ein Jahrhundert lang auf dem Musiksinn seiner Landsleute gelastet hatte, das Wiedererwachen des typisch französischen Impulses, Musik zu machen, nicht allein Einzelnen und einsamen Individuen, aber in einer großen und repräsentativen Gruppe gelang es diesem Mann, die Wiederbelebung eines wahrhaft musikalischen Lebens in Frankreich aufgrund der Besonderheiten seiner Kunst und insbesondere aufgrund seiner Aktualität zu bewirken.

Denn César Franck überwand eine falsche Musikkultur im Land seiner Wahl, indem er ihr in dem Moment, in dem sie bereit war, sie wahrzunehmen, das Gesicht einer wahren zeigte. Die Franzosen sind keine besonders musikalische Rasse. Musik spielt in ihrer Zivilisation eine vergleichsweise unbedeutende Rolle. Die Masse des Volkes verlangt es nicht, hat es nie so eindringlich gefordert wie die Deutschen und Russen, und wie es die Masse der Italiener während der Renaissance, die Masse der Engländer vor der Revolution taten. In der Rasse muss es gewisse Vorurteile gegen den eigenen musikalischen Impuls geben. Denn obwohl Frankreich ein ganz bestimmtes musikalisches Gefühl hat, das sich im Laufe der Jahrhunderte kaum verändert und für überraschende Ähnlichkeiten zwischen den Werken von Claude Le Jeune im 16. Jahrhundert, Rameau im 18. und Debussy im 20. Jahrhundert sorgt, hat es Während ihrer tausendjährigen Kultur und während sie eine Flut berühmter Autoren, Maler und Bildhauer hervorbrachte, brachte sie nicht mehr als vier oder fünf Komponisten unbestreitbar ersten Ranges hervor. Deutschland produzierte im Laufe von zwei Jahrhunderten mindestens acht oder neun; Russland drei innerhalb der letzten fünfzig Jahre.

In Frankreich vergehen Jahrhunderte zwischen dem Erscheinen eines Josquin des Prés im 15. Jahrhundert, eines Rameau im 18. Jahrhundert und eines Debussys im frühen 20. Jahrhundert. Und wann immer den Franzosen eine eigene musikalische Kunst gegeben wurde, wann immer ein Komponist, vergleichbar mit den Goujons und Montaignes, den Renoirs und den Baudelaires, unter ihnen auftauchte, wandten sie sich im Allgemeinen schnell von ihm ab und bevorzugten ihn Nicht nur Ausländer, was nicht unbedingt schlecht wäre, sondern oft auch die am wenigsten angesehenen Musiker. Der Triumph Rameaus war der kürzeste. Kaum hatten sich seine großartigen lyrischen Tragödien durchgesetzt, brach der *Guerre des bouffons* aus, und der populäre Geschmack entdeckte unter der Leitung von Jean Jacques Rousseau und den anderen Enzyklopädisten, dass die leichte italienische Musik der Zeit „natürlicher" und der strengen unendlich vorzuziehen sei und edle Formen der größten französischen Komponisten. Der Auftritt Glucks verschaffte Rameaus Werk einen wahren *Gnadenstoß* und verbannte den Meister von der Opernbühne. Und anderthalb Jahrhunderte lang war die französische Musik, insbesondere die Theatermusik, dem Rassengeist völlig untreu. Während des größten Teils des 19. Jahrhunderts dominierten Rossini und Meyerbeer die Opernwelt. Die einheimischen Opernkomponisten Auber und Boieldieu, Adam und Halévy vereinten die Lockerheiten beider, ohne auch nur annähernd etwas zu erreichen, was mit ihrer auffälligen Brillanz vergleichbar wäre. Was den Akzent ihrer Musik angeht, schwebten sie fröhlich irgendwo zwischen Deutschland und Italien. Und als in den Opern von Thomas und Gounod etwas erkennbar Einheimisches auftauchte, war es nur ein Lippenbekenntnis zum Rassengenie und ein Wesen, das leichtfüßig, geschickt und vorsichtig ging und keine schlafenden Hunde aufweckte.

Was die Ursache dieser Zurückhaltung ist, welche Art von Starrheit sie verrät, kann man nur vermuten. Aber an seiner Anwesenheit kann kein Zweifel bestehen. Gäbe es nichts anderes, was dies beweisen könnte, wäre das Überleben einer Institution namens M. Camille Saint-Saëns unter den Franzosen ein deutlicher Beweis dafür. Denn das Werk dieser außergewöhnlichen Persönlichkeit, oder richtiger: Unpersönlichkeit, die 25 Jahre lang in der Dritten Republik die musikalische Situation in seinem Land beherrschte, fand überall Anerkennung, nicht nur in Paris, sondern auch im modernen Berlin Der französische Meister, der auch heute noch im reifen Alter von einhundertvierzig Streichquartetten mit dem gleichen kalten Klassizismus schreibt, der seine ersten Werke auszeichnete, ist offensichtlich ein Kompromiss, der aus dem Konflikt zweier gleich starker Impulse resultiert – dem von Musizieren und die Abwehr musikalischen Ausdrucks. Seit Jahren durchläuft dieser Mann alle Gesten der ernsthaftesten Art der Komposition, ohne auch nur ein Jota zur Musikkunst hinzuzufügen. Seit Jahren schreibt er Musik, die scheinbar logisch, klar und wohlgeformt ist. Seine Opuszahlen gehen deutlich auf die zweihundert zu. Er hat Sinfonien,

Konzerte für Klavier und Violine, Opern, Kantaten, symphonische Dichtungen, Suiten, Balladen, Fantasien und Capricen geschrieben. Er hat von jedem eine große Anzahl geschrieben. Er hat „Eindrücke" von Neapel, von Algier, von den Kanarischen Inseln und von jedem Teil der Welt, den er besucht hat, geschrieben. Aber trotz all dieser scheinbaren Aktivität ist es Herrn Saint-Saëns tatsächlich gelungen, überhaupt nichts zu bewirken. Seine Kompositionen liegen weit außerhalb des Bereichs der Musikkunst. Heute sind sie bereits älter als Mendelssohns Werke, und sie scheinen ein noch blasseres Abbild der blassen Kunst zu sein. Auch Mendelssohn war ein Mensch, der innerlich mit sich selbst im Krieg lag, und vielleicht ist Saint-Saëns ein weiteres Beispiel für denselben Konflikt. Dennoch hat dieser eine Art wachsartige Kälte erreicht, vor der der liebenswürdige Félix doch gerettet wurde. Elegant, vollendet, sanft, klassizistisch – die Musik von M. Camille Saint-Saëns lässt uns in völliger Objektivität zurück. Wir sind davon überhaupt nicht berührt und bewegt. Wir nehmen vage wahr, dass sich unter unseren Augen etwas abspielt. Schwache, frostige Lichter streichen über das Orchester. Wir vermuten, dass dies eine nach innen gerichtete und nachdenkliche Passage sein soll. Das ist ein Finale, das ist ein dramatischer Höhepunkt. Aber wir sind nur träge zufrieden mit der Klugheit und Urbanität der Orchestrierung, der angenehmen Formgebung bestimmter Melodien und der Sauberkeit der Komposition. Am Ende langweilt uns der Mann gründlich. Er hat eine neue musikalische Langeweile erfunden. Es geht darum, ausnahmslos hübsch, unpersönlich und unbedeutend zu sein.

Kennen Sie den „Phaeton" von Saint-Saëns? Oh, denken Sie niemals, dass diese kleine symphonische Dichtung die Geschichte der strahlenden Jugend und ihres Sonnenwagens, der entlaufenen Rosse und des blutenden, zerschmetterten Körpers erzählt! Der „Phaeton", den Saint-Saëns besingt, ist nicht der arrogante Sohn des Phoebus. Was auch immer der Komponist protestieren mag, es ist die niedrige Kutsche mit offenen Rädern, die er beschreibt. Er zeigt es uns, als wir an einem hellen Frühlingsmorgen durch den Bois de Boulogne schlendern. Der neue Lack des charmanten Fahrzeugs glänzt elegant, die leichten, gummibereiften Räder drehen sich schnell, die silberbeschlagenen Geschirre glitzern in der sonnigen Luft. Doch leider haben die Ponys vor etwas Angst, zweifellos vor dem roten Kleid einer Sängerin der Opéra Comique. Es kommt zu einem Ausreißer, und bevor die Rosse gezügelt werden können, gerät der Phaeton in Aufruhr. Niemand wird verletzt und in wenigen Minuten ist die Ausrüstung wiederhergestellt. Dennoch kann der Komponist einige Seufzer über den nun so unsanft zerkratzten neuen Lackanstrich nicht unterdrücken.

Franck hatte ein anderes Temperament. Der Impuls, der ihn zum Musizieren trieb, war nicht so schwach und nachgiebig. In der *Rue de la Paix* oder der *Allée des Acacias* konnte man ihn nicht rasieren und adrett kleiden und ihm beibringen, einen getrübten Stock elegant zu dirigieren . Es war ein zu heißes, wildes und schüchternes Ding, zu leidenschaftlich in seinem Lauf, zu heimgesucht nach den weißen, glühenden Höhen des Himmels, um sich auf Geheiß der französischen Gesellschaft selbst zu negieren und sich dem anzupassen, was die Akademiker als „la vielle tradition française" erklärten ." Franck war zu sehr ein Künstler im Sinne von La Fontaine, Germaine Pillon und Poussin und den anderen, die diese Tradition prägten und die in ihrem Namen heftig angegriffen werden würden, wenn sie heute wieder auftauchen würden. Darüber hinaus gehörte er zu der Rasse von Musikern, die zum Musizieren kamen, vor allem, um sich von bedrängenden Dämonen, von der finsteren Brut der Zweifel, Ängste und Nöte zu befreien und wieder in den Schoß Gottes zurückzukehren. Er war der einfache, mit ganzem Herzen Gläubige, der arme kleine Mann, verloren in den Trümmern, erschüttert und verletzt von den „schrecklichen Zweifeln am Schein" und der Grausamkeit der Dinge, der sich danach sehnte, seine Verzweiflung, Einsamkeit und Trauer an die Ohren zu schreien der Gott seiner Kindheit, und er kämpfte durch lange Mahnwachen um Vertrauen, Glauben und Versöhnung. Immer wieder erklingt in seiner Musik der Ruf: „Ich werde dich nicht gehen lassen, wenn du mich nicht segnest." Von den modernen Komponisten war nur Bruckner so stark mit den Höhen verbunden, und Franck ist der sanftere, süßere und zartere von beiden. Ganz im Sinne der Komponisten der aussterbenden Renaissance machte er sich daran, hundert Hymnen an die Jungfrau zu schreiben. In seinen Klavierkompositionen versuchte er, den erhabenen, spirituellen Ton und die religiöse Gemeinschaft wiederzuerlangen, die die Werke Bachs prägten. Nur einmal, in den „Variations Symphoniques", ist er brillant und virtuos, und dann mit welch entwaffnender Naivität und Lebensfreude! Oftmals ist es die graue und einsame Luft der Orgelempore von St. Clothilde, der Kirche, in der er so viele melancholische Jahre spielte, die sein Werk durchströmt. Allein mit seinem Instrument und dem wolkenverhangenen Himmel schüttet er seine Trauer, seine Bitterkeit aus, strebt nach Resignation. Oder seine Musik ist eine Brücke von der turbulenten Gegenwart zu einer selteneren, größeren und besseren Ebene. In Symphonie und Quartett, in Sonate und Oratorium erreicht er es. Die höllische Brut ist zerstreut; die großen Glocken des Glaubens schwingen noch einmal tapfer; Die Welt ist voller Sabbatsonne und voller einfacher Feldblumen. Und er geht dadurch befreit und gesegnet und freudig und leicht und frohen Herzens hindurch.

Wie erbittert der Mann kämpfen musste, um im Paris von Ambroise Thomas, Gounod und Massenet ein solches musikalisches Gespür zu verwirklichen, kann man daran ermessen, dass die Kompositionen, die Franck seine Position sichern, fast alle in den letzten zehn Jahren seines Lebens entstanden, nachdem er sein achtundfünfzigstes Lebensjahr hinter sich hatte. Dreißig Jahre lang musste der Mann mit seinem Medium und seiner Umgebung kämpfen, bevor er seinem Genie überhaupt gerecht werden konnte. Tatsächlich hat er bis zum Jahr 1850 überhaupt wenig Bedeutendes geschaffen. Die Trios erinnern an Meyerbeer; die Kantate „Ruth", mit der diese seine erste Kompositionsperiode abschließt, hat eine Süße der Art, die später mit dem Namen Massenet in Verbindung gebracht wurde. Die Werke der zweiten Periode, die um 1875 mit der Neubearbeitung des kürzlich komponierten Oratoriums „Redemption" endet, zeigen ihn immer noch auf der Suche nach Kraft und einer persönlichen Art. Zweifellos ist eine große Verbesserung gegenüber den Werken der ersten Periode sichtbar. Aus dieser Zeit stammen das seraphische „Panis angelicus" und das edle und zarte „Prélude, fugue et variation" für Harmonium und Klavier. Doch erst mit der Komposition seines 1879 fertiggestellten Oratoriums „Les Béatitudes" beginnt Francks große Zeit. Der Mann hatte sich endgültig geformt. Und in rascher Folge kamen von seinem Arbeitstisch die Kompositionsreihen „Prélude, chorale et fugue" für Klavier, die Sonate, die symphonische Dichtung „Psyche", die Sinfonie, das Quartett und die drei Choräle für Orgel, die sein Genie voll und ganz offenbaren. Es gibt in der gesamten Musikgeschichte kaum ein anderes Beispiel für eine so lange verzögerte Blüte.

Und es war eine Musik, die fast das Gegenteil von Saint-Saëns war und sich schließlich durch Franck offenbarte. Darin ist alles gefühlt und notwendig und ausdrucksstark. Es ist schmucklos. Nichts von dem leichten musikalischen Zuckerguss, der die Armut und Vulgarität so vieler Ideen des anderen verbirgt, ist hier zu finden. Die Designs selbst sind edel und bedeutsam. Franck besaß die seltene Gabe, genau zu spüren, was seinem Zweck diente. Er hatte den nötigen künstlerischen Mut, alles Überflüssige und Unbedeutende zu verdrängen. Seine Musik sagt mit jeder Note etwas, und wenn sie nichts mehr zu sagen hat, schweigt sie. Er ist prägnant und direkt. Die Symphonie zum Beispiel ist eine ununterbrochene Kurve, ein geordneter Verlauf sanfter und kaum wahrnehmbarer Etappen von der Dunkelheit einer schmerzenden, nagenden Einleitung zur Klarheit eines gesunden, überschwänglichen Schlusses. Und während der Stil von Saint-Saëns übermäßig glatt und eisig ist, eine Art musikalisches Gegenstück zur Skulptur eines Canova oder eines Thorwaldsen, ist der von Franck subtil, fleckig, reichhaltig und voller Licht- und Schattenspiele. Der chromatische Stil, den Wagner im „Tristan" und im „Parsifal" entwickelt hat, baut auf und entwickelt sich zu einem Stil weiter, der geradezu durch seine reichen, subtilen und unaufhörlichen Modulationen gekennzeichnet ist. Alte und gemischte Modi tauchen darin auf. Das thematische Material ist originell, oft weitläufig und kirchlich und prachtvoll; Die Bewegung der Franckschen Themen ist eine eindeutige Erfindung. Die Harmonie ist voll und vielfältig und brillant. Aber es ist vor allem die seraphische Süße von Francks Stil, die seine Musik auszeichnet und sie von der anderen abhebt, die so hart und substanzlos ist. Darüber spielt eine leichte und leuchtende Zärtlichkeit, eine fast naive, zurückhaltende und jungfräuliche Qualität. Die Musik von „Psyche" wird mit den leichtesten musikalischen Pinselstrichen ausgeführt. Es ist so süß und leuchtend und anmutig wie ein Fresko von Raffael. Der leichteste, seidigste aller Schleier schwebt in dem Abschnitt mit der Überschrift „Le Sommeil de Psyche"; Der sanfteste Zephyr trägt die Jungfrau zu ihrem Herrn. Kein Wunder, dass gläubige Kommentatoren in dieser so unkörperlichen und durchsichtigen Musik eine christliche Absicht entdeckt haben und so tun, als sei Psyche in Francks Geist die gläubige Seele und Eros der göttliche Liebhaber! Zärtlichkeit und seraphische Süße waren die charakteristischen Merkmale des Mannes und durchdrangen alles, was er berührte. Sicherlich haben nur wenige Komponisten eine göttlich süßere Musik erfunden als die des dritten Satzes des Quartetts, ekstatischer und leuchtender als die in seinem gesamten Werk verstreuten Ideen, die wie Aufzeichnungen eines Augenblicks wirken, als sich der Himmel über seinem Kopf öffnete und der Im Empyrean hallten die Hallelujas der Engelscharen wider. Und sicherlich hat kein Komponist, Mozart ausgenommen, so naive und unschuldig freudige Themen entdeckt wie jene, die den Schluss der Sonate und die symphonischen Variationen mit köstlichem Frühlingssonnenschein erfüllen.

Die Karriere eines Menschen, der dazu bestimmt war, im Paris von Francks Lebzeiten der Musikkunst zu dienen und dreißig Jahre auf die Blüte seines Genies zu warten, war notwendigerweise dunkel und traurig. Der

    „Ihr Herren, die Heuchelei

   Des serrements de mains,

  La masque d'amitié cachant la jalousie,

   Les pâles lendemains

De ces jours de triomphe"...

worüber M. Saint-Saëns in seinem kleinen Versband etwas pompös klagt, waren César Franck unbekannt. Für diesen Mann gab es selbst in den Jahren seiner Blütezeit nur die Demütigungen und Enttäuschungen, die das Los eines unverständlichen Genies sind. Er hatte reiche Schüler, darunter den Vicomte Vincent d'Indy, aber keiner von ihnen schien sich gemeldet zu haben, um ihm zu helfen, ihm mehr Zeit für das Komponieren zu verschaffen oder ihn davor zu bewahren, seine kostbaren Tage damit zu verschwenden, ein paar Amateure zu unterrichten. Sein ganzes Leben lang, bis zum allerletzten seiner siebzig Jahre, musste César Franck jeden Morgen um fünf Uhr aufstehen, um ein paar Stunden Zeit zum Komponieren zu haben, bevor ihn der zunehmende Tag zum Traben zwang von einem Ende von Paris zum anderen, um Unterricht zu geben. Zu seinen Lebzeiten musste er sich mit halbvorbereiteten Aufführungen seiner Werke begnügen, musste sich damit abfinden, dass ihm Operettenkomponisten vorgezogen wurden, als Lehrstühle am *Konservatorium* frei wurden, und erhielt praktisch keine Anerkennung von einer Regierung, die mit lautem Getöse vortäuschte die Künste zu schützen und zu fördern. Ohne den Eifer und die Treue, mit der Ysaye sich bemühte, seinen Ruhm zu verbreiten, indem er einem unwilligen Publikum die Violinsonate und das Quartett praktisch in die Kehle stopfte, hätte der Mann selbst in den letzten Jahren überhaupt keinen Erfolg gehabt seiner Karriere. Sein Ruf verbreitete sich jedoch erst nach seinem Tod. Dann wurde ihm natürlich das unvermeidliche Denkmal errichtet.

Dennoch war César Franck wie kaum einem anderen Künstler eine Zukunft beschieden. Die Aktualität seiner Kunst war beinahe ein Wunder. Ohne Zweifel waren die Franzosen während der Jahre seines Wirkens am ehesten bereit für eine musikalische Renaissance. Die Niederlage von 1870 hatte die Nation schließlich gestärkt und ihre schlummernden Kräfte geweckt. Sie war nicht schwer genug gewesen, um sie zu zerstören, sondern nur heftig genug, um die Menschen aus der Lethargie zu reißen, die sie während der beiden vorherigen Regime geplagt hatte. Die Menschen begannen wieder zu arbeiten, die Bäuche waren etwas leerer und die Köpfe etwas voller als unter Louis-Philippe und Louis-Napoleon. Vor allem war das geistlose und oberflächliche Leben des Zweiten Kaiserreichs zu Ende. Die Menschen waren nüchterner, nachdenklicher und realistischer als zuvor. In allen Künsten herrschte eine ungewöhnliche Aktivität. Malerei, Romane, Dichtung und Bildhauerei erlebten oder erlebten gerade eine Wiedergeburt. Ein einziger kreativer Funke würde die sehr widerspenstigen Musiker mit Sicherheit in Brand setzen. Große Talente wie die von Bizet und Chabrier machten sich bemerkbar. Aber wenn nur ein einziger kraftvoller und konstruktiver Einfluss, ein einziger klassischer Ausdruck des französischen Musikgefühls vorhanden war, standen zwanzig begabte Musiker bereit, zum Leben zu erwachen. Und dieses Beispiel wurde von Franck gegeben. Denn obwohl seine Musik zweifellos zum Teil belgisch ist, belgisch aus Antwerpen und Brüssel ebenso wie aus Lüttich und dem wallonischen Land, fast flämisch in ihren breiten und prachtvollen Passagen, ist sie das, was die Arbeit des oberflächlich Pariser Saint-Saëns nie erreicht. Sie ist repräsentativ für die große klassische Tradition Frankreichs und drückt den französischen Geist zutiefst aus. Es muss eine tiefe Verwandtschaft mit den Nachbarvölkern gewesen sein, die noch tiefer war als die, die er mit seinen eigenen Landsleuten hatte, die den jungen Franck von Lüttich nach Paris schickte, ihn sein ganzes langes und obskures Leben lang in der Stadt hielt und ihn auf dem fremden Boden gedeihen ließ. Denn seine Musik weist Merkmale auf, die den repräsentativen französischen Künstlern gemeinsam sind und die das französische Genie kennzeichnen. Wieder einmal fielen in der Musik der Franzosen Klarheit und Ordnung, Logik und Prägnanz auf. Wieder einmal gab es große, klangvolle Bauwerke im großen Stil mit gemäßigtem Ton. In diesem Werk kam genau die Schüchternheit zum Ausdruck, die es der Rasse so schwer macht, sich in der Musik mühelos auszudrücken. Darüber hinaus findet sich in der Musik von Franck neben der Silberheit von Rameau auch die schlichte Solidität der französischen Prosa und etwas von der alten Fröhlichkeit der mittelalterlichen französischen Künstler. Alte Tonarten erwachen darin zu neuem Leben, alte Bauernrhythmen erklingen erneut.

Vor allem aber drückte sie die Menschen aus, die in dem Abschnitt von „Jean-Christophe" beschrieben werden, der bezeichnenderweise „Dans la Maison" heißt. Sie drückte das wahre Frankreich aus, das im Glanz der Dritten Republik verborgen liegt. Die Musik von César Franck ist die Musik der Menschen, die durch die Bedingungen des modernen Lebens in sich selbst zurückgedrängt werden. Es ist die Musik der Feinen, die zögernd an der Schwelle der Welt stehen und unaufhörlich um die Kraft zum Handeln, um Glauben und Hoffnung kämpfen müssen. Es ist die Musik derjenigen, die sich inmitten von Millionen verlassen, einsam und machtlos fühlen und deren dunkles und mühsames Dasein Franck selbst teilte. Es ist etwas, das vom Marktplatz abgewandt ist und die Stille des inneren Raums ausstrahlt. In so vielen Stücken von Franck spürt man das stetige Leuchten der Lampe im warmen Zimmer. Mit seinen Liedern von Einsamkeit, Zweifel und Reue, seinen Selbstgesprächen, Mahnwachen und Gebeten, seinem Kampf um das Sonnenlicht vollkommenen Vertrauens, Gesundheit und Lebensfreude könnte es direkt aus dem Leben eines halben Dutzends herausragender Persönlichkeiten stammen, die Frankreich in den letzten Jahren des 19. Jahrhunderts hervorgebracht hat. Romain Rolland selbst ist von dieser Sorte. Für diese selbstmisstrauischen, desillusionierten und zweifelnden Menschen schrieb Charles Péguy, indem er sie aufforderte, sich an den göttlichen Ursprung des Lebens und der Institutionen zu erinnern, die ihnen so falsch erschienen, und sie daran zu erinnern, dass die Republik selbst das Ergebnis eines mystischen Impulses im menschlichen Herzen war, dass die Toten einer Rasse in den Körpern der Atmenden weiterleben und dass die Mitglieder eines Volkes eins sind. Der Mystizismus und Katholizismus Paul Claudels, die Abneigung gegenüber dem Skeptizismus Renans und Anatole Frances, der im neueren französischen Denken so weit verbreitet ist, der Traditionalismus, ja die intellektuelle Reaktion des modernen Frankreichs – all dies wird in der Musik César Francks vorweggenommen und umrissen. In ihm muss das Herz seiner Wahlheimat pulsiert haben.

Angesichts eines solchen Ausdrucks, eines so modernen Standards konnte die neue Generation nicht anders, als mit aller Kraft zu reagieren und aus der

Öffnung in der Chinesischen Mauer zu strömen. Und auf Franck folgte eine Generation französischer Musiker, wie sie die Welt seit den Tagen der Clavecinisten nicht mehr gesehen hat. Innerhalb von zehn Jahren war Paris von einem der sterbendsten Zentren zum wichtigsten und lebendigsten Musikzentrum geworden. Etwas, das der Atmosphäre von Paris lange gefehlt hatte, war wieder weitgehend eingekehrt. Die musikalische Vorstellungskraft war befreit worden. Nach Franck war es für einen französischen Musiker unmöglich, nicht den Mut zu haben, sich in seinem eigenen Idiom auszudrücken, die typisch französischen Formen zu entwickeln und mit den ausländischen deutschen und italienischen Standards zu brechen, die das nationale Genie so lange unterdrückt hatten. Denn dieser Mann hatte es getan. Und mit den Debussys, Magnards und Ravels, den d'Indys, Dukas und Schmitts, den Chaussons, Ropartz und den Milhauds, die unmittelbar auf César Franck folgten, gewann eine Institution wie die Société Nationale de Musique an Bedeutung. Und wieder einmal war französische Musik ein Begriff.

# Debussy

Debussys Musik ist unsere eigene. Alle künstlerischen Formen schlummern in der Seele, und es gibt kein Kunstwerk, das uns tatsächlich fremd ist, noch kann ein solches in allen zukünftigen Zeitaltern der Welt erscheinen. Aber die Musik von Debussy gehört uns in unserer Zeit wie keine andere und könnte vor allen Zeiten unser Symbol bleiben. Denn es lebte in uns, bevor es geboren wurde, und kehrte nach der Geburt wie eine Erlösung zu uns zurück. Schon bei der ersten Begegnung kam mir der Stil von „Pelléas" auf mysteriöse Weise bekannt vor. Es gab uns das Gefühl, dass wir schon immer solche Rhythmen, so leuchtende Akkorde, so klare Phrasen gebraucht hatten, dass wir sie vielleicht sogar, wenn auch nur schwach klingend, in unserer Vorstellung gehört hatten. Die Musik schien so alt wie unser Selbstbewusstsein. Es schien nur die exquisite Anerkennung bestimmter intensiver, beunruhigender und beruhigender Momente zu sein, die wir bereits erlebt hatten. Es schien aus bestimmten unausweichlichen, geheimnisvollen Erlebnissen entstanden zu sein, die unbeschreiblich traurig und süß aus unserem Leben hervorgegangen waren und uns neu gemacht und uns von anderen unterschieden hatten, und das jetzt, beim Hauch der Musik, bei einem halb geflüsterten Ton , beim Aufbrechen eines Rhythmus, beim Aufblühen einer Ansammlung von Tönen aus der warmen, stillen Dunkelheit, erstanden sie in der Fülle ihrer Größe wieder und wurden ganz zu unserem Eigentum.

Denn Debussy ist von allen Musikern derjenige, der am vollständigsten unter uns ist. Er ist hier, in unserer Mitte, in der Welt der Stadt. Er hat nichts von der Weltfremdheit, der Distanziertheit, der Übermenschlichkeit an sich, die so viele andere Komponisten von uns distanziert. Wir müssen ihn uns nicht in exotischen Sängergewändern vorstellen, auch nicht in klassischen Gewändern, noch in irgendeiner seltsamen, altmodischen und malerischen Kleidung, um in ihm den Dichter zu erkennen. Er ist der moderne Dichter, gerade weil die moderne Zivilkleidung so natürlich für ihn ist. Er ist der normale Mensch, der unseren eigenen Lebensstil führt. Wir scheinen ihn so zu kennen, wie wir uns selbst kennen. Seine Erfahrungen sind nur unsere eigenen, intensiviert durch seine dichterische Begabung. Oder, wenn sie nicht bereits unsere sind, werden sie es werden. Er scheint fast wie wir selbst, wenn er durch die Dämmerung der Stadt geht, mit einem Auftrag beschäftigt, den auch wir erledigt haben, einen Weg beschreitet, den wir selbst gegangen sind. Wir kennen den Raum, in dem er lebt, die Fenster, aus denen er blickt, die Augenblicke, die ihm dort in der Stille der Lampe widerfahren. Denn er hat in seiner Musik das eingefangen, was die Freude und Tragik des Zeitalters auszeichnet. Die ganze feine Sinnlichkeit, die ganze östliche Freude an der unendlichen Zartheit und Wärme der Natur, die ganze plötzliche, freudige

Entdeckung von Farbe und Berührung, die den Menschen das Gefühl gab, als hätte man beides vorher nicht gekannt, sind darin enthalten. Auch sie ist voller Bilder der „Erde der flüssigen und schlummernden Bäume", der „Erde des vergangenen Sonnenuntergangs", der „Erde des glasigen Schmelzes des Vollmonds, der gerade mit Blau getönt ist". Sie ist voller materieller Schönheit, widmet sich unzähligen zierlichen Muscheln – der Schläfrigkeit der südlichen Nacht, der hieratischen Geste der Tempeltänzer, dem Fall des Lampenlichts in die Dunkelheit, dem fantastischen Schwall von Feuerwerken, der Romantik alter Spiegel und verblichener Brokate und sächsischer Uhren, der grünen jungen Pracht des Frühlings. Und so wie es dem Zeitalter das Bewusstsein für das köstliche Gewand der Erde wiedergibt, so gibt es auch wieder sein Gefühl von Müdigkeit, Machtlosigkeit und Unterdrückung. Das neunzehnte Jahrhundert war voller Lärm und Gerüchte und der Erschütterung kolossaler Bewegungen, und der Mensch hatte offenbar weite Entfernungen zurückgelegt und titanische Höhen und abgrundtiefe Tiefen erforscht. Und doch war die Erde trotz all des Glanzes dunkler. Das Licht war nur miasmisch. Das Leben des Menschen schien wie immer eine kurze und traurige und einfache Sache zu sein, das Ausstrecken ohnmächtiger Hände, unfähig zu greifen und zu halten; das Verflechten von Schatten; das Aufblühen exquisiter und zerbrechlicher Blüten einen Moment vor Einbruch der Nacht. Das Gefühl der Gebrechlichkeit des Lebens, das Bewusstsein, dass es nicht mehr als die Bedeutung eines Traums mit vorbeiziehenden Lichtern oder stockenden Schritten im Schnee oder einer alten, halb vergessenen Geschichte hatte, hatte eine tiefe Wehmut und Melancholie in den Glanz des Globus gemischt und war trotz all der Süße der Erde selbst schwerer geworden. Und Debussy hat die beiden in ihrer Verwirrung behoben.

Mit seiner impressionistischen Sensibilität hat er die Musik vollständig durchdrungen. Sein Stil ist ein Abbild unserer pointillistisch anmutenden Ära. Mit ihm erreicht der Impressionismus eine vollendete musikalische Form. Strukturell ist die Musik von Debussy ein Geflecht exquisiter und ergreifender Momente, jeder für sich voll und vollständig. Seine Ganzheiten existieren vollständig in ihren Teilen, in ihren Atomen. Wenn seine Phrasen, Rhythmen, lyrischen Impulse zwar zur Bildung eines Ganzen beitragen, so sind sie dennoch in sich außerordentlich eigenständig und bedeutsam. Kein Akkord, kein Thema ist untergeordnet. Jedes existiert um seiner eigenen Schönheit willen, besetzt das Universum für einen Moment, verschmilzt dann und verschwindet. Die Harmonien sind nicht, wie in anderen Kompositionen, Vorbereitungen. Sie sind scheinbar ein Selbstzweck, fließen im Raum und ändern dann ihre Farbe, so wie sich ein schimmernder Stoff verändert. Bei aller goldenen Erdigkeit ist der Stil von Debussy der fließendste und ungreifbarste aller Musikstile. Es gleitet für immer, glänzt, schmilzt; kristallisierte sich für einen Moment in einer wohlschmeckenden

Phrase heraus und bewegte sich dann zitternd weiter. Es ist nahezu kantenlos. Es scheint durch unsere Wahrnehmung zu fließen, wie Wasser durch Finger fließt. Die schillernden Blasen, die darauf schweben, zerplatzen, wenn wir sie nur berühren. Es erinnert immer an Wasser – Brunnen und Teiche, die glitzernde Gischt und die wogende Brust des Meeres. Oder es überschattet den formlosen Atem der Brise, des Sturms, der Düfte oder des Spiels von Sonne und Mond. Seine Orchestrierung bringt in jedem Instrument stets alles Unklare und Durchsichtige hervor. Er macht Musik mit Lichtflocken, mit hellen Pigmentpartikeln. Seine Palette erstrahlt in den süßen, klaren Farbtönen eines Monet, eines Pissaro oder eines Renoir. Sein Orchester funkelt mit schillernden Feuern, mit geteilten Tönen, mit zarten Veilchen- und Silbertönen und Rosétönen. Der Klang des Klaviers, normalerweise aber das Klingeln flacher farbiger Steine, wird bei seiner Berührung fließend, samtig und dicht und nimmt die Eigenschaften von Satin und Likör an. Das Pedal wäscht eine neue Tönung nach der anderen über die Tastatur. „Reflets dans l'eau" hat die Qualität von schimmerndem blauem Satin, wie Wolkenbilder, die im gleitenden Wasser taumeln. Im Mittelteil von „Homage à Rameau" wird Blau zu Grün und dann wieder zu Blau. Helles, kaltes Mondlicht schleicht durch „Et la lune down sur le tempel que fut"; rötliche Funken glitzern in „Mouvement" mit seiner Petruchka-Fröhlichkeit; Das Klavier ist in „Cloches à travers les feuilles" flüssig, leuchtend und aromatisch.

Dennoch gibt es keine Unsicherheit, keine Nebelhaftigkeit in seiner Form, wie es bei einigen anderen Impressionisten der Fall ist. Seine Musik ist klassisch fest, klassisch präzise und gestrickt. Seine lyrischen, schillernden Strukturen sind perfekt ausgearbeitet. Die Linie zögert nie, geht nie verloren oder verwickelt sich. Es geht direkt und klar voran, geht durch Juwelen und Farbklumpen und verschmilzt sie mit der Masse. Die Flugbahn bricht nie ab. Die Musik hat immer das richtige Gewicht und die richtige Klangfarbe. Man kann ohne Übertreibung sagen, dass in seinem besten Werk nichts ausgelassen wird, nichts vernachlässigt wird, dass jedes einzelne Element gerecht behandelt wird. Seine kleinen Stücke nehmen einen ebenso umfassenden Raum ein wie die massivsten und großartigsten Kompositionen. Eine Komposition wie „Nuages", die erste der drei Nocturnes für Orchester, dauert zwar nur fünf Minuten, übertrifft aber jede Menge Kompositionen, die eine Stunde dauern. „L'Après-midi d'un faune" ist in jeder Hinsicht inspiriert und neu, wunderbar. Die drei kleinen Stücke, die den ersten Satz von „Images" für Klavier bilden, werden wahrscheinlich die Hälfte dessen überdauern, was Liszt für das Instrument geschrieben hat. „Pelléas" wird eines Tages wegen seiner wundersamen Erfindung, seiner klassischen Mäßigung, Ausgewogenheit und Wahrheit, wegen seiner reinen Diktion und sparsamen Orchestrierung studiert werden, ganz so, wie man heute die Partituren von Gluck studiert.

Denn Debussy ist von allen Künstlern, die in unserer Zeit Musik gemacht haben, der vollkommenste. Andere Musiker, vielleicht sogar einige der Zeitgenossen, mögen einen größeren Heldenmut, ein größeres Durchhaltevermögen und eine größere Unermüdlichkeit an den Tag legen. Dennoch ist er in seinem Bereich ein ebenso vollkommener Arbeiter wie die Größten. Innerhalb seiner Grenzen war er ein ebenso reiner Handwerker wie der große John Sebastian in seinen. Der Unterschied zwischen den beiden ist der Unterschied ihres Alters und ihrer Rasse, nicht der Unterschied ihrer Kunstfertigkeit. Denn nur wenige Komponisten können es mit Debussys Vollkommenheit des Geschmacks, seiner feinen Sensibilität, seiner poetischen Verzückung und seinem tiefen Sinn für Schönheit aufnehmen. Nur wenige waren anmutiger und ausgeglichener als er, waren wie er so fein, dass nichts, was sie tun konnten, geschmacklos und belanglos und ohne Anmut sein konnte. Nur wenige Musiker waren sich ihrer Begabung bewusster, kannten sich selbst besser, waren sich des Charakters und der Grenzen ihres Genies sicherer. Nur wenige haben so beharrlich an der Essenz festgehalten und es geschafft, ihre Emotion und Erfindungsgabe so konstant auf einem hohen Niveau zu halten. Die Musik von Debussy ist voll reinster, feinster Poesie. Vielleicht haben nur Bach und Mussorgski so ausnahmslos so markige, umfassende und endgültige Phrasen gefunden wie jene, mit denen „Pelléas" übersät ist, Phrasen, die mit wenigen einfachen Noten tiefe und erlesene Emotionen verkörpern und tatsächlich das Wort sind. Es gibt Momente in Debussys Werk, in denen jede Note eine Perspektive eröffnet. Es gibt Momente, in denen die Musik von „Pelléas", die feine, fließende Klanglinie, die melodischen Momente, die ineinander übergehen und vergehen und ineinander verschwinden, zu schimmernden Rändern werden, die riesige, dunkle Formen umschreiben. Es gibt Teile des Dramas, die wie die Momente menschlichen Umgangs sind, in denen einzelne Silben tiefe Reservoirs öffnen. Die hier zum Ausdruck kommende Zärtlichkeit ist in der Musikkunst kaum zu reproduzieren. Und Zärtlichkeit ist schließlich die intensivste aller Emotionen.

In dieser Feinheit leben tausend Jahre Kultur. In diesen vollkommenen Gesten, in dieser Anmut, dieser Gewissheit der Wahl, dieser Gerechtigkeit der Werte, dieser einfachen, tiefgründigen, zarten Sprache leben dreißig Generationen von Edelleuten. Hier sprechen dreißig Generationen von Kavalieren und Damen, die in den milden und fruchtbaren Tälern des „schönen Landes Frankreich" die Lebenskunst entwickelten. Das sanfte Sonnenlicht und der sanfte Schatten, die milden Winter und milden Sommer der Ile de France, die reichlichen Früchte der Erde, die Spannung der Rebe trugen dazu bei, dass dieser Wein wunderbar ausgewogen, zurückhaltend und raffiniert wirkte. Die Ausbildung und Förderung der klassischen und französischen Dichter und Denker, Virgil und Racine und Marivaux, Catullus und Montaigne und Chateaubriand, die Gemächer des Hôtel de Rambouillet, die Gärten und Galerien von Versailles, der riesige Salon des Paris des 18. Jahrhunderts , hat dazu beigetragen, diesen Geist zu formen. In der ganzen Musik dieses Mannes erkennt man den langen Vordergrund, die langen Vorbereitungszyklen. In jedem seiner Werke, vom imposantesten bis zum bescheidensten, vom „Streichquartett" und „Pelléas" bis zum grazilen, geschmeidigen kleinen Walzer „Le plus que lent", wird das lateinamerikanische Genie deutlich, das gefördert und geformt wurde entwickelt durch den fruchtbaren, ruhigen Boden Frankreichs.

Und in seiner Kunst leben die Götter der klassischen Antike wieder auf. Debussy ist viel mehr als nur der sinnliche Franzose. Er ist der Mann, in dem die alte heidnische Wollust, die alte ungetrübte Freude am Körper, gegen die die schwarze Brut der Mönche so lange gekämpft und die sie Jahrhunderte lang in dämonische und höllische Formen verwandelt hat, wieder frei, rein und süß ist. Sie waren einst Nymphen und Najaden und Göttinnen, das „Quartett" und „L'Après-midi d'un faune" und „Sirènes". Sie wanderten einst durch die Lichtungen von Ionien und Sizilien und erfreuten die Menschen mit ihrer goldenen Sinnlichkeit und verzauberten sie mit dem Gedanken an „die Brust der Nymphe in der Bremse". Denn sie sind erfüllt vom Wunder und der Süße des Fleisches, von Fleisch, das köstlich geschmeckt und genossen wird, nicht in geschlossenen Räumen, hinter Geheimtüren und unter dem schändlichen Schleier der Nacht, sondern draußen im warmen, sonnigen Freien, inmitten von Gräsern und Düften das Summen der Insekten, das Schwingen der Äste, das Wandern der Wolken. Das Quartett ist lebendig, zittert vor Licht und vor freudiger Animalität. Es bewegt sich wie ein junges Reh; spinnt die fröhlichsten, seidigsten und goldensten Spinnennetze; erfüllt einen mit den Freuden des Geschmacks und Geruchs sowie des Anblicks und der Berührung. Im schillerndsten, schwebendsten aller Gedichte, „L'Après-midi d'un faune", wird die Atmosphäre durch die kletternde, chromatische Flöte, die schläfrigen Pizzicati der Streicher und das träge Seufzen der Hörner magisch eingefangen der Tagtraum, die schläfrige Wärme der sonnenbeschienenen Gräser, die göttliche Erscheinung, das weiße Wunder von Armen, Brüsten und Schenkeln. Die Lento-Bewegung von „Ibéria" gleicht einem schläfrigen, zerzausten Zigeuner. Sogar „La plus que lent" ist voll von der Güte des Fleisches, gleicht einem schlanken jungen Mädchen mit offenem Busen. Und in „Sirènes" wird so etwas wie die ewige Göttlichkeit, die ewige Schönheit des weiblichen Körpers gefeiert. Es ist, als ob sich die weiße Anadyomene selbst mit ihrer Galaxie aus Tritonen und Najaden auf den steigenden, fallenden, steigenden und sinkenden Gezeiten des Gedichts, auf den Wellen der glamourösen Frauenstimmen, auf dem aphrodisierenden Wellengang des Meeres der Erde näherte Ufer noch einmal.

Wenn eine musikalische Aufgabe als erfüllt gelten kann, dann ist es die von Debussy. Denn er schrieb das eine Buch, das jeder große Künstler schreibt. Er etablierte einen Stil unwiderlegbar und machte den musikalischen Impressionismus zu einer ebenso legitimen Sache wie alle anderen großen Stile. Dass er mehr als diesen einen Beitrag zu leisten hatte, ist zweifelhaft. Seine Kunst erfuhr keine radikalen Veränderungen. Sein Stil war bereits im Quartett und in „Proses lyriques" ausgereift und hatte seinen Höhepunkt in „Pelléas", seinen orchestralen Einsatz in „Nocturnes", „La Mer" und „Ibéria", seinen pianistischen Ausdruck in den beiden Bänden von „Images" für Klavier. Wie verfeinert die Bühnenmusik zu „Le Martyre de Saint-Sébastien" auch sein mag, Debussy hat die Grenzen, die ihm seine ersten großen Werke gesetzt hatten, nie wirklich überschritten. Und so hat uns seine lange Krankheit, auch wenn sie den Verfall, die Verhärtung und die Formalisierung verursacht hat, die in seinen jüngsten Werken, den Sonaten, den „Epigrammes", „En blanc et noir" und „Berceuse héroïque" so deutlich werden, und uns vieler herrlicher Kunstwerke beraubt, doch weder sie noch sein Tod haben uns einer radikalen Entwicklung beraubt, die wir vernünftigerweise hätten erwarten können. Das Wichtigste, was er zu geben hatte, hatte er gegeben. Was sein Alter von ihm verlangt hatte, eine Kunst, die es fern von Blendwerk und Tumult halten konnte, eine Kunst, in die es sich zurückziehen konnte, eine Kunst, die es für ein Leben entschädigen konnte, das zu grausam und fordernd geworden war, hatte er geschaffen. Er hatte sich im Wesentlichen selbst verwirklicht.

Die Tatsache, dass „Pelléas" das beredteste Werk Debussys und sein ewiges Zeichen ist, bedeutet also nicht, dass er sich im weiteren Verlauf seines Lebens nicht weiterentwickelt hat. Ein Komplex von Determinanten machte sein Musikdrama zum vollsten Ausdruck seines Genies und bestimmte, dass er in dem Moment, in dem er es komponierte, am vollkommensten leben sollte. Allein die Tatsache, dass Debussy darin Musik für das Theater komponierte, sorgte dafür, dass sein künstlerischer Sinn in dem Werk seine volle Wirkung entfalten würde. Denn es beinhaltete die Äußerung seiner Opposition gegen Wagner. Die Tatsache, dass es sich um Musik handelte, die mit Sprache verbunden war, machte es sicher, dass Debussy, so voll des französischen klassischen Genies, durch den Kontakt mit dem gesprochenen Wort, durch das Studium seiner wesentlichen Qualität, zu einer vollständigen Verwirklichung eines im Grunde Französischen geführt und gezwungen werden würde Idiom. Und dann bot sich Maeterlincks kleines Stück seinem Genie als einzigartiges Hilfsmittel an. Auch es ist voll von dem Gefühl der Schattenhaftigkeit der Dinge, die Debussy belasteten, und hat nicht wenig vom Akzent der Zeit. Dieses „vieille et triste légende de la forêt" ist voller Bilder, wie dem alten und düsteren Schloss, das von alternden Menschen bewohnt wird und verloren inmitten sonnenloser Wälder liegt, der Rose, die im Schatten unter Mélisandes Fensterflügel blüht, und Mélisandes Haar, das tiefer fällt ihre Arme reichen, der schwarze See, der unter den Burggewölben brütet und den Tod atmet, Golauds qualvolle Suche nach der Wahrheit im Geplapper des Kindes, die eine tiefgreifende Reaktion in Debussys Fantasie hervorrufen musste. Vor allem aber war es die Figur von Mélisande selbst, die ihn dazu brachte, sich ganz auf die Kulisse des Stücks einzulassen. Denn diese Figur ermöglichte es Debussy, sich bei der Schaffung seines Idealbildes völlig hinzugeben. Die Musik ist ganz Mélisande, ganz Debussys Liebesfrau. Sie ist es, die die Musik von dem Moment an offenbart, in dem Mélisande zwischen den Felsen aufsteigt, eingehüllt in das Geheimnis ihres goldenen Haares. Sie ist es, die die Musik von Anfang an prägt. Die gesamte Partitur ist nur das, was ein Mann gegenüber einer Frau empfinden könnte, die ihm gehörte und ihm dennoch, wie allen Frauen, fremd und geheimnisvoll und unbekannt war. Die Musik ist wie das Abstreifen einer perfekten Blume, Blütenblatt nach Blütenblatt. Es gibt Momente, in denen es um die Fülle ihres Wissens geht, die zwischen zwei Menschen liegt. Es ist das perfekte Zeichen für ein Erlebnis.

Und da Debussys Kunst keinen zweiten Höhepunkt erreichen konnte, war es an der Tagesordnung, dass die auf sein Meisterwerk folgenden Werke relativ unwichtig sein sollten. Dennoch sind die folgenden Gedichte, Lieder und Klavierstücke, mit Ausnahme derjenigen, die in jenen Jahren geschrieben wurden, als Debussy mit seinem Meister Rameau hätte sagen können: „Von Tag zu Tag bessert sich mein Geschmack. Aber ich habe mein ganzes Genie verloren." sind bei weitem weniger perfekte und erstaunliche Arbeiten. Seine Musik ist wie die Gipfel einer Bergkette, von denen einer der ersten und nächsten der höchste ist, während die anderen kaum weniger hoch erscheinen. Und sie gehören zu den blauesten, schönsten und strahlendsten, die sich durch die Region der modernen Musik ziehen. Es wird noch lange dauern, bis die Menschheit ihre Schönheit erschöpft hat.

# Ravel

Ravel und Debussy stammen aus derselben Linie. Sie entstammen beide dem tiefen, anmutig gemäßigten Genie Frankreichs. Über die Jahrhunderte hinweg stehen sie in Kontakt mit den Männern, die als erste diese silberne Mäßigung im Ton zum Ausdruck brachten, mit Claude Le Jeune, mit Rameau und Couperin und den anderen Clavecinisten. Unbeirrt von den Veränderungen der revolutionären Zeiten führen sie die hohe Tradition der älteren Musik fort, in Formen, die durch das moderne Gefühl für Farbe, für tonale Komplexität, für geschmeidige und wogende Rhythmen geprägt sind.

Claude Le Jeune schrieb Motetten; Die Meister des 18. Jahrhunderts schrieben Gavottes und Rigadoons, Forlanas und Chaconnes und drückten sich in höfischen Tänzen und anderen festen und strengen Formen aus. Ravel und Debussy komponieren liberaler und naturalistischer. Und doch ist das Genie, das all diese Musik belebt, ein Single. Es ist, als ob alle diese Künstler, die so viele hundert Jahre voneinander entfernt geboren wurden, die Ereignisse ihrer jeweiligen Zeit aus demselben Blickwinkel betrachtet hätten. Es ist, als ob sie den Problemen der Komposition im Wesentlichen mit derselben Haltung, mit denselben Ansprüchen und Vorbehalten gegenüberstanden. Die neue Musik ist wie die alte das Werk von Männern, die vor allem die Kunst des Lebens selbst verehren. Es ist das Werk von Männern jener Art, die sich in ihrem Verhalten vor allem nach Zurückhaltung sehnen und auf Gelassenheit und Vernunft bestehen. Sie betrachten alle Dinge als menschlich und lassen die gesellschaftlichen Werte in ihre Kunst einfließen. Tatsächlich war die Reaktion Debussys auf den Wagnerismus hauptsächlich die Reaktion einer zutiefst sozialisierten und aristokratischen Sensibilität, die über Überbetonung und Zügellosigkeit empört war. Die Männer, für die er im Laufe der Jahrhunderte typisch war, vergessen nie die Welt und ihre Anstandsregeln und Anforderungen. Und doch scheuen sie das Große, das Ernsthafte, das Ergreifende nicht. Die Bandbreite menschlicher Leidenschaften ist auch in ihrer Musik präsent, auch wenn viele von ihnen nicht über gigantische Kräfte verfügten oder so große und intensive Emotionen hegten wie beispielsweise die weltverzehrende, weltvernichtende Mystik eines Baches. Aber es wird mehr verschattet als angegeben. Obwohl viele von ihnen zutiefst melancholisch waren, haben sie sich dennoch mit sich selbst beraten und mit Baudelaire gesagt:

„Das ist Weisheit, mein Schmerz, und du bist ganz ruhig."

Alle Ausdrücke werden in tiefem, aristokratischem Tonfall, in Grisaille, gemacht. Meistens wird dies durch eine silbrige Anmut erreicht. Es ist normal, dass diese Männer durch Anmut tiefgründig, amüsant und dennoch künstlerisch aufrichtig sind. Es ist normal, dass sie sich schön artikulieren. Hoch in ihrem Bewusstsein lodern immer die Gebote der Klarheit, der Zartheit, der Präzision. Tatsächlich sind Temperamente dieser Art in Frankreich so oft aufgetaucht, nicht nur in seiner Musik, sondern auch in seiner Literatur und anderen Künsten, von der Zeit der Pléiade bis zu der von Charles Louis Philippe und André Gide und Henri de Regnier, dass es schwierig ist, ihre zentrale, im Wesentlichen französische Tradition nicht zu vertreten und in Männern wie Rabelais nicht nur das Frankenhafte und in Männern wie Berlioz nur den Atavismus der gallorömischen Zeit zu sehen.

Aber Ravel und Debussy erben nicht nur den Geist des französischen Klassizismus. In gewisser Hinsicht ist ihre Kunst die Fortsetzung der Musik, die in den Werken Haydns und Mozarts ihren Höhepunkt erreichte. Sie ist subtil und intim und gibt dem Zuhörer die große schöpferische Rolle zurück, die ihm von so viel Musik vor Beethoven zugewiesen wurde. Die Musik Haydns und Mozarts unterwirft sich ihrem Zuhörer. Sie versucht bewusst, seine Aktivität zu gewinnen. Ihre Bedeutung beruht weitgehend auf seinem Beitrag. Die Musik selbst trägt nur einen Teil der Absicht des Komponisten in sich. Sie trägt nur genug in sich, um die Vorstellungskraft des Zuhörers zu entzünden und in Gang zu setzen. Diesem Menschen bleibt das Vergnügen vorbehalten, die Absicht zu ergründen und die vom Komponisten skizzierte Idee zu vollenden. Denn Haydn und Mozart wollten nicht, dass der Zuhörer eine völlig passive Haltung einnahm. Sie liebten und respektierten ihre Mitmenschen zu sehr. Sie wollten sich ihre Zusammenarbeit sichern, waren zuversichtlich, dass sie alles verstehen konnten, was die Musik andeutete, und betrachteten sie als gleichberechtigt im Schaffen. Doch die seit ihrer Zeit geschriebene Musik hat dem Hörer eine immer passivere Rolle aufgezwungen. Die Komponisten maßen sich in unterschiedlichem Ausmaß den größten Teil der Tätigkeit an, bestanden darauf, alles zu geben, den größten Teil der Arbeit zu leisten. Die alte Vertrautheit ging verloren; bei Wagner wurde die schöpferische Übung durch das intellektuelle Spiel des *Leitmotivsystems* ersetzt. Die Kunst Ravels und Debussys kehrt zu der früheren Strategie zurück. Sie unternimmt die größte Anstrengung, die schöpferische Vorstellungskraft anzuregen, jene Kraft, die William Blake mit dem Erlöser selbst identifizierte. Sie bemüht sich ständig, sie zu energischster Beteiligung zu verleiten. Und weil Ravel und Debussy diese Anregung ständig im Auge haben, ist ihre Musik eine Musik mit wenigen Strichen, vergleichbar tatsächlich mit der bildlichen Kunst Japans, an die sie so oft erinnert. Es ist die Musik der Suggestion, der plötzlichen Entzündungen, kurzen Anfänge und Linien, der kleinen Formen. Sie beharrt nie darauf. Sie sticht nur. Es stiftet an, beginnt, hört auf und fährt dann fort, weckt das angeborene Bedürfnis des Zuhörers nach einem Ziel, einer Ordnung und Bedeutung in den Dingen. Seine subtilen Gesten, seine kurzen, scharfen, feinfühligen

Sätze, seine Quintessenz sind wie das Aufstoßen von Türen ins Innere des Gewissens, das Öffnen von Fenstern mit weiten Ausblicken, sind wie das Brechen von Licht auf dunkle Erinnerungen und vergrabene Gefühle. Sie sind wie das Öffnen von Quellen, die lange verschlossen waren, und lassen sie in der Nacht wieder fließen. Und für einen leuchtenden Augenblick verwandeln sie den Zuhörer von einem passiven Empfänger in einen Künstler.

Und darüber hinaus gibt es noch viel mehr, was Ravel und Debussy gemeinsam haben. Sie alle wurden stark von russischer Musik beeinflusst, „Daphnis et Chloé" zeigt den Einfluss von Borodin, „Pelléas et Mélisande" den von Mussorgsky. Beide haben auf dem Gebiet der Harmonie große Entdeckungen gemacht. Beide haben die Kraft abgelegener und exotischer Modi gespürt. Beide waren von den sie umgebenden künstlerischen Strömungen in Paris zutiefst beeindruckt. Beide wurden, wie so viele andere französische Musiker, von den leuchtenden Farben Spaniens begeistert, Ravel in seiner Orchester-Rhapsodie, in seiner einaktigen Oper „L'Heure espagnol" und im Klavierstück der Sammlung „Miroirs". „Alborada del Graciozo", Debussy in „Ibéria" und in einigen seiner Präludien. Tatsächlich besteht in ihren jeweiligen Werken eine Parallelität. Debussy schreibt „Homage à Rameau"; Ravel „Le Tombeau de Couperin." Debussy schreibt „Le Martyre de Saint-Sébastien"; Ravel plant ein Oratorium, „Saint-François d'Assise". Ravel schreibt die „Ondine" der Sammlung mit dem Titel „Gaspard de la nuit"; Debussy folgt ihm mit der „Ondine" seines zweiten Bandes der Präludien. Beide konzipieren und verwirklichen im selben Jahr die Idee, die Texte von Mallarmé mit den Titeln „Soupir" und „Placet futile" zu vertonen. Dennoch macht diese Tatsache Ravel keineswegs zum Nachahmer von Debussy. Sein Werk ist keineswegs, wie einige unserer Kritiker beeilt betonten, eine Fälschung seines Vorgängers. Hat die Musik Ravels nicht bewiesen, dass er eine ganz andere Sensibilität als Debussy besitzt, in mancher Hinsicht weniger fein, köstlich, leuchtend, in anderer vielleicht sogar noch tiefer einnehmender? Wäre es nicht eine deutliche Weiterentwicklung von Debussys Kunst in eine ganz eigene Richtung, könnte man mit Fug und Recht von einer Jüngerschaft sprechen. Aber im Lichte Ravels tatsächlicher Leistung, seiner großen, originellen und attraktiven Begabung, der meisterhaften Handwerkskunst, die sich in so vielen musikalischen Formen gezeigt hat, vom Lied und der Sonatine bis zum Streichquartett und dem Orchestergedicht, des Talent, das sich von Jahr zu Jahr immer mehr offenbarte und das nicht einmal der Krieg und die Erfahrung der Schützengräben in den Hintergrund gedrängt hat, ist die Parallelität als durch die geistige Verwandtschaft der Männer und ihre Zeitgenossenschaft bedingt anzusehen.

Und sicherlich verrät nichts Ravel, den ebenbürtigen Debussy, so sehr wie die Tatsache, dass es ihm so wunderbar gelungen ist, das zu manifestieren, was ihm eigen ist. Denn er ist zehn Jahre jünger als Debussy, und wenn er eine weniger ausgeprägte Individualität, ein weniger originelles Temperament und weniger ein Genie hätte, hätte er sich nie verwirklichen können. Es wäre ihm derselbe Schicksalsschlag widerfahren, der so vielen der jüngeren Pariser Komponisten widerfuhr, die weniger entschlossen waren als er und wie er selbst aus einem Holz mit Debussy bestanden. Auch er hätte zugelassen, dass die Kunst des älteren und etablierten Mannes auf ihn einwirkte. Auch er hätte seine eigene Sache verraten, wenn er versucht hätte, sich an dem anderen Mann zu orientieren. Aber Debussy hat Ravel nicht mehr aus dem Weg geräumt oder behindert als sein Meister Gabriel Fauré. Er ist zu stark auf seine eigene Richtung eingestellt. Vom Beginn seiner Karriere an, von der Zeit an, als er das sanfte und zögernde und doch schon sehr persönliche „Pavane pour une Infante défunte" schrieb, hat er sich stolz gegen seine große Sicherheit behauptet, so wie er sich gegen das, was ist, behauptet hat falsch und epizän im künstlerischen Beispiel von Fauré. Innerhalb ihrer gemeinsamen Grenzen hat er sich im Wesentlichen genauso verwirklicht wie Debussy. Ihre Musik ist die neue und doppelte Blüte der klassischen französischen Tradition. Von der gemeinsamen Basis aus erstrecken sie sich jeweils in eine andere Richtung und bilden aufgrund all ihrer Gemeinsamkeiten den größeren Kontrast zueinander.

Die Intelligenz, die die Musik von Debussy formte, war völlig bewusst, sich ihrer selbst bewusst, an ihren geheimsten Orten von Licht durchflutet, im wirbelnden Universum verankert. Nur wenige Künstler waren sich ihrer Absicht so sicher wie Debussy. Der Mann konnte mit Präzision die schwer fassbaren Emotionen einordnen, konnte die Empfindungen, die im Grenzbereich des Bewusstseins strömen, vage beschreiben und die meisten von uns können sie nicht erfassen, zum Beispiel Schwindel. Er könnte Musik schreiben, die so ungreifbar ist wie die des Mittelteils von „Ibéria", in dem die Stille der Nacht, die Liebkosungen der Brise musikalische Gestalt angenommen zu haben scheinen. Vor dem Gesamtwerk seines Werkes, so klar und klar in seiner Definition, so perfekt in seiner Organisation, denkt man zwangsläufig an eine Welt, die ein Gott aus dem fliegenden Chaos unter ihm erschaffen hat. Wir erfahren genau, woraus die Seele von Debussy bestand, was ihre Pilgerfahrten waren, in welches Abenteuer sie sich begab. Wir wissen genau, worin sich sein Gesicht widerspiegelte: im „bei Abend stillstehenden Wasser", im wütenden Glanz des Sonnenuntergangs auf nassen Blättern, in wilden und stürmischen Zigeunerrhythmen, im Mondfeuer, in schimmernden Stoffen und aufblitzenden Gischt, in den grellen Lichtern und Gerüchen der Halbinsel, im Regen, der auf blühende Parterres fällt, im melancholischen Zug der Wolken, im goldenen Prunk und Ritual der Kirche, den Teichen, Gärten und Pavillons, die die zarte chinesische Seele zu ihrer Freude errichtet hat, in den tausend Düften und Muscheln der Erde und Farben. Denn Debussy hat uns diese Abenteuer in ihrer Fülle präsentiert. Bevor er sprach, hatte er sich mit seinen Erlebnissen beschäftigt, bis er sie vollständig ergründet hatte, bis er deutlich in sie hinein, um sie herum und dahinter gesehen hatte. Und so nehmen wir sie in ihrem Wesen wahr, in ihren ewigen Aspekten. Die Designs sind die Kurve der Ekstase. Sie sind klar abgegrenzt. Die Noten scheinen aus dem anderen hervorzusprießen, aus purer Notwendigkeit aufeinander zu folgen, ein ursprüngliches Timbre zu haben, eine nie zuvor gekannte Sache zu fixieren, die nie wieder leben kann. Jeder Moment in einer repräsentativen Komposition von Debussy ist logisch und doch neu. Nur wenige Künstler haben fehlerfreier gesagt, was sie sagen wollten.

Ravel ist kein so perfekter Künstler. Ihm fehlt das klare Selbstbewusstsein, das vollkommene Erkennen von Grenzen. Seine Musik hat nicht die absolute Vollständigkeit der Debussys. Es ist nicht so, dass er kein großartiger Handwerker wäre, der sich in seinem Medium sehr wohl fühlt. Es ist so, dass Ravel es wagt, und zwar immer wieder; versucht leidenschaftlich, seinen gesamten Körper zum Einsatz zu bringen; strebt nach Fülle der Aussage, nach Klarheit und Steifheit der Form. Ravel geht immer direkt durch die Mitte. Aber vergleichen Sie seine „Rapsodie espagnol" mit Debussys „Ibéria", um zu erkennen, wie direkt er ist. Debussy gibt die umgebende Atmosphäre, Ravel die innere Form. Zwischen ihm und Debussy gibt es den Unterschied zwischen dem Apollonischen und dem Dionysischen, zwischen dem Sanften, Ebeneren, Zurückhaltenderen, Perfekteren und dem Dunkleren, Turbulenteren, Leidenschaftlicheren und Instinktiveren. Für Ravel wurde eine hohe Gnade gewährt. Es wurde ihm gestattet, in seiner gesamten Männlichkeit das Kind zu bleiben, das wir einst alle waren. In ihm wurde der kraftvolle und spontane Fluss der Emotionen aus den Tiefen des Seins nie gebremst. Er kann immer noch aus der Fülle seines Herzens sprechen, seinen Kummer durchdringend ausweinen und sich vollständig entfalten. So anmutig und weltmännisch seine Musik auch ist, passend zur Welt der modernen Dinge, modernen Abenteuer und modernen Menschen, gibt es in ihr dennoch eine graue, durchdringende lyrische Note, die fast primitiv ist und die kindliche Einzigartigkeit und Intensität des belebenden Geistes widerspiegelt. Der Mann, der nicht nur das bewusst infantile „Ma Mère l'Oye" prägte, sondern auch so bebend einfache, ausdrucksstarke und liedhafte Dinge wie „Oiseaux tristes", „Sainte", „Le Gibet" oder die „Sonatine" wie die Passacaglia des Trios oder das Gesangszwischenspiel in „Daphnis et Chloé", hat eine Reinheit des Gefühls, die wir verloren haben. Und es ist dieser weinende, leidenschaftliche Ton, diese Direktheit des Ausdrucks, diese große Anstrengung, selbst in winzigen Formen und begrenztem Umfang, die sein Werk mehr als sein polyphoner Stil oder irgendein anderes der leicht erkennbaren Merkmale seiner Kunst unterscheidet Debussys. Der andere Mann hat vielleicht eine größere Sinnlichkeit, Vollständigkeit, Erfindungsreichtum. Aber Ravel ist voll von einer Lyrik, einer Durchdringung, einer Leidenschaftlichkeit, die ein Großteil der Musik von Debussy in der Nachfolge von „Pelléas" haben soll. Wir verstehen Ravels Musik, um es mit Beethovens berühmtem Ausspruch zu sagen, als Rede „vom Herz – zu Herzen".

Und wir wenden uns dankbar an sie, wie wir uns jeder Kunst zuwenden, die erfüllt ist von dem „Gefühl der Tränen in sterblichen Dingen", und in die der Puls des menschlichen Lebens direkt übergegangen ist. Denn es gibt Zeiten, in denen er dem Lauf des Lebens nahe ist, in denen seine Kunst unmittelbar die Öffnung der dunklen, blühenden, keimenden Region ist, in der die Dynamik der menschlichen Seele ihren Sitz hat. Es gibt Zeiten, in denen sie weite Regionen erschließt. Es gibt Zeiten, in denen Ravel nur eine Note anschlagen muss, und wir öffnen uns; wenn er nur ein Instrument eine bestimmte Phrase singen lassen muss, und Dinge, die tief im Herzen vergraben liegen, aus der Dunkelheit aufsteigen, wie die Nymphe in seinem Klaviergedicht, die von Sternen tropft. Die Musik von „Daphnis" scheint vom Moment der Einleitung an mit ihren sanft sich entfaltenden Akkorden, ihren fernen, glanzvollen Fanfaren, ihren von Liedern angeschwollenen menschlichen Kehlen Türen in die unerforschten Höhlen der Seele aufzustoßen und den Stoff hervorzurufen, aus dem der Traum geformt wird. Kaum ein Lied ist romantischer, seit Weber seine Hörner zum Atmen brachte oder Brahms die Zauberei des deutschen Waldes in Töne umsetzte. Darüber könnte man Heines Anrufung setzen:

„Steiget auf, ihr alten Träume!"

Öffne dich, dein Herzenstor!"

Wie die Passage, die die letzte wunderbare Szene seines großen Balletts einleitet, scheint es uns aus der unwirklichen Welt in die wirkliche zu wecken und uns noch einmal das Antlitz der Erde und das alles überspannende Blau zu zeigen.

Und Ravel ist zugleich ein traditionellerer und progressiverer Komponist als Debussy. Man spürt die Vergangenheit am stärksten in ihm. Debussy mit seinem durch und durch impressionistischen Stil ist zeitgemäßer. Zweifellos steckt in Ravels Musik eine gewisse, fast hebräische Melancholie und scharfe Lyrik, die dem Gerücht, er sei Jude, eine gewisse Grundlage verleiht. Und dennoch spürt man, dass Rameau in seinen nüchternen, grauen, zierlichen Strukturen und in der Trockenheit seines Schwarz modern geworden ist. In „Le Tombeau de Couperin" ist Ravel der alte Clavecinist, der zum Zeitgenossen von Skrjabin und Strawinsky wurde, der alte Clavecinist, der die Geschosse in Verdun fallen sah und ein Dutzend Freunde in den

Schützengräben verlor. Es fällt ihm leicht, wie in einigen seiner neueren Lieder, den Volkston zu treffen. Wenn es stimmt, dass er Jude ist, dann ist sein Traditionalismus nur ein weiteres glänzendes Beispiel für die Fähigkeit Frankreichs, Kinder fremder Rassen zu adoptieren und sie stärker zu seinen eigenen zu machen als einige seiner eigenen Nachkommen. In keinem anderen Fall jedoch, weder bei Lully noch bei Franck, war die Bluttransfusion so erfolgreich. Ravel ist sich selbst gegenüber in keiner Weise verräterisch. Es muss etwas im Charakter der französischen Nation geben, das jeden Juden, wenn nicht zu einem Sohn, so doch zum glücklichsten und treuesten Stiefkind macht.

Und da man bei Ravel die Vergangenheit stärker spürt, findet man ihn auch in mancher Hinsicht noch revolutionärer als Debussy. Denn während die Macht des letzteren bei der Herstellung seltsamer MacDowellesker Präludien oder bei der Komposition von Geistern wie „Gigues“, „Jeux“ und „Karma“ nachließ, hat Ravel seine Macht immer weiter gesteigert und seine Kunst weiterentwickelt, bis er es geschafft hat zu einem der Anführer der musikalischen Entwicklung werden. Wenn es eine einzige moderne Komposition gibt, die wegen ihres Bildes der Massenbewegung und ihres scharfen Naturalismus mit „Petrutschka“ verglichen werden kann, dann ist es die „Feria“ der „Rapsodie espagnol“. Wenn es ein einziges modernes Orchesterwerk gibt, das in seiner rhythmischen Lebendigkeit mit einem der beiden großen Ballette Strawinskys verglichen werden kann, dann ist es „Daphnis et Chloé“ mit seinen flammenden dionysischen Impulsen, seinen „Pfeifen und Pauken“, seiner wilden Ekstase. Derselbe filigrane Uhrwerkmechanismus charakterisiert „L'Heure espagnol“, seine Opera Bouffe, der auch „Petruchka“ und „Le Rossignol“ charakterisiert. Ein Klaviergedicht wie „Scarbo“ weckt die ganze Kraft des Klaviers und scheint eine Brücke zur Musik Leo Ornsteins und zum Zeitalter des Stahls zu schlagen. Und Ravel hat etwas von der Rechtwinkligkeit, der Klarheit und Starrheit, nach der die Ultramodernen streben. Die Fließfähigkeit von Debussy ist wieder etwas Metallischerem, Festerem und Unfließendem gewichen. Es gibt eine Art neue Steifheit in dieser Musik. Und auf dem Gebiet der Harmonie baut Ravel stetig auf Debussy auf. Seine Akkorde werden schärfer und bissiger; In „Le Tombeau de Couperin“ und dem Menuett über den Namen Haydn gibt es eine harmonische Kühnheit, Subtilität und sogar Bitterkeit, die alles übertrifft, was Debussy erreicht hat, und den Komponisten auf eine Stufe mit den Strawinskys, den Schönbergs, den Ornsteins und all den anderen Barbaren stellt .

Und auch sein ironischer Humor unterscheidet ihn von Debussy. Der Humor des letzteren war schließlich leicht und launisch. Der von Ravel hingegen ist äußerst bitter. Zweifellos existierte der „eisige“ Ravel, der Künstler „à qui l'absence de sensibilité fait encore une personalité“, wie ihn einer der Quiriten nannte, nur in den Köpfen derjenigen, die seine Zurückhaltung, Zartheit und Wesentlichkeit nicht verstehen konnten. Dennoch hat er neben seinem lyrischen, verträumten, romantischen Gemüt eine sehr unsentimentale Ader, die zweifellos, wie bei Heine, als eine Art Korrektiv, eine Art Ausgleich für die allgegenwärtige Sensibilität auftritt. Und so finden wir den zarten Dichter der „Sonatine", des Streichquartetts und der „Miroirs", der die witzige und beißende Musik von „L'Heure espagnol" schreibt; Er vertont die bitteren kleinen „Histoires naturelles" von Jules Renard als Gesang und schreibt in „Valses nobles et sentimentales" einen leicht ironischen und desillusionierten, wenn auch lächelnden, anmutigen und feinfühligen Kommentar zur Jahreszeit der Liebe, indem er ein Musikdrama zum Thema Don Quijote projiziert. Über seine Walzer setzt Ravel boshaft ein Zitat von Henri de Regnier: „Le plaisir délicieux et toujours nouveau d'une occupation inutile." Mit Casella schreibt er ein musikalisches „A la manière de", in dem er Wagner, d'Indy, Chabrier, Strauss und andere höchst witzig parodiert. Auch etwas von Eric Satie, dem Clown der Musik, steckt in ihm. Und wahrscheinlich macht ihn nichts für sein Publikum so unerklärlich und irritierend wie seine ironische Ader. Die Leute sind bereit, einem Künstler alles zu verzeihen, außer nur Ironie.

Was die Zukunft für Maurice Ravel bereithält, wissen nur die drei Nornen. Aber wenn nicht ein unvorhergesehener Unfall eintritt und seine Karriere unterbricht, kann sie nur die glänzendsten Belohnungen bereithalten. Der Mann scheint sicher auf dem Weg zu herrlichen Gefilden zu sein. Er ist erst im 45. Jahr seines Lebens, und obwohl sein Genie bereits in dem Quartett, das er bereits 1903 schrieb, frisch und subtil war, hat es in den letzten zwei Jahrzehnten wunderbar an Kraft gewonnen. Die fortgesetzte Erforschung musikalischer Mittel hat seiner Persönlichkeit zunehmend freies Spiel gegeben und ihn entfesselt. Die Geste der Hand ist schneller und gebieterisch geworden. Die Instrumente sind gehorsamer geworden. Er ist reifer geworden, männlich und sogar meisterhaft. Der Krieg hat ihn nicht weicher gemacht. In „Le Tombeau de Couperin" spricht er so intim wie eh und je. Schon jetzt kann man in ihm eines der entzückendsten und originellsten musikalischen Genies erkennen, die der fruchtbare Boden Frankreichs genährt hat. Es ist möglich, dass die Zukunft in noch enthusiastischerem Ton von ihm sprechen wird.

# Borodin

Borodins Musik ist eine Lesart des Schicksals Russlands im Buch seiner Vergangenheit. „Ich lebe", schrieb der Komponist von „Prinz Igor" eines Sommers an einen Freund, „auf einem steilen und hohen Berg, dessen Fuß von der Wolga umspült wird. Und dreißig *Werst lang* kann ich den Windungen des Flusses durch das Blau von folgen." die unermessliche Distanz." Und seine Musik, zumindest die reichen Fragmente, die seine Musik ausmachen, geben uns das Gefühl, als sei dieser Sommeraufenthalt ein Symbol für seine Karriere gewesen, als hätte er im Geiste jemals an einem hohen, visionären Ort gelebt und die Jahrhunderte überblickt, in denen er lebte Russland hatte sich von der Kindheit zur Reife entwickelt. Es ist, als ob das Läuten der Glocken unzähliger russischer Dörfer, lebender Dörfer und seit tausend Jahren toter und unterirdischer Dörfer, unaufhörlich zu seinen Ohren klang und ihm vom Fortschritt einer Sache erzählte, um die herum sechzig Generationen wie Schaum aufgestiegen und untergegangen waren . Es ist, als wäre er der Wolga gefolgt, die nach Osten floss, nicht allein dreißig, sondern dreißighundert *Werst* durch Ebenen, die vom jahrhundertelangen Kampf und Zusammenstoß, dem Ausbluten und Verschmelzen von Slawen und Tataren widerhallten; war ihm gefolgt, bis er die Zone erreichte, in der Asien mit seinen Karawanen, Seuchen und schrillen mongolischen Pfeifen aus endlosen Wüsten hervorkommt. Und es ist, als ob sein Auge, als er tiefer in den Schoß der ewigen Mutter Asia vordrang, schließlich auf einem einzigen Punkt, einem einzigen Kern ruhte; dass es zugesehen hatte, wie dieser Kern zu einem Stamm heranwuchs; hatte beobachtet, wie dieser Stamm seinen Marsch nach Westen begann, umherwanderte, laich, immer weiter nach Westen drängte, kämpfte und tastete, langsam, geduldig und stetig zu Macht und Männlichkeit vordrang, bis er in den Besitz des wildesten und schönsten Landes Osteuropas gelangte, bis es hatte sich mit anderen Stämmen zusammengeschlossen und war zu einer riesigen Nation, einem gigantischen Reich, angewachsen; und dass sich Borodin dann, in diesem Moment der Erfüllung, in prophetischer Ekstase dem modernen Russland zugewandt und ihm befohlen hatte, seine Glocken zu läuten und seine Gesänge erklingen zu lassen, ihm befahl, mit seinem alten Glauben und seiner Kraft weiterzumachen, da die slawische Größe und Herrlichkeit gesichert waren. Denn durch die wilden Trompetenklänge und rauen und schwerfälligen Rhythmen, durch die Becken krachenden mongolischen Märsche und warmen, unhöflichen Bauerngesänge, die seine Musik ausmachen, weht diese Vision, dieses Gefühl des immanenten Ruhms, diese stärkende Behauptung.

Es fällt uns auf, weil seine Musik zwar eine Beschwörung vergangener Zeiten ist, eine Beschwörung des begrabenen Moskau, aber eine fröhliche und ausgelassene. Sie hat weder den Ton jener Visionen vergangener Tage, die von der Sehnsucht nach grüneren, glücklicheren Zeiten inspiriert sind, noch den Ton jener Visionen, aus denen, wie zum Beispiel aus Flauberts „Salammbô", ein Schrecken vor dem ewigen Schmutz und der Wildheit des Menschen spricht. Ein frischer, freudiger und belebender Wind weht von diesen Seiten. Die Musik von „Fürst Igor" mit ihrer epischen Bewegung und Gegenbewegung, ihren schreienden, wandernden, wilden Horden, ihren geschwungenen Speeren und blitzenden slawischen Helmen, ihrer wunderbaren Parade von Kriegerstolz und Frauenfleisch, ihrer Beschwörung der Zeiten der Tatarenüberschwemmungen ist voll von roher, ritterlicher Lust, großer barbarischer Begeisterung und Begierde, kindlichem Lachen. Die h-Moll-Symphonie lässt uns spüren, als sei in Borodin dieselbe heidnische Freude und Kraft wieder erwacht, die einst die Versammlungen, Turniere und Feste der Bojaren des mittelalterlichen Russlands geprägt und Guzli und Bambusflöte erklingen ließ; und in dieser großartigen und schwerfälligen Musik erhoben diese rohen und massiven Formen noch einmal ihren Singsang, ihr Gold und ihren Gesang. Für den Komponisten solcher Werke, solcher Beschwörungen ist es offensichtlich, dass die Vergangenheit die wunderbare Garantie einer wunderbaren Zukunft war. Für diesen Mann waren die Reliquien, die Insignien, die mit Minaretten gekrönten Monumente, die barbarischen Gesänge und Goldornamente, all die tausend reichen Dinge, die ihn an Moskau und das begrabene Reich erinnerten und die er so sehr liebte, vor allem deshalb wertvoll, weil sie die Symbole der Zeit waren, die die glückliche Gegenwart trugen.

Er war einer der berühmten „Fünf", die in den zehn Jahren nach 1870 Russlands moderne musikalische Sprache fanden. Die Gruppe, die aus Mussorgski, Balakirew, Cui, Rimski-Korsakow und Borodin bestand, war durch einen allen Mitgliedern gemeinsamen Impuls vereint. Alle lehnten sich gegen die Grammatik der klassischen Musik auf. Alle empfanden die Tradition der westeuropäischen Musik als schädlich für den freien Ausdruck der russischen Sensibilität und zum ersten Mal als Gegensatz zum musikalischen Westen zum musikalischen Osten. Für diese jungen Komponisten waren die Pläne und Formen der Phrasen, die Modi, die Rhythmen, der Kontrapunkt, die „Regeln", die gesamte Musiktheorie und - wissenschaft, die in Europa durch die Praxis von Generationen von Komponisten etabliert worden war, eine Konvention; die russische Musik, insbesondere die von Rubinstein und Tschaikowski, die versucht hatte, sich im Einklang mit dieser Musik zu bewegen, eine künstliche und anspruchsvolle Sache, ebenso künstlich und anspruchsvoll wie die pseudo-Pariser Kultur der Petrograder *Salons* . Sie waren der festen Überzeugung, dass es für den russischen Komponisten nur ein Vorbild gab, und das war das russische Volkslied. Nur im Volkslied waren die musikalischen Äquivalente der gesprochenen Sprache zu finden. Nur im Volkslied waren die musikalischen Akzente und Wendungen und Modulationen, die Phrasen und Rhythmen und Farben zu finden, die die nationale Stimmung zum Ausdruck brachten. Und sie suchten in den Volksliedern und in den liturgischen Gesängen nach deren angemessener Ausdrucksweise. Aber sie suchten nicht nur nach dem musikalischen Erbe. Auf der Suche nach sich selbst suchten sie nach jedem Überbleibsel der Vergangenheit, jedem Überbleibsel des Vaterlandes, das Peter der Große und Katharina zu reformieren versucht hatten und das in jedem Russen unter der Hülle der Konvention fortlebt. Gemeinsam mit den anderen vertiefte sich Borodin in die Überlieferungen und Legenden des untergegangenen Reiches, machte sich mit den Bräuchen der Slawen des 11. und 12. Jahrhunderts vertraut, durchsuchte Bibliotheken nach den von den alten Mönchen der griechischen Kirche illuminierten Messbüchern, entzifferte Epen, Balladen und Chroniken, eignete sich die Lieder und Beschwörungsformeln der Bauern und wilden Steppenstämme an und sammelte die Melodien des europäischen und asiatischen Russlands von der Ukraine bis Turkestan.

Und er und seine Gefährten hatten recht. Ihr Instinkt hatte sie nicht getäuscht. Der Kontakt mit dem echten Russland löste sie alle. Durch diese neue musikalische Orientierung erhoben sie sich, jeder voller eigener Kraft.

Es war der Kontakt von Gleichem mit Gleichem, der ihnen Ausdruck verlieh. Denn was sie innerlich waren, war eng verwandt mit dem Atem, dem Geist, der Berührung, die diese Gesänge erfunden, diese Minarette gebaut, diese Rüstung geschmiedet und diese Epen komponiert hatte. Der Akzent Mussorgskis lag schon vor seiner Geburt in den ernsten und volkstümlichen Melodien, in den liturgischen Beschwörungen. Seine originellsten Passagen ähneln nichts mehr als den rohen, krassen Volksliedern, die das mittelalterliche Russland der Welt hinterlassen hat. Rimski-Korsakows Liebe zu brillanten, fröhlichen Stoffen war in Generationen und Generationen von Bauernkünstlern vorhanden, in jedem Bauern, der an einem Feiertag ein buntes, mit Bändern geschmücktes Kostüm angelegt hatte, Jahrhunderte bevor die Musik von „Scheherazade" und „Le Coq d'or" erdacht wurde. Dasselbe galt für die Temperamente und Empfindsamkeiten der anderen. Sie brauchten diese Embleme, Reliquien und Rhythmen nur zu berühren, um sich ihrer selbst bewusst zu werden.

Es muss insbesondere der alte Krieger, die ritterliche, vielleicht sogar die tatarische Prägung in den Emblemen der russischen Vergangenheit gewesen sein, die Borodin befreit hat. Denn er ist der alte Tatar, der alte wilde Bojar der modernen Musik. Persönlich war er der Sohn des militärisch-feudalen Russlands. Seine Fotografien, die den großen Häuptlingskopf, die Mähne und den wilden, langen mongolischen Schnurrbart in all ihrem flachen Widerspruch zur konventionellen Kleidung des 19. Jahrhunderts, dem Schwarz mit Stern und Band der Hoftracht, zeigen, lassen zum einen die Legende seiner Familie glaubhaft machen war rein tscherkessischer

Abstammung und aus einer georgischen Festung in den großen russischen Strudel geflossen. Sein Idiom trägt stark die Prägung dieses Körpers; deutet stark auf Vererbung hin. Es ist offensichtlich der Ausdruck einer Persönlichkeit, die sich nach überschwänglichen, hellen Klängen und Farben sehnte, die das Schwingen von Klingen und das Schrillen tatarischer Pfeifen und den Sprungtanz tatarischer Bogenschützen brauchte und Sehnsucht nach dem wilden Leben hegte, das in den Steppen entstanden war. Und als solches unterscheidet es sich von dem der anderen Komponisten der Gruppe. Seine Musik hat nichts von der Durchdringung, Eindringlichkeit und Ironie, nichts von der tiefen Demut und grimmigen Resignation, die für Mussorgskis so charakteristisch sind. Es hat nichts vom brillanten Orientalismus von Balakirew und Cui, nichts von Rimsky-Korsakows sanfter Fröhlichkeit, Zartheit und leichter Sinnlichkeit. Es ist grob und robust und männlich, voller eckiger Bewegungen und kräftiger Schläge und lustvollem, kindlichem Lachen und gleichzeitig von einer einzigartig feinen romantischen Leidenschaft. Es ist fast das Gegenteil von dem neurotischen, blassen Tschaikowsky mit der hysterischen Raserei und dem hysterischen Selbstmitleid und den Gewohnheiten mürrischer Freude. Wenn es eine Symphonie gibt, die man als überaus männlich und russisch bezeichnen kann, dann ist es sicherlich Borodins zweite, die große in h-Moll. Und in „Prinz Igor" und der symphonischen Dichtung „In der Steppe" kommt zum ersten Mal Kontinentalasien mit seinen scharfen Schlägen wilder Trommeln und seinen ozeanischen Graswüsten, seinen starken kurdischen Getränken und Trockensteaks in die moderne Musik .

Und war diese Neuformulierung des Nationalcharakters Borodin nicht der große Beitrag zum Leben seiner Zeit? Denn hat es in der allerjüngsten Zeit nicht ein Wiederaufleben des russischen Geistes auf politischem Gebiet gegeben, einen Versuch einer Neukonstitution der Gesellschaft im Lichte des gerechten, brüderlichen und religiösen Geistes, mit dem dieses Volk jemals ausgestattet war und von dem In all seinem Elend war es jemals bewusst? Wenn es heute einen Lehrer gibt, der das russische Denken und die russischen Angelegenheiten dominiert, dann ist es Tolstoi. Und von wem hat Tolstoi mehr gelernt als von dem Bewahrer der ursprünglichen und dominierenden russischen Merkmale, dem Moujik? Und so erscheinen uns Männer wie Borodin, die den Rassencharakter aufspürten und ihn in ihrer Musik widerspiegelten, fast wie Vorreiter, wie die Stammesangehörigen, die vor umherziehenden Völkern ausgesandt werden, um das Land auszukundschaften, die Pässe zu finden und ihre Mitmenschen zu führen An. Ihre Kunst ist eine Aufforderung an das individuelle Leben. Insbesondere Borodin traf auf das russische Volk in einem Moment, in dem es wie ein Stamm, der seine Felder auf der Suche nach besserem Weideland verlassen hat, weit umhergewandert ist und sich in kargem, schwierigem und fast unwegsamem Gelände wiederfand, verwirrt und mutlos war fühlte sich verloren und wollte in der Wildnis umkommen. Und während seine Leute dalagen, war er aufgestanden und hatte den umlaufenden Bergrücken bestiegen. Und mit einem Freudenschrei und dem Zurschaustellen eines Banners rief er sie zu dem Weg, den sie überqueren mussten, und sagte ihnen, der Weg sei gefunden.

Sein Werk ist nicht sehr umfangreich. In einem vergleichsweise langen Leben, das mindestens mit dem eines Mozart oder Mussorgski mithalten kann, hat er nur eine einzige Oper, „Fürst Igor", zwei Symphonien und den Torso einer dritten, eine symphonische Skizze, „Auf der Steppe", zwei Streichquartette und eine Partitur Lieder komponiert. Und viele dieser Werke sind unvollständig. „Fürst Igor" ist eine fragmentarische Komposition, eine Reihe nicht ganz zufriedenstellend zusammengefügter Nummern, ein goldenes Mosaik, aus dem ganze Gruppen emaillierter Teile fehlen. Tatsächlich hatte Borodin die Ouvertüre bei seinem Tod noch nicht einmal notiert, und wir kennen sie nur dank eines Schülers, der ihn sie auf dem Klavier spielen gehört hatte und sich gut genug daran erinnerte, um sie rekonstruieren zu können. Andere seiner Werke, die vollständig sind, sind fleckig, eine Mischung aus Schlacke und Gold. Er war ein merkwürdig ungleichmäßiger Arbeiter. Es scheint, als ob ganze Bereiche seiner Persönlichkeit unempfindlich geblieben sind. Ein Teil von ihm scheint sich einer neuen, freien russischen Musik zugewandt zu haben; ein Teil von ihm scheint mit dem Stil der italienischen Opern, die in seiner Jugend in Russland in Mode waren, zufrieden gewesen zu sein. Er, der in den Tänzen aus „Fürst Igor" einige der schärfsten, geschmeidigsten und wildesten Musikstücke schrieb, konnte auch süße, italienische und konventionelle Melodien schreiben. Die freiesten, rosigsten und mutigsten seiner Seiten stehen einigen der sanftesten und schüchternsten gegenüber. In seiner Oper dient ein Rezitativ mit klarem, leidenschaftlichem Akzent als Einleitung einer hübschen Cavatina; auf die großartige Szene von „Fürst Igor", so originell, zurückhaltend und kraftvoll, folgt ein süßliches Duett, das einer Tschaikowski-Oper würdig wäre. Das Adagio der h-Moll-Sinfonie, so schön es auch ist, hat nicht ganz die Festigkeit und das Gewicht der anderen Sätze. Die fröhlichen, populären und brillant originellen Themen und Ideen des ersten Quartetts sind mit einer deutlichen Ungeschicklichkeit organisiert, während der künstlerische Wert des zweiten durch die Billigkeit seiner Cavatina ernsthaft beeinträchtigt wird. Seine Arbeit erinnert einen ständig daran, dass Borodin sich nicht ganz dem Komponieren widmen konnte; dass er nur in Abständen, nur in Stunden der Erholung, an seinen Schreibtisch kommen konnte; und dass die Regierung des Zaren ihn seinen Lebensunterhalt verdienen ließ, indem er Chemie an der Medizinischen und Chirurgischen Hochschule in Moskau unterrichtete, und ihn immer mehr oder weniger zum Amateur machte. Borodin ist der Komponist letztlich nur der Komponist einiger Fragmente.

Doch manchmal findet man inmitten der Ruinen einer orientalischen Stadt eine Platte aus Porphyr oder Malachit, die so herrlich gekörnt ist, dass nicht viele vollständige und perfekte Kunstwerke ungetrübt und unvermindert neben ihr bestehen können. So ist die Musik Borodins.

# Rimski-Korsakow

Die Musik von Rimski-Korsakow ist wie eines der Bücher voller fröhlicher Bilder, die man Kindern gibt. Es ist vielleicht das brillanteste von allen, ein Bilderbuch, das in rohen und fröhlichen Farben – leuchtendem Rot, Apfelgrün, goldenem Orange und Gelb – gemalt und mit echter Verve und Fantasie ausgeführt ist. Die slawischen und orientalischen Legenden und Märchen sind erstaunlich illustriert, mit einem gewissen Humor in der sachlichen Darstellung grotesker und wundersamer Ereignisse. Die Figuren auf den Bildern sind in bizarre und schimmernde Kostüme gekleidet, die herrlich ungenau sind; und wenn sie Könige und Königinnen darstellen, sind sie inmitten von fabelhaftem Pomp und Glanz untergebracht und tragen Kronen, die mit großen und unmöglichen Steinen besetzt sind. Die Illustrationen werden von Bordüren mit Sonnenblumen und goldenen Hähnen und wundersamen Frühlingsvögeln eingerahmt, die ausgelassen und humorvoll im Stil der russischen Bauernkunst gestaltet sind. Tatsächlich ist das Buch so bezaubernd ausgeführt, dass die Eltern es ebenso amüsant finden wie die Kinder.

Mehr als das schönste, fröhlichste Bilderbuch ist die Musik nicht. Für Werke anderer Art darf man sich nicht an Rimsky-Korsakow wenden. Denn im Grunde genommen ignorierte er die umfassendere Art der Sprache und begnügte sich damit, dass seine Musik malerisch und farbenfroh war. Der kindische, absurde Zar in „Le Coq d'or", der nur den ganzen Tag im Bett liegen, delikate Speisen essen und den Märchen seiner Amme lauschen möchte, ist schließlich so etwas wie ein Porträt des Komponisten. Trotz seines fröhlichen und opulenten Äußeren, seiner prickelnden Orchesterklangfarben ist sein Werk seltsam objektiv und kristallisiert, als ob das Bedürfnis, das es hervorbrachte, klein und leicht befriedigt worden wäre. Keine von Rimskys Partituren ist wirklich lyrisch, zutiefst bewegend. Die Musik von „Zar Saltan" zum Beispiel beeindruckt trotz all ihrer Beschwörungen magischer Städte, Wundertürme und Feenpracht kaum mehr als eine Theaterkulisse von hoher dekorativer Wirkung. Es lässt uns in einer Art Orchesterkabine lümmeln, weckt in uns die Stimmung, in der wir der Geschicklichkeit des Bühnendekorateurs freundlich Beifall spenden. Wie schnell nutzt sich der vom Orchester von „Le Coq d'or" gewebte Luftteppich ab! Wie schnell verblassen die subtilen Braun-, Safran- und Zinnobertöne! Wie hübsch und zahm neben dem von Borodin, neben dem der „Persischen Tänze" von Mussorgski, neben dem von Balakirew erscheint sogar Rimskys Orientalismus! Keine seiner Musik vermittelt ein wirklich hohes, wirklich poetisches Erlebnis. Es gibt keine Seite von ihm, die zeigt, dass er sich bemüht, so etwas zu formulieren.

Seine Komposition ist nie mehr als eine anmutige Anordnung von Oberflächen, die raffinierte und angenehme Präsentation von Stoffen, die aufgrund ihrer exotischen Rhythmen und Formen, ihres orientalischen und bäuerlichen Geschmacks und ihrer Schärfe ausgewählt wurden. Die Form ist immer zweidimensional. Die musikalischen Ideen werden durch die Färbekessel verschiedener Klangfarben und Tonalitäten geleitet, einer Reihe interessanter Verformungen unterzogen und nach Ausschöpfung der Möglichkeiten technischer Variationen oberflächlich mit anderen Ideen kontrastiert. Eine eigentliche Entwicklung im Sinne einer Volumenvergrößerung findet nicht statt. In „Scheherazade" zum Beispiel sind die Höhepunkte rein willkürlich, nichts anderes als die willkürliche Verdichtung und Aufweitung bestimmter Ideen. Und es ist nur die Würze des thematischen Materials, die Beweglichkeit und Geschmeidigkeit der Komposition und vor allem die Pikantheit der Orchestersprache, die die Musik von Rimsky-Korsakow vor völliger Brüchigkeit bewahren und ihr eine gewisse begrenzte Schönheit verleihen.

Es ist gerade diese wesentliche Oberflächlichkeit, die den Platz der Musik in der Geschichte der russischen Kunst so zweideutig macht. Bewusst und bis zu einem gewissen Grad ist Rimskys Werk autochthon. Er war einer jener Komponisten, die Mitte des letzten Jahrhunderts das Bedürfnis verspürten, ihre eigene Sprache zu sprechen, und die sich mit ganzem Herzen der Arbeit widmeten, eine ganz russische Musik zu entdecken. Sein Material ähnelt im besten Fall dem Idiom des russischen Volksliedes oder vermittelt bestimmte Qualitäten – eine orientalische Süße, eine barbarische Mattigkeit und Hingabe – zugegebenermaßen rassistisch. Seine Musik ist voller Elemente – wilde und stürmische Rhythmen, exotische Modi –, die von den Volks- und liturgischen Gesängen abstrahiert oder geschickt an sie angelehnt sind. Denn in ihm steckte schon immer die Idee, eine Kunst zu schaffen, insbesondere eine Opernkunst, die so russisch sein sollte, wie zum Beispiel die Wagners deutsch ist. Die Texte seiner Opern sind der russischen Geschichte und Folklore entlehnt und er versuchte immer wieder, eine musikalische Sprache mit dem Akzent der alten slawischen Chroniken und Märchen zu finden. Einige seiner Werke, insbesondere „Le Coq d'or", sind bewusst eine Nachahmung der kindischen und fabelhaften Erfindungen der Bauernkünstler. Und sicherlich keines der anderen Mitglieder der nationalistischen Gruppe, die mit Rimski-Korsakow in Verbindung standen – nicht Mussorgski, trotz all seiner emotionalen Tiefgründigkeit; Weder Borodin hatte trotz seiner üppigen Vorstellungskraft ein so klares intellektuelles Verständnis für das allgemeine Problem, noch war er technisch so gut gerüstet, um es zu lösen. Keiner von ihnen war zum Beispiel mit dem Volkslied, dem Prüfstein ihrer Arbeit, so gut vertraut. Denn Rimsky-Korsakow war so etwas wie eine philosophische Autorität in Bezug auf die Musik der vielen Völker des Reiches, legte Gesängesammlungen an und konnte auf diesen Fundus für seine Arbeit zurückgreifen. Auch keiner der anderen verfügte über seine technischen Fähigkeiten. Mussorgsky zum Beispiel musste die Kunst der Musik mit jedem Schritt des Komponierens mühsam entdecken und orchestrierte sein Leben lang fehlerhaft, während Rimsky-Korsakoff ein natürliches Gespür für das Orchester hatte und Abhandlungen über die Wissenschaft der Instrumentierung und über die Wissenschaft der Instrumentierung schrieb Harmonielehre und entwickelte sich zu einer Art Doktor der Musik. Als ihm schließlich als Generalvermächtnis der nationalistischen Schule die Aufgabe übertragen wurde, die Werke von Borodin, Dargomijsky und Mussorgsky zu korrigieren und zu redigieren, brachte er in seine Arbeit eine Gelehrsamkeit ein, die gefährlich an Pedanterie grenzte. Sein Lernen war auch nicht nur musikalisch. Er verfügte über ein umfassendes Wissen über die Kunst und Bräuche, die es in Russland gegeben hatte, bevor die Einflüsse Westeuropas sie unterdrückten, über die Tänze, Riten und die Sonnenanbetung, die trotz des Christentums als beliebte und rustikale Spiele überlebten. Und er konnte sie bei seiner Suche nach einem nationalen Ausdruck in seinen Dienst stellen. Wie die Sultanin in seinem symphonischen Gedicht „bezog er sich bei seinen Versen auf die Dichter, bei seinen Worten auf die Volkslieder und vermischte Erzählungen und Abenteuer miteinander."

Doch gibt es keine Partitur von Rimski-Korsakoff, keine seiner fünfzehn Opern und Dutzenden symphonischen Werke, die in ihrer ganzen Masse die lebendige Kraft besitzt, die eine einzige Seite von „Boris Godunow" ausmacht, die Kraft einer Sache, die die Bedürfnisse des Lebens befriedigt und einer Rasse Befreiung und Formulierung ihrer Sprache bringt. Es gibt keine Partitur von ihm, trotz aller Würze und Üppigkeit seiner Orchestrierung, trotz aller Verkrustungen mit hellen, seltsamen Steinen auf dem Stoff seiner Opern, die die tiefe, leuchtende Farbe bestimmter Passagen von Borodins Werk hat, mit ihren magischen Beschwörungen des irdischen Asiens und des feudalen Moskaus, ihren

"Goldene Klangfarben der mongolischen Orfevrèries

Und das sind die alten Nationen."

Denn er hatte keineswegs eine so edle menschliche Statur und war sich des Lebens um ihn herum so bewusst wie Mussorgski. Er spürte auch nicht Borodins reichen und lebendigen Sinn für die Vergangenheit in sich. Cui hatte Recht, als er Rimsky vorwarf, er wolle „Nerv und leidenschaftlichen Impuls". Schließlich war er vom Temperament her kühl. „Die Menschen sind die Schöpfer", hatte Glinka den jungen nationalistischen Komponisten gesagt, „Ihr seid nur die Arrangeure." Es war genau der lebenswichtige und direkte Kontakt mit der Quelle allen kreativen Schaffens, der Rimski-

Korsakow fehlte. Es gibt einen Instinktfehler bei Männern wie ihm, die ihre Rasse und ihre Umgebung nur durch den bewussten Verstand spüren können. Was genau Rimskys Ausbildung zu seinem Intellektualismus führte, wissen wir nicht. Sicherlich war es nichts Außergewöhnliches, denn die Gesellschaft bringt unzählige Künstler wie ihn hervor, die grundsätzlich nicht in der Lage sind, das Instrument zu werden, das jedes kreative Wesen ist, und durch sich selbst das Bewusstsein ihrer Mitmenschen zu entdecken. Was auch immer die Ursache sein mag, bei solchen Männern besteht die Angst vor der Entsiegelung des Unbewussten, dem Speicher aller tatsächlichen und lebenswichtigen Empfindungen, den keine eigene Anstrengung überwinden kann. Aus diesem Grund haben sie ein so großes und unerschütterliches Vertrauen in alle rein bewussten Schöpfungsprozesse, insbesondere in die Einbeziehung *apriorischer* Theorien. So war es auch bei Rimsky. In all seinen Werken ist eine große Liebe zur Gelehrsamkeit und ein großer Glaube an deren Wirksamkeit erkennbar. Er versucht immer, sein von klassischen Werken abstrahiertes Musikgesetz in die Realität umzusetzen. Sogar Tschaikowsky, der selbst ein großer Intellektualist war und in einem typisch unterwürfigen Brief jede der dreißig Übungsfugen, die Rimsky im Laufe eines einzigen Monats komponierte, als „perfekt" bezeichnete, beklagte sich darüber, dass letztere „die Technik verehrte". und dass sein Werk „voller kontrapunktischer Tricks und aller Zeichen einer sterilen Pedanterie" sei. Es war nicht so, dass Rimsky aus freien Stücken, aus vorsätzlicher Perversität pedantisch war. Seine Besessenheit von intellektuellen Formeln war schließlich das Ergebnis der Angst davor, die dunklen Schleusen zu öffnen, durch die die Rhythmen des Lebens strömen.

Wenn Rimski-Korsakow nicht absolut unfruchtbar war, dann deshalb, weil seine intellektuelle Qualität selbst lebhaft und brillant war. Obwohl er Russland und seinen Mitmenschen gegenüber immer ein Fremder blieb, ebenso wie sich selbst, wurde er der aufmerksamste Reisende. Obwohl er als Fremder nur die oberflächlichen und malerischen Elemente des Lebens des Landes wahrnahm – seinen Orientalismus, seine barbarische Färbung – und seinen glücklichsten Ausdruck in einer Fantasie nach „Tausend Nächte und eine Nacht" fand, notierte er seine Eindrücke geschickt und lebhaft, mit einem fast virtuosen Gespür für sein Material. Wenn er den Frühling nicht in Musik malen konnte, konnte er die Partitur von „Sniegourotschka" zumindest entzückend mit Vogelrufen und allerlei Frühlingsphantasien ausschmücken. Wenn er den Geist der bäuerlichen Kunst nicht wiedergeben konnte, konnte er ihn doch, wie in „Le Coq d'or", so geschmackvoll imitieren, dass wir beim Anhören der Musik das Gefühl haben, eines der vom russischen Volk geliebten Bilder vor uns zu haben – ein Bild mit hellen und fröhlichen Farbtupfern, mit plumpen, aber fröhlichen Darstellungen von Schlachten und Kavalkaden und Festlichkeiten und Banketttischen, die mit Früchten, Fleisch und Krügen beladen sind. Es ist in der Tat merkwürdig und nicht wenig ergreifend zu beobachten, wie scharfsinnig Rimski-Korsakows Intelligenz immer war. Die Satire auf die dämonischen Frauen von „Parsifal" und „Salome" in der Figur und den Motiven der Prinzessin von Samarkand ist köstlich leicht und witzig. Tatsächlich offenbart nicht nur „Le Coq d'or", sondern die meisten seiner Werke seinen trockenen, echten Sinn für Humor. Und wie oft weist er nicht die Richtung, in die sich die russische Musik später entwickelt hat! Sein letzterer Stil mit seinen bunten chromatischen und orientalischen Tonarten und seinen eigenartigen und verwirrenden Intervallen ist das wahre Bindeglied zwischen der Musik der älteren russischen Gruppe, zu der er ungefähr gehört, und der der jüngeren, neueren Musiker, insbesondere Strawinskys. Tatsächlich zeigen Strawinskys Werke unaufhörlich, wie viel der Meister dem Schüler beigebracht hat.

Aber wenn sie Rimskys Scharfsinn offenbaren, offenbaren sie auch seine Grenzen. Sie bringen den Unterschied zwischen poetischer und oberflächlicher Ausdruckskraft deutlich zum Vorschein. Denn Strawinsky hat in vielen Fällen erfolgreich mit Materialien umgegangen, die Rimsky nicht ganz zufriedenstellend eingesetzt hat. Die frühen Werke des Erstgenannten, insbesondere „L'Oiseau de feu" und der erste Akt der Oper „Le Rossignol", sind in ihrem Stil mit Rimskys Werk verwandt und haben dennoch eine Feenhaftigkeit, ein Wunder und ein Flittergold, das dem Meister nie gelungen ist erreichen. Die Musik von „L'Oiseau de feu" ist wirklich ein fantastischer Traumvogel. „Petrouchka" verfügt über eine Brillanz, Lebhaftigkeit und einen Wahnsinn, der Rimskys Szenen aus dem Volksleben und seine Verwendung vulgärer Melodien und Tänze kaum vergleichbar macht. Nirgendwo in Rimskys Rekonstruktionen ethnologischer Tänze und Riten, weder in „Mlada" noch in „Sniegourochka", gibt es etwas, das mit der nackten Macht vergleichbar wäre, die sich in „Le Sacre du printemps" manifestiert. Aber gerade in seiner Orchestrierungskunst, dem Gespür für die Instrumente, das ihn scheinbar eher ihnen unterordnen als ihnen seinen Willen aufzwingen lässt, hat Strawinsky das geschafft, woran sein Lehrer gescheitert ist. Denn trotz all seines bemerkenswerten Gespürs für die Chemie der Klangfarben, trotz seiner guten Absicht, die Wissenschaft, die Berlioz bisher hervorgebracht hatte, weiterzuentwickeln, wurde Rimsky durch die Armut seiner Erfindung daran gehindert, eine wirklich neue bedeutende Orchesterrede zu prägen. Seine Orchestrierung ist voller Tricks und Manierismen, die verblassen. Man hört die pfeifenden Parabeln der Flöten und Klarinetten von „Scheherazade", in „Mlada", in „Sadko", in einem halben Dutzend Werken. Das Orchester, das den Nachthimmel von „Mlada" malt, rollt gefährlich wie das, das das Meer von „Scheherazade" und „Zar Saltan" malt. Das berühmte „Chanson indou" scheint vage durch die Hälfte seiner orientalischen Anspielungen zu schweben. Aber die Originalität, Fruchtbarkeit und Erfindungsgabe, die ihm fehlte, besitzt Strawinsky in hohem Maße. Und so wurde es dem Schüler gegeben, die

Kammer zu betreten, vor der der Meister sein ganzes Leben lang stand und die er nicht betreten konnte und die er nur sehen konnte, indem er verstohlen durch die Spalten der Tür spähte.

# Rachmaninow

In einem Interview zu Beginn seiner jüngsten Amerika-Tournee bezeichnete sich Sergej Rachmaninow selbst als „musikalischen Evolutionisten". Der Satz, der zweifellos halb im Scherz geäußert wurde, ist kaum nett. Es ist einer dieser Begriffe, die so weit gefasst sind, dass sie nahezu bedeutungslos sind. Dennoch hatte Rachmaninows Gebrauch davon eine Bedeutung. Denn er nutzte es als Entschuldigung für seine Arbeit. Seiner Musik fehlt es offensichtlich an Kühnheit. Im Großen und Ganzen ist es zurückhaltend und traditionell. Selbst wer beruflich nicht auf der Seite der musikalischen Anarchisten steht, findet es etwas gewagt, zu geschmeidig und weich und elegant-elegisch, zu langweilig. Und als Herr Rachmaninow den Revolutionismus durch eine Formel für musikalischen Fortschritt ersetzte, die weniger auf einen gewaltsamen Wandel, sondern eher auf einen Prozess wie die ruhige, allmähliche und geordnete Entfaltung der Knospe zur Blüte hindeutet, diskreditierte er das scheinbar revolutionäre Werk bestimmter Werke nicht ganz leichtfertig und geschickt seiner Mitmenschen und versucht, eine bisher ungeahnte Solidität in seinen eigenen zu offenbaren?

Es ist jedoch fraglich, ob er Erfolg hatte und ob die Implikationen des Satzes es tatsächlich schaffen, seinem Werk echte Bedeutung zu verleihen. Zweifellos reformiert sich Musik nicht immer durch den Prozess, den wir revolutionär nennen. Es ist allgemein bekannt, dass es viele erstklassige Komponisten gab, die keine neue Syntax, kein neues Akkordsystem und keine neuen Tonartenbeziehungen geschaffen haben. Es wird gesagt, dass JS Bach selbst keine einzige Harmonie erfunden hat. Es gab geniale Komponisten, die wenig getan haben, um die physischen Grenzen ihrer Kunst zu erweitern, die die Grammatik der Musik von anderen übernommen haben und eine Epoche abgerundet haben, anstatt eine neue einzuleiten. Dennoch lässt sich M. Rachmaninow nicht ganz in ihr Unternehmen einbeziehen. Zwischen ihm und Komponisten dieser eher konservativen Sorte besteht ein ebenso großer Unterschied wie zwischen ihm und der radikalen Sorte. Denn obwohl die Neukomposition der Musik nicht notwendigerweise in der Schaffung eines neuen Systems besteht und auch ohne dieses recht vollständig sein kann, besteht sie doch in der Imprägnierung des Tons mit neuem Charakter und neuer Tugend.

Zweifellos ist M. Rachmaninoff ein versierter und charmanter Künstler. Er ist fast durchweg elegant und geschickt. Es kommt nicht oft vor, dass er schlecht schreibt. Das Prélude in cis-Moll ist schließlich eine Art Scherz. Zweifellos gibt es Momente, wie in so vielen Passagen der neuen Version seines ersten Klavierkonzerts, in denen er versucht, mit der Opulenz, dem Klang und dem Glanz der Töne zu blenden. In der Regel schreibt er jedoch höflich. Wenn das zweite Konzert eine Kleinigkeit zu sanft, elegisch und süß ist und ein wenig zu sehr einem traurigen Festmahl mit Marmelade und Honig ähnelt, ist es dennoch äußerst geschickt und einschmeichelnd gemacht. Im Großen und Ganzen weckt seine Musik, auch wenn sie uns nur oberflächlich berührt, selten eine gewisse Dankbarkeit für ihre Eleganz. Aber seiner Musik fehlt etwas Wesentliches. Sie braucht den Abdruck einer entschiedenen und wichtigen Individualität. In der kunstvollen Partitur von „Die Toteninsel“, einem von Rachmaninows Werken, das allgemein als sein bestes gilt, gibt es nur wenige Akzente, die entweder sehr groß, sehr ergreifend oder sehr edel sind. Der Musik fehlt es an Charakter, an Vitalität. Der Stil ist seltsam weich und nicht erfrischend. Zweifellos werden Emotionen vermittelt. Aber es sind Emotionen zweiter oder sogar dritter Ordnung. Auch ist die Musik von Rachmaninow nie ganz neu geprägt. Hat sie eine Melodielinie, die ganz ihr eigen ist? Man bezweifelt es. Viele der Melodien von Rachmaninow haben trotz ihres russischen Glanzes eine Mendelssohn-Note. Andere haben die Art süßer, geistloser, seidiger Melodie, die allgemein für die russische Salonschule charakteristisch ist. Auch kann man in dieser Musik kein ausgesprochen originelles Gefühl für Rhythmus, Harmonie oder Klangfarbe entdecken. Die e-Moll-Sinfonie ist trotz all ihrer Kompetenz und Geschmeidigkeit voller Farbe, Qualität und Atmosphäre Tschaikowskis. Es ist vielleicht Tschaikowsky ohne die Hysterie, aber auch ohne die Energie. In der gesamten Musik von M. Rachmaninow steckt etwas seltsam Zweimaliges. Daraus strömt die Traurigkeit, die aus all den Dingen destilliert wird, die ein wenig nutzlos sind.

In jeder Gemäldegalerie findet man Leinwände, die nicht einem einzelnen Maler, sondern einem Atelier, der Schule eines großen Meisters zugeschrieben werden. Darunter findet man bezaubernde Stücke. Und sie sind auch nicht immer das Werk von Schülern, die unter der Anleitung eines berühmten Mannes gemalt haben. Genauso oft sind sie das Werk von Künstlern, die ihren Mäzenen und sich selbst unabhängig genug erschienen. Ihre Namen und ihre Personen waren denen vertraut, die Bilder bei ihnen bestellten. Nur sind ihre Namen im Laufe der Zeit in Vergessenheit geraten. Denn in ihren Leinwänden findet sich kaum eine Spur von dem Inhalt, der Menschen dazu bringt, eine Individualität zu schätzen und einen Namen in Erinnerung zu behalten. Andere Persönlichkeiten sind durch ihre Pinselstriche hindurchgedrungen und haben deutlich gemacht, dass hinter dem Mann, der den Pinsel in der Hand hielt, ein anderer stand, der die Striche führte – der Mann, den der Künstler sich zum Vorbild genommen hatte, die Persönlichkeit, die er seiner eigenen vorzog. Es ist diese Nachdenklichkeit, die dazu geführt hat, dass die Werke Ateliers zugeschrieben wurden.

Und wäre M. Rachmaninow, anstatt Musiker zu sein, Maler gewesen, hätte seinen Kompositionen dann nicht ein ähnliches Schicksal bevorgestanden? Denn gehen sie nicht vom Ausgangspunkt der gesamten brillanten Schule der Klavierkompositionen aus? Sind sie nicht eine Art Rückfall in die Salonschule, die Schule der Geschwindigkeit, der Wirkung, von allem, was Rubinstein und Liszt sich nur wünschen können? Sind die Klavierstücke von M. Rachmaninow nicht das Ergebnis eines zunehmend veralteten Verhältnisses zum Instrument? Es gab eine gewisse Rechtfertigung für die pompöse und leere Arbeit seiner Modelle. Die Konzerte, die oft auffälligen und glanzvollen Klavierkompositionen von Liszt und Rubinstein, waren das unmittelbare und oberflächliche Ergebnis jenes tieferen Gespürs für das Instrument, das sich im 19. Jahrhundert verbreitete, und berauschten die Menschen mit den Klavierklangfarben und machten sie begierig darauf, die vielen Klangfarben des Instruments zu hören Stimmen in egal wie grober Form. Als Reaktion auf die Nachfrage entstand eine ganze Schule einfacher Virtuosen. Seitdem haben wir jedoch ein subtileres Gespür für das Instrument entwickelt. Wir benötigen kein so unempfindliches Display mehr. Und zusammen mit diesen eher groben Klavierwerken verlor das für diese Zeit charakteristische Stück *schlechthin*, das brillante Klavierkonzert mit seinem tänzelnden Instrument, eingebettet in den Pomp, den Lärm und das Jubeln der Band, stetig an Popularität. Die modernen Männer schreiben keine Konzerte mehr. Wenn sie ein Pianoforte in das Orchester einführen, behandeln sie es entweder wie Brahms als Hauptinstrument und schreiben Symphonien oder reduzieren es wie Skrjabin und Strawinsky auf die gemeinsame Ebene. Aber Herr Rachmaninow hat an dieser Änderung der Einstellung nicht teilgenommen. Er begnügt sich immer noch mit Musik, die mit dem Pianoforte spielt. Und er schreibt Konzerte der alten Art. Er schreibt Stücke voller alter, erstaunlicher musikalischer Verwerfungen. Phrasen von scheinbarer Intensität und Lyrik werden durch frivole und klingende Passagen negiert. Nehmen Sie den Klang und die Wut weg, die nichts bedeuten, aus dem dritten Konzert, und was bleibt übrig? Es gab vielleicht einen Tag, an dem solche Arbeit nützlich war. Aber einem anderen ist es gelungen. Und so kommt Herr Rachmaninow wie ein sehr charmanter und liebenswürdiger Geist zu uns.

Dafür sollten wir jedoch gebührend dankbar sein. Wir sollten dankbar sein für die Tatsache, dass die Vertonung für die Ewigkeit die Vorstellung von Musik als einem Likör nach dem Essen, einer Schachtel mit verschiedenen Bonbons, Nippes, einem Kitzel, einem lauwarmen Bad, einer Darbietung ist, die amüsiert, streichelt und eine halbe Stunde vertreibt, einer Bezauberung für Internatsschülerinnen, einer Gelegenheit für Virtuosen, sich selbst zu verherrlichen.

Eines der merkwürdigen Dinge an der Saison von M. Rachmaninow ist die Tatsache, dass sie ihn nicht nur bei uns in den Vordergrund gerückt hat, sondern dass sie durch ihn auch andere Komponisten in den Vordergrund gerückt hat. Es hat die gesamte Gruppe russischer Musiker, zu der er gehört, zum Ausdruck gebracht. Es hat die Ansprüche der beiden widersprüchlichen Schulen der russischen Musik gut bewertet. Die Schule, deren wichtigster lebender Vertreter vielleicht M. Rachmaninow ist und die zu verschiedenen Zeiten von Rubinstein, Tschaikowsky und Arensky vertreten wurde, wird von ihren Anhängern gewöhnlich als „universell" bezeichnet. Es soll seine Traditionen in der allgemeinen europäischen Musik haben und eine Fortsetzung der Kunst der Romantiker, insbesondere der Kunst von Chopin und Schumann, sein. Aber für die Männer der gegnerischen Fraktion, die nur das russische Volkslied als ihren Prüfstein akzeptierten und in ihrer Arbeit versuchten, ein modernes Äquivalent dafür zu finden, war die Musik dieser Schule fremd und anspruchsvoll, genauso anspruchsvoll wie die pseudofranzösische Kultur der Petrograder Salons. Für sie war sogar die Musik Tschaikowskys das Ergebnis der Manipulation slawischer Themen nach aus der klassischen Musik abstrahierten Formeln. Allerdings ohne Rücksicht auf irgendwelche Fragen der Musiktheorie; Abgesehen von allen Fragen nach dem Wert der Wissenschaft der klassischen Meister für uns findet man sich dieser Meinung. Denn die Musik, die durch den Besuch des Komponisten hervorgebracht wurde, der derzeit als Gesandter seiner Schule in diesem Land ist, überzeugt uns davon, dass das Werk der Männer seiner Partei, so elegant und brillant es oft auch ist, im Wesentlichen das Werk von Männern ist reagierten nicht auf den Appell ihrer Landsleute. Für sie, wie für jeden russischen Musiker, war Russland ohne Fenster und bat stumm um den Ausdruck seiner wilden, unkontrollierten Energie, seines Elends, seines reichen und kindlichen Lachens, seines tiefen, großen Christentums. Sie wollte eine Musik, die die Akzente ihrer groben, großherzigen Sprache hätte und die, wie ihre Sprache, ihre wesentlichen Reaktionen, ihr Bewusstsein zum Ausdruck bringen würde. Und es gab einige Männer, Mussorgsky und Borodin, die schnell genug waren, um zu Werkzeugen ihres Volkes zu werden und auf dessen Bedürfnisse zu reagieren. Wenn wir also russische Sprache hörten, gingen wir zu ihnen, wie wir zu Dostojewski und Tolstoi gingen. Es ist in „Boris" und „Prinz Igor" so reichhaltig wie in jedem anderen Werk. Doch die Männer der anderen Schule hörten den Appell nicht. Sie saßen in ihren luxuriösen Pariser Häusern hinter geschlossenen Fenstern.

# Skrjabin

Es gibt feierliche und prachtvolle Seiten in Skrjabins symphonischen Dichtungen. Und doch sind diese Werke trotz ihrer Strahlkraft, ihrer vielfältigen Pracht und ihrer hieratischen Gesten nicht seine eigenwilligsten und bedeutsamsten. Abgesehen nur vom leuchtenden „Prometheus" zeigen sie alle bis zu einem gewissen Grad den Einfluss Wagners. Die „Idylle" der Zweiten Sinfonie zum Beispiel ist gefährlich nah an den „Waldweben" in „Siegfried", obwohl Skrjabins Wald freilich eher dem duftenden und rosa erleuchteten Waldland gleicht, Wagners die frische, urzeitliche Wildnis. Das „Poème de l'extase" mit seinen ozeanischen Fluten wollüstig verschlungener Körper ist eine Art modernisiertes, erweitertes und intensiv geschärftes Tannhäusers „Bacchanale". Denn trotz der Tatsache, dass er es in manchen Momenten mit seltener Sympathie behandelte, war das Orchester nicht sein eigentliches Medium. Das Klavier war sein Instrument. Nur in der Komposition für dieses Medium brachte er sein exquisites, leuchtend poetisches und beinahe beunruhigendes Temperament unauslöschlich zum Ausdruck und brachte sich selbst eindeutig auf Tonträger.

Es gab nur wenige Komponisten, die sich des Klaviers besser bewusst waren. Es gab nur wenige, die seine Ressourcen besser ausgeschöpft haben, wenige, die ihm größere Ehrfurcht entgegenbrachten, wenige, die seiner Stimme, die sich so sehr von den Stimmen anderer Instrumente unterscheidet, aufmerksamer lauschten. Von allen Klaviermusiken scheint nur die von Debussy und Ravel so vollständig von der wesentlichen Farbe des Mediums durchdrungen zu sein, scheint so vollständig in den schwarzen und weißen Tasten zu liegen, ein Teil davon, nicht ihnen aufgezwungen. Und Skrjabin, der Barbar und Romantiker, ist noch freier von den Tönen der Klaviatur als sie, die Lateiner, die Klassiker. Seine Werke machen einem die rhythmischen und formalistischen Beschränkungen von Chopins Klavierstücken, die Härte vieler Brahms-Stücke und die oberflächliche Brillanz und Theatralik von Liszt deutlich bewusst. Sie geben uns manchmal sogar das Gefühl, als sei in ihnen der endgültige pianistische Stil verwirklicht worden, als sei die Stunde des Übergangs zur neuen Vierteltonklaviatur nahe. Denn Skrjabine scheint im Klavier all seine latente Animalität erweckt zu haben. Unter seiner Berührung verliert es sein altes mechanisches Wesen, schreit und singt wie ein Vogel, wird augenblicklich zu Katze, Schlange, Blume, Frau. Es ist, als hätten sich die Lebensströme des Menschen mit geheimnisvoller Kraft auf das Instrument gerichtet, bis es für ihn zu einem ewig frischen und wunderbaren Erlebnis wurde, bis zwischen ihm und dem unbelebten Ding ein Lebensaustausch stattfand. In seinem Stil steckt die seltenste Wissenschaftlichkeit, besonders in seiner letzten Schaffensperiode, als seine eigene Individualität auf so wunderbare Weise zur Blüte kam. Er schrieb dafür, wie einer von zwei Menschen, die ein gemeinsames Leben geführt hatten, den anderen ansprechen würde, wohl wissend, mit welcher Komplexität und Tiefe ein Lächeln, eine Geste, ein kurzer Satz nachhallen würde. Niemand hat es sanfter, zärtlicher, üppiger gestreichelt. Niemand hat zum Beispiel den Klaviertriller leuchtender und zitternder gemacht. Und weil er so sensibel auf sein Medium reagierte, entlockte ihm das Medium seine kreative Kraft.

Von einem eleganten und aristokratischen Handwerker der Chopin-Schule erlangte er seine hohe poetische Größe. Seine Kunst ist mehr als die jedes modernen Meisters in der großen romantischen Tradition verwurzelt, wie sie uns durch Chopin, Wagner, Liszt und Strauss erreicht; und entwickelt sich fast logisch daraus. Und in den Kompositionen seiner ersten Periode, der Periode, die ungefähr mit dem Klavierkonzert endet, ist die Treue deutlich, die Jüngerschaft unbestreitbar. Der Einfluss von Chopin ist allgegenwärtig. Skrjabine schreibt Mazurkas, Präludien, Etüden, Nocturnes und Walzer in der kühlen, höflichen und anspruchsvollen Art seines Meisters. Auch diese Stücke scheinen geschrieben worden zu sein, um in edlen Salons, beleuchtet von massiven Kandelabern, vor Gräfinnen mit nackten Schultern gespielt zu werden. Die vierundzwanzig Präludien Opus 11 zum Beispiel sind voller Chopin-Wendungen, Chopin-Morbidezza und Chopin-Melodien. Das harmonische Schema überschreitet selten die Grenzen, die Chopin selbst gesetzt hat. Die Stücke sind offensichtlich das Werk von jemandem, der im Laufe des Konzerts die Feinheiten der Kunstfertigkeit des Polen entdeckt hat. Und doch ist César Cuis bissige Beschreibung der Präludien als „aus Chopins Aussteuer geklaute Stücke" äußerst ungerecht. Denn schon damals, als Skrjabin der russischen Salonschule angehörte, fanden sich in seinen Kompositionen attraktive Originalelemente. In diesen sanften Farben steckt echte Poesie und Frische. Die Behandlung des Instruments ist kühn und zeitweise zufriedenstellender als die von Chopin. Skrjabin zum Beispiel gibt der linken Hand eine größere Unabhängigkeit und Bedeutung, als dies in der Regel sein Meister tut. Er lässt sich auch nicht auf die Wiederholungen und Rekapitulationen ein, die so viele seiner Werke beeinträchtigen. Sein Formgefühl ist bereits wachsam. Und durch die seidenweiche Melodielinie, die süßen, reichen Harmonien macht sich bereits etwas bemerkbar, das für Chopins Geist so ist wie russisches Eisen für polnisches Silber.

Vielleicht kommt Skrjabin erst in den auf Opus 50 folgenden Kompositionen in seiner vollen Größe zum Vorschein. Denn erst in ihnen gab er endgültig das Dur-Moll-System auf, an dem er bis dahin festgehalten hatte, und ersetzte es durch ein anderes, das sein exquisites, köstliches Gespür für pianistische Farben, seine unendlich zarte melodische Begabung, seine wunderschöne, weit entfernte Welt ermöglichte. Harmonisches Gefühl verbreiten, freies Spiel. Und erst in diesen späteren Stücken erreichte er die Perfektion der

Form, insbesondere der Sonatenform, deren meisterhaftes Beispiel die Neunte Sonate ist und die sein Handwerk in der Beherrschung eines Mediums mit Bachs Werk vergleichbar macht und ermöglicht die „Chromatische Fantasie und Fuge" und die Neunte Sonate kann man mit Recht in einem Atemzug erwähnen. Und doch sind die Kompositionen der mittleren Periode, die unmittelbar auf die frühe, unreife Chopin-Periode folgt, kaum weniger reich und raffiniert, kaum weniger wichtig. Zweifellos ist der Einfluss von Skrjabins Meistern, wenn auch deutlich schwächer, immer noch deutlich zu erkennen. Das „Poème satanique" verfeinert sich auf Liszt. Die Dritte Sonate ist trotz ihres flammenden Andante offensichtlich das Werk von jemandem, der seinen Liszt studiert hat und seinen Chopin liebt. Und doch sind diese Werke typisch männlich und wütend und stolz. Und in allen Werken dieser Zeit erscheint etwas Neues und Großartiges, das kaum zuvor die Klaviermusik geprägt hat. In dieser mal trägen, mal mystischen, mal leonischen Musik liegt eine wahrhaft russische Tiefe, Heftigkeit und Größe, die sie völlig aus der Gesellschaft der Werke der Petrograder Salonschule in die jener Komponisten hebt, die Orchester und Oper zum Sprechen brachten die Landessprache. Die Rhythmen sind freudig, barbarisch, teilweise fast frenetisch, frei. Sie sind sehr vielfältig und weichen fast vollständig vom Eins-Zwei, Eins-Zwei, Eins-Zwei-Drei, Eins-Zwei-Drei ab, das Chopin so eintönig macht. Zuweilen marschieren die Klänge des Klaviers mit einigen der mal festlichen, mal majestätischen, mal feierlichen Bewegungen der Orchesterprozessionen eines Mussorgsky und eines Borodin. Und man hat das Gefühl, nur in prächtigen orientalischen Stoffen, in seidenen Teppichen und goldenen Mosaiken oder in der Orchesterwelt einiger russischer Komponisten, in der Orchesterchemie beispielsweise eines Rimsky-Korsakow begegnet zu sein, die so reichhaltig und köstlich ist Farben. Dennoch werden Wollust und Vehemenz in penibler Zurückhaltung gehalten. Skrjabine ist immer ein feiner Herr, der trotz aller Pracht seines Stils jedes Übermaß, jede Übertreibung, jeden Geschmacksbruch nicht duldet. Und im gesamten Werk gibt es Hinweise auf die stetige, unruhige Entwicklung der exquisiten, beunruhigenden, fast chinesischen Zartheit, die in den Werken der letzten Periode ihre wunderbare Blüte erreicht.

Diese letzten Werke, diese letzten Sonaten und Gedichte und Präludien Skrjabins sind nur die Essenzierung der persönlichen Züge, die in den Kompositionen der früheren Perioden angedeutet wurden. Es ist, als ob er es durch die Übernahme des Systems, das auf dem „mystischen Akkord" basiert, der in seiner Vorstellung fortbestand, dem Akkord, der in Quarten aus den Tönen c, d, e, fis, a, h aufgebaut ist, geschafft hätte, sich von allen Einflüssen der klassischen Meister zu befreien, jeder Note, die er verwendet, einen intensiven, ergreifenden, neuen Wert zu verleihen und durch diese Revolution eine Form zu erreichen, die mit den herausragendsten vergleichbar ist. Seine Fantasie spannt sich mit völliger Freiheit über die Tastatur; er schafft neue Rhythmen, neue Tonkombinationen, die den Händen des Interpreten eine neue und merkwürdige Intelligenz verleihen, bedeutsame Gesten machen und sich mit herrlichem Leben bewegen lassen. Und diese letzteren Kompositionen sind ganz Struktur, ganz Knochen. Sie sind vollkommen ökonomisch. Es gibt beispielsweise in der Neunten Sonate keine Note, die nicht notwendig wäre und nicht eine große Bedeutung zu haben scheint. Hier ist alles Sprache. Das Werk entwickelt sich tatsächlich aus den bebenden ersten Takten. Der gewaltige, resonante Schluss fasst das im Hauptteil des Werks eingesetzte Material nur in einer einzigen, wütenden, tragischen Erklärung zusammen. Kaum jemals wurde die binäre Form, der Kampf zwischen zwei widersprüchlichen Themen, stärker auf das Wesentliche reduziert. Kaum jemals wurde die Präludiumform auf einfachere Begriffe reduziert als in den Präludien Skrjabins. Diese Werke sind in der Tat radikal. Denn sie geben uns einen neuen Einblick in den Archetyp ihrer Formen.

Und doch, wie seltsam, wie unendlich komplex und neuartig sie sind. Es gibt in der Tat kaum Musik, die das Wunder der Kommunikation durch materielle Form deutlicher hervorhebt. Ein paar Klänge, gebrochen und schwer fassbar, werden aus einem Instrument geschlagen und verklingen wieder. Und doch wird durch diese Schwingungen das Leben für einen Moment zum Glühen gebracht. Es ist, als ob sich vieles, was bisher schüchterne und einsame Erfahrung war, plötzlich in etwas Geklärtes und Universelles verwandelt hat. Es ist, als wären Interpret und Auditor selbst zu sensibleren Instrumenten geworden und bereit, großzügiger an der gemeinsamen Erfahrung teilzuhaben. Es ist, als ob in jedem Einzelnen die Fähigkeit, Schönheit zu empfinden, beschleunigt worden wäre, als ob jeder für einen Augenblick zu dem Mann geworden wäre, der noch nie zuvor gesehen hatte, wie der Frühling über das Land kam, und der, als er nach oben blickte, zum ersten Mal einen Apfel erblickte. Zweig blüht vor dem Blau. Und Skrjabine weckt das Bedürfnis nach wunderbaren und geflügelten Gesten. Es ist, als würde er einen für Augenblicke in seltsame, strahlende und ekstatische Wesen verwandeln, in neue und wundervolle Dinge.

Denn diese Musik ist voll von der Zauberei der vielleicht erlesensten Sensibilität, die sich seit langem in der Musik offenbart hat. Vielleicht gibt es nur im Fernen Osten, vielleicht nur bei den Chinesen, köstlichere, zartere und ekstatischere Stimmungen, die sich in der Musik ausdrücken. Neben diesem Mann, mit seiner Musik, die wie Blütenbüschel ist, die plötzlich aus der kühlen und schattigen Erde hervorbrechen, oder wie das Schlagen leuchtender Flügel im unendlichen Azurblau, oder wie das Flüstern eines Menschen, der in tödlicher Krankheit aus der Welt versinkt, sogar Debussy Er wirkt kühl, versilbert von der feinen Mäßigkeit Frankreichs. Denn

Skrjabine muss eine fast übermäßige Unterwerfung unter die Manifestationen der Schönheit erlitten haben und von der Leidenschaft verzehrt worden sein, seine brennend ergreifenden Abenteuer zu erzählen. Es gibt Momente, da scheint er kaum in der Lage zu sein zu sprechen, so intensiv, so hinreißend ist sein sinnliches Gefühl. Tatsächlich wird die Sinnlichkeit manchmal so intensiv kommuniziert, dass sie neben Lust fast auch Schmerz hervorruft. Wenn es Musik gibt, die auf der Grenze zwischen Ekstase und Leiden zu schweben scheint, dann diese. Man schreckt davor zurück wie vor einer zu ergreifenden Offenbarung. In diesem Äther kann man nicht lange atmen. Kein Wunder, dass Skrjabin sein Leben lang versuchte, in Transportzustände zu fliehen, um eine Religion der Ekstase zu erfinden. Für jemanden, der unter der schrecklichen Last einer so lebendigen Sensibilität litt, konnte es keine andere Existenzmöglichkeit geben.

Und die Geste des Fliegens ist in seiner gesamten Musik präsent. Überall hört man Flügelschlag. Manchmal ist es das leichte Flattern glitzernder Ephemeriden, die herrlich durch das klare Azurblau kreisen und gleiten. Manchmal ist es das leidenschaftliche Flügelschlagen, das sich auf schnelle, steile Aufstiege vorbereitet. Manchmal ist es das Herabhängen von Ritzeln, die zerbrechen. Denn alle diese Stücke sind „Poèmes ailes“, Flüge zu einer Insel der Seligen. Sie alle sind Bestrebungen „vers la flamme“, hin zum spirituellen Feuer der Freude, hin zum Paradies göttlichen Vergnügens und göttlicher Aktivität. Die fünfte Sonate ist wie das Aufmarschieren von Kräften, der mächtige Sprung eines strahlenden Fliegers, der sich in den Himmel stürzt. Weiß schimmernde Ritzel kreisen und schweben im göttlichen Schluss des „Poème Divine“. Machtlose Käfigflügel bereiten sich in der mystischen Siebten Sonate zum Flug vor, schlagen einen Moment lang und sind bedrohlich still. Manchmal, wie in der achten Sonate, gleicht Skrjabin einem wunderschönen tropischen Vogel, der sich im zitternden Licht des Flusses putzt. Manchmal ist er ein seraphisches Geschöpf, das seine mächtigen Schwingen ausbreitet, um einen gewaltigen geistigen Sonnenaufgang zu begrüßen. Und in diesen letzten, blutenden, qualvollen Vorspielen ist immer noch der Hauch der Flucht zu spüren. Aber dieses Mal ist es ein anderer Antrag. Ist es „der unvergängliche Flügel des Windes des Todes“? Ist es das blinde Schweben des Geistes, der im Moment der Auflösung seine irdische Behausung verlassen hat? Man kann es nicht sagen.

Und es war der Flug der Ekstase, den er in seinen symphonischen Dichtungen erreichen wollte. Er hatte sich eine merkwürdige persönliche Religion geschaffen, eine bizarre Mischung aus Theosophie, Neuplatonismus und Bergsonscher Philosophie, einen Glauben, der den Transport vorschrieb; und diese Werke waren teilweise als Rituale konzipiert. Sie waren als Zeremonien der Erhebung und Vergöttlichung durch Ekstase geplant, an denen Darsteller und Zuhörer als aktive und passive Zelebranten teilnahmen.

Gemeinsam sollten sie von Ebene zu Ebene der Freude aufsteigen und göttlichen Kampf, göttliche Glückseligkeit und göttliche Kreativität erleben. Die Musik sollte die Seele durch das Tor des Hörsinns rufen und sie langsam und hieratisch durch einen Kreis nach dem anderen hinaufführen, bis die mystischen Gongs dröhnten und die Massenemotion den Vater der Seelen erreichte und wurde Gott. Mit Jules Romains hätte Skrjabine seinem Publikum zugerufen:

„Du vas mourir tantot, sous le poids de tes heures:

Les hommes, delies, glisseront par les portes,

Les ongles de la nuit t'arracheront lachair.

Qu'importe!

       Du bist meine Liebe, bevor du zu Tode kommst;

Das Korps, das hier ist, kann die Stadt erobern;

Die Garderont au fronte à croix de cendre

Das Überbleibsel Ihres Todes bleibt bestehen!"

In „Prometheus" führt er ein *Clavier à lumière* in sein Orchester ein, in der vergeblichen Hoffnung, die Ekstase sowohl durch Farbe als auch durch Klang hervorzurufen, und nach seinem Tod wurde in seinen Papieren eine Skizze für eine „Mysteria" gefunden, in der die Musik enthalten sein sollte nicht nur mit Licht, sondern auch mit Tanz und Parfüm verbunden werden. Es ist schade, dass es ihm nicht vergönnt war, diese Arbeit zu leisten. Die theosophischen Programme seiner Orchesterwerke sind schließlich harmlos. Ein großer Teil der halb mystischen, halb sinnlichen Färbung seines Orchesters ist ihnen zu verdanken. Und wäre die Partitur der „Mysteria" gegenüber der von „Prometheus" eine ebenso große Verbesserung gewesen wie „Prometheus" gegenüber den anderen symphonischen Werken, hätte sich Skrjabin tatsächlich als ebenso hervorragender Komponist für Orchester wie für Klavier erweisen können.

Es ist in der Tat wahrscheinlich, dass die Welt morgen in seinen Klavierwerken ihren neuen Chopin finden wird, dass Skrjabin in Kürze den Platz einnehmen wird, den einst der andere innehatte. Denn er ist nicht nur in vielerlei Hinsicht der künstlerische Überlegene des Mannes, der einst sein Meister war. Er ist auch eines der Wesen, in denen das Zeitalter, das um uns herum langsam zu Ende geht, bewusst und artikuliert wurde. Russland hat ihn zwar geboren, hat ihn geprägt, ihm seine kindliche Zärtlichkeit, seinen barbarischen Reichtum und sein mystisches Licht gegeben. Aber indem er sich aus der russischen „universellen" Schule zu vollkommener Freiheit und

Individualität entwickelte, wurde er tatsächlich zu einem universellen Ausdruck, dem ersten, den die Gruppe wirklich hervorbrachte. Er wurde, wie der intensiv „nationale" Strawinsky, einer jener Männer, in die ein Zeitalter eintritt. Er ist ein Symbol seiner Zeit. Er scheint das Leben seines Zeitalters in seiner intensivsten Form gespürt zu haben. Die Stunde, die ihn schuf, war eine Stunde, in der die Kraft des Gefühls übermäßig zugenommen hatte, fast bis zu dem Punkt, dass sie das Handeln behinderte, als eine asiatische Zartheit im westlichen Charakter zutage trat, als die Verschmelzung von Europa und Asien begann, sich bemerkbar zu machen. Und bei Skrjabin erreichte diese neue Intensität der Empfindung etwas, das beinahe heroisch-übernatürliche Ausmaße annahm. Das Schöne und das Kranke seiner Zeit flossen in seine Kunst ein. Durch sie erfahren wir nicht wenig, wie wir uns fühlen.

Seine Musik war etwas, das im Fleisch eines Mannes geschaffen wurde, aus seiner Qual heraus. „Eine Entwicklung ist ein Schicksal", schrieb einst Thomas Mann. Für Skrjabine war das Erwachen dieser luftigen, klopfenden Sensibilität etwas Besonderes. Es verschlang ihn wie ein Feuer. Man schaudert und wundert sich zugleich über das Schicksal eines Menschen, der das Leben so erlebt hat, wie es in diesen letzten zitternden Gedichten – „Guirlandes", „Flammes sombres", wie er sie nennt – oder in der geheimnisvollen Zehnten Sonate, die so glüht, zu spüren ist im fiebrigen Licht des Traums oder in diesen letzten gespenstischen Vorspielen. Für den Mann, der eine solche Musik schreiben konnte, in der überirdische Verzückung mit überirdischem Leid kontrastiert, muss das Leben eine Art erlesenes Martyrium gewesen sein. Der Mann muss tatsächlich einen Nerv freigelegt haben. Und wie ein zerbrechliches Ding, das sich plötzlich entzündet, flammte er heftig und prächtig auf und ging hinaus.

# Strawinsky

Die neuen Stahlorgeln des Menschen haben ihre Musik in „Le Sacre du printemps" hervorgebracht. Denn mit Strawinsky dringen die Rhythmen der Maschinerie in die Musikkunst ein. Mit diesem meisterhaften Werk beginnt ein neues Kapitel der Musik, die Spiritualisierung des neuen Körpers des Menschen wird offenbar. Durch Debussy war die Musik verflüssigt, schillernd, ungreifbar und fließend geworden. Aufgrund seines Gespürs, des Gespürs seiner Generation für die Gebrechlichkeit der Dinge, war es zu einer Art Symbol des ewigen Flusses, der ewigen Vergänglichkeit geworden. Es war gekommen, um alles hervorzubringen, was verschmilzt, sich verändert und verschwindet, um das unaufhörliche Vergehen und Vergehen des Lebens widerzuspiegeln, um sich aus dem unendlich subtilen Spiel des Lichts, der unruhigen, wogenden, schäumenden Oberfläche des Meeres und den unfühlbaren Wellen des Lebens zu formen Duft, auf Windböen und verklingenden Geräuschen, auf all den vergänglichen Wundern der Welt. Aber durch Strawinsky ist stilistisch eine Musik entstanden, die der der Impressionisten nahezu entgegengesetzt ist. Durch ihn ist die Musik wieder kubisch, lapidar, massiv, mechanistisch geworden. Die Szintillation ist verschwunden. Die zarte, geschwungene Melodielinie, die glamourösen, glänzenden Harmonien sind verschwunden. Die Eleganz von Debussy, die goldene Sinnlichkeit, die ruhige, klassische Note, sind verflogen. Stattdessen entstanden große, schwere, metallische Massen, geschmolzene Haufen und Bleche aus Stahl und Eisen, glänzende, diamantene Massen. Die Konturen werden düster, streng, eckig. Melodien sind scharf, starr, asymmetrisch. Akkorde sind grob, quadratische Notenbündel, kräftig und solide wie die Säulen, die Dächer tragen, schwer wie die Schläge von Stolperhämmern. Vor allem gibt es einen Rhythmus, einen rechteckigen, klaren und nachdrücklichen Rhythmus, einen Rhythmus, der mit der ganzen stählernen, vollkommenen Unermüdlichkeit der Maschine ausholt und schlägt und wiederholt und tanzt, der herausschießt und sich zurückzieht, nach oben schießt und nach unten schießt, mit der unmenschlichen Bewegung von Titanische Arme aus Stahl. Tatsächlich ist die Veränderung so radikal, so vollständig, als ob mitten in mondbeschienenen edlen Gärten eine riesige Maschine schnell aus dem Boden aufgetaucht wäre und die Nacht mit elektrischem Licht überflutet hätte und ihre Metallräder, Organe und Gelenke unerbittlich surren und ununterbrochen funktionieren ließe .

Und doch sind die beiden Stile, der von Debussy und der von Strawinsky, verwandt. Sie ergänzen sich sogar. Sie sind die Reaktionen auf denselben Reiz zweier grundlegend verschiedener Geistestypen. Zweifellos bestehen zwischen den beiden Männern Unterschiede, die über ihre allgemeine Denkweise hinausgehen. Debussys Temperament war zutiefst sinnlich, aristokratisch und zurückhaltend. Das von Strawinsky ist nervös, ironisch und gewalttätig. Der eine Mann entstammt einer ungebrochenen Tradition, wurde von Generationen und Generationen von Herren hervorgebracht. Der andere ist eines jener Wesen, die anscheinend nur durch die moderne Lebensweise, durch Schnellzüge und Ozean-Windhunde, durch das Schrumpfen der Kontinente und die Schwingungen der Welt des 20. Jahrhunderts ins Leben gerufen wurden. Aber der Hauptunterschied, der Unterschied, der „Le Sacre du printemps" fast zu einem Gegensatz zu „Pelléas et Mélisande" machte, ist im Wesentlichen die Divergenz zwischen zwei grundlegenden Arten, das Leben zu erfassen. Debussy scheint einerseits zu der Art von Menschen zu gehören, bei denen das Zentrum des Bewusstseins im übertragenen Sinn versunken ist; einer von denen, die eine gewisse Unbeweglichkeit in sich tragen, die die Menschen und die Dinge um sie herum flüchtig und unwirklich erscheinen lässt. Für sie ist die Welt eine weit entfernte Sache, die am Rande des Bewusstseins liegt, zart und vergänglich wie die Farben des Sonnenuntergangs oder die Lichter und Gesten des Traums. Die Musik von Debussy ist das meisterhafte und klassische Bild dieser fernen und glamourösen Prozession, dieser illusorischen und fantastischen und transparenten Show, dieser Sache, die sich von Moment zu Moment ändert und nie zweimal dieselbe ist und so schnell von uns wegfließt. Aber Strawinsky andererseits ist mittendrin in der Sache, die dem anderen Menschen so fern ist. Für ihn ist die materielle Welt sehr real, scharf, unmittelbar. Er liebt sie, genießt sie, ist begeistert von ihren vielen Formen. Er reagiert lebhaft auf ihren Verkehr. Die Dinge machen einen unmittelbaren und beißenden Eindruck auf ihn, regen in ihm Lust und Schmerz an. Er spürt ihre Kanten und weiß, wie hart sie sind, spürt ihr Gewicht und weiß, wie schwer sie sind, spürt ihre Bewegung in all ihrer Gewaltsamkeit. In Strawinsky steckt eine geradezu frenetische Freude an den Vorgängen, die um ihn herum stattfinden. Er geht durch die überfüllten Hauptstraßen, durch überfüllte Orte, durch Fabriken, Hotels, Kais, sitzt in Eisenbahnzügen, und das grelle Licht und der Tumult und das Pulsieren, die Motoren und Lokomotiven und Kräne, die ganze verrückte Phantasmagorie der modernen Stadt rufen Bilder in ihm hervor, entflammen ihn, sie in all ihrer Schwere und Riesigkeit und Masse, ihrer Schwärze und Grelle und Macht wiederzugeben. Die vulgärsten Dinge und Ereignisse erregen ihn. Der Verkehr, die Unruhe der Menschenmengen, der Lärm der Fahrzeuge, das Getrappel der Pferde auf dem Asphalt, menschliche Schreie und Rufe, die über dem Straßenbass erklingen, ein paar Leierkastenmänner, die versuchen, sich gegenseitig zu übertrumpfen, eine Blaskapelle, die die Allee entlangfährt, das Donnern eines Eisenbahnzuges, der sich über Meilen von Stahl stürzt, die Sirenen der Dampfschiffe und Lokomotiven, die Obertöne der Fabrikpfeifen, das Dröhnen der Städte und Häfen werden für ihn zu Musik. In einer seiner frühen Orchesterskizzen imitiert er das Summen eines

Bienenstocks. Eine seiner Miniaturen für Streichquartett knallt mit dem Schlagen der Holzschuhe von Bauern, die zu den knurrenden Tönen eines Dudelsacks tanzen. Eine andere gibt das Gebrumm des Priesters in einer kleinen Kapelle wieder und stellt die Szene beinahe grausam nach. Und die Partitur von „Petruschka" lebt wunderbar vom üblen, grellen Leben eines billigen Jahrmarkts. Seine sprudelnden Flöten, sein brodelnder Instrumentalkessel, seine Ziehharmonika-Rhythmen und seine leuchtenden, grellen Farben beschwören die Bewegung der Menschenmengen herauf, die sich um die Vergnügungsbuden drängen, erwecken die kleinen wehenden Fahnen, die Gesten der Schausteller, die bunten Ballons, die Schießbuden, die Zigeunerzelte, die grob gefärbten Segeltuchwände, die Gruppen von Kutschern und Dienstmädchen und Kindern in ihrer festlichen Pracht zum Leben. Manchmal kann man sogar den Geruch der bratenden Würste wahrnehmen.

Denn Strawinsky ist einer jener Komponisten, die man überall auf dem Weg seiner Kunst findet und die die Ausdruckskraft der Musik durch direkte Nachahmung der Natur steigern. Seine Vorstellungskraft scheint frei zu sein, in keiner Weise gebunden an das, was andere Menschen über Musik gedacht haben oder wie sie durch ihre Praxis erschienen ist. Er geht offenbar ohne Vorurteile oder Voreingenommenheiten jeglicher Art an seine Kunst heran. Er spielt mit ihren Elementen so kapriziös, wie ein Kind mit Papier und Buntstiften spielt. Er vergnügt sich mit jedem Instrument der Band, ohne auf dessen üblichen Gebrauch zu achten. Es gibt Zeiten, in denen Strawinsky in die feierliche Versammlung der Musiker eintritt wie ein Junge mit Trompete und Trommel. Er vergnügt sich mit dem unendlich würdevollen Streichquartett, lässt es leichte und akrobatische Dinge tun. Es gibt ein Zwischenspiel von „Petruschka", das nur für Trommeln geschrieben ist. Sein Werk ist mit billigen Walzern und Drehorgelmelodien übersät. Es ist vom Stil her wild und gewagt; voller musikalischer Umgangssprache. Er lässt das Orchester das Zittern einer alten Drehleier nachahmen. Kürzlich hat er ein Ballett für acht Clowns geschrieben. Und er soll gesagt haben: „Ich möchte erreichen, dass Musik in Straßenbahnen gespielt wird, während die Leute ein- und aussteigen." Denn seinen größten Feind findet er im Konzertsaal, in diesem Trott, der das Spiel der Vorstellungskraft des Publikums einschränkt, in dieser Festung, in der sich alle Absichten der Menschen der Vergangenheit niedergelassen haben und von der aus sie die musikalische Gegenwart beherrschen. Der Konzertsaal hat es geschafft, Musik zu einer Droge, einem Beruhigungsmittel zu machen, hat eine „musikalische Haltung" im Volk geschaffen, die falsch ist, und hat der musikalischen Kunst ihre Kraft geraubt. Für Strawinsky ist Musik entweder eine Infektion, die Mitteilung eines lyrischen Impulses oder gar nichts. Und so würde er sie an gewöhnlichen Versammlungsorten, auf Jahrmärkten, in Wirtshäusern, Varietés, Straßenbahnen, wenn Sie so wollen, aufführen lassen, um sie wieder frei wirken zu lassen. Seine Kunst zielt darauf ab, zu beleben, anzustecken und eine Handlung in Gang zu setzen, die der Zuhörer in sich selbst vollenden muss. Es ist eine Art musikalische Kurzschrift. Auf dem Papier wirkt sie fragmentarisch. Es ist, als hätte Strawinsky versucht, die Elemente der Musik auf ihre schärfsten und einfachsten Begriffe zu reduzieren, und gehofft, die „Entwicklung" würde vom Publikum vorgenommen. Er scheint zu spüren, dass er sein Ziel, die Mitteilung seines lyrischen Impulses, nicht mit einem einzigen starken *Motiv* , einer einzigen starken Tonbewegung, einem einzigen rhythmischen Anfang erreichen kann, es dann überhaupt nicht erreichen kann. So schreiben wir ihn Lieder, die drei japanischen Texte zum Beispiel, die in ihrer Kürze epigrammatisch sind; ein Stück für Streichquartett, das in fünfzig Sekunden gespielt wird; eine Oper in drei Akten, die in dreißig Minuten aufgeführt werden kann.

Aber es ist kein formales Experiment, das er macht. Er scheint etwas von der Kraft der chinesischen Künstler in die Musik zu bringen, die in der Malerei eines Zweigs oder eines Blütenpaars die gesamte Frühlingszeit darstellen. Er hat einige der frischesten, plätscherndsten und zartesten Musikstücke geschrieben. Kaum ein lebender Mensch hat frischer oder humorvoller geschrieben. Der April, die blühenden Zweige, die schneebedeckten Blütenblätter, die Wolken hoch im Blau, sind wirklich im schrillen kleinen Orchester der japanischen Lyrik, in den grünen, gurgelnden Flöten und wässrigen Violinen. Keine der unzähligen Frühlingssinfonien, Frühlingsouvertüren, Frühlingslieder sind wirklich frühlingshafter, mehr in den sanften Sonnenschein des Frühlings getaucht, sind wirklicher die Saatzeit als die sechs naiven, pfeifenden Melodietakte, die die Figur des „Sacre" mit dem Titel „Rondes printanières" einleiten. Zweifellos wurde Strawinsky, als er wagte, so kühne und ästhetisch originelle Musik zu schreiben, durch das Beispiel eines anderen Musikers, eines anderen russischen Komponisten ermutigt. Mussorgski hatte vor ihm auf seine eigene Unschuld vertraut statt auf die Weisheit der Kirchenväter, hatte es gewagt, den Eingebungen seines eigenen Blutes zu gehorchen und Akkorde, Melodien und Rhythmen so niederzuschreiben, wie sie in seinem Kopf sangen, auch wenn die ganze Welt sich aufraffte, ihn zu verdammen. Aber das Schreiben von Musik, die so zackig, kubisch, barbarisch war wie das Vorspiel zum dritten Akt von Strawinskys kleiner Oper „Die Nachtigall", oder so nackt, ungehobelt, rechteckig, felsenartig, polyharmonisch, stürmisch wie manches von „Le Sacre du printemps", erforderte eine nicht weniger vollkommene Überzeugung, nicht weniger großes Selbstvertrauen. Die Musik Strawinskys ist der Ausdruck einer Unschuld, die tatsächlich mit der seines großen Vorgängers vergleichbar ist. „Le Sacre du printemps" nannte sie ihr Komponist. Sie ist „ein Akt des Glaubens".

Und so konnte Strawinsky sich frei von Vorurteilen von der Natur zur Nachahmung bewegen lassen. So wie Picasso die Natur des 20. Jahrhunderts in seine Stillleben einbringt, so bringt der junge Komponist sie in seine Musik ein. Es ist der Rhythmus der Maschinen, der den Künstler Strawinsky frei gemacht hat. Sein ganzes Leben lang war er sich dieser stählernen Männer bewusst. Mechanische Dinge haben seine Kunst von Anfang an beeinflusst. Es ist, als ob die Maschinen ihn sich selbst offenbart hätten, als ob der Anblick der Funktionsweise dieser Metallorganismen, die selbst nur die Verlängerung menschlicher Knochen, Muskeln und Organe sind, die Maschine, die sein eigentlicher Körper ist, zum Laufen gebracht hätte. Denn, wie James Oppenheim es in der Einleitung zu „The Book of Self" formulierte: „Der Körper des Menschen ist genauso groß wie seine Werkzeuge, denn ein Werkzeug ist bloß eine Verlängerung von Muskeln und Knochen; ein Rad ist ein schnellerer Fuß, ein Bohrturm eine größere Hand. Folglich fand sich die Menschheit zu Beginn des Jahrhunderts mit einem neuen gigantischen Körper wieder." Es ist, als ob die Ansteckung mit den tanzenden, ausholenden, pumpenden Kolbenstangen, Hubbalken und Bohrern eine Reaktion in Strawinsky geweckt und ihm die Fähigkeit verliehen hätte, den Rhythmus zu schlagen. Die Maschine hat ihn schon immer fasziniert. Eine seiner ersten Originalkompositionen, die er noch als Schüler von Rimski-Korsakow schrieb, imitiert Feuerwerke, erkennt das Menschliche in ihrer Aktivität, im Knallen, Zischen, Explodieren, im hysterischen Weinen der Feuerfontänen, in den stolzen Vorführungen und plötzlichen Zusammenbrüchen der Feuerräder. Es ist die Maschine, der Feind des Menschen, die in „Die Nachtigall" dargestellt wird, jenem merkwürdigen Werk, von dem ein Akt aus dem Jahr 1909 und zwei aus dem Jahr 1914 stammen. Strawinsky ließ das Libretto nach der Erzählung von Hans Christian Andersen gestalten, die die Abenteuer des kleinen braunen Vogels erzählt, der so schön singt, dass der Kaiser von China ihn an seinen Hof einlädt. Auch Strawinskys Nachtigall kommt in den Palast und singt, und alle Damen des Gefolges füllen ihre Münder mit Wasser in der Hoffnung, das Gezwitscher des Sängers besser nachzuahmen. Doch dann treten Gesandte mit dem Geschenk des Kaisers von Japan ein, einer mechanischen Nachtigall, die den Hof mit ihren Uhrwerk-Possen amüsiert. Noch einmal befiehlt der Kaiser dem Waldvogel zu singen. Doch er fliegt davon. In seiner Wut verbannt ihn der Kaiser aus seinem Reich. Dann kommt der Tod und setzt sich ans Bett des Kaisers und stiehlt ihm Krone und Zepter, bis plötzlich die Nachtigall zurückkehrt und singt und den Tod dazu bringt, seine Beute herzugeben. Und die Höflinge, die in der Erwartung, den Monarchen tot vorzufinden, ins kaiserliche Schlafzimmer kommen, finden ihn wohlauf und vergnügt im Morgensonnenschein.

Und in seinen beiden Hauptwerken „Petrutschka" und „Le Sacre du printemps" macht Strawinsky die Maschine zum Repräsentanten seiner eigenen Person. Denn die Vorgänge der Maschinerie erwachten zunächst im menschlichen Organismus, und Strawinsky steigert das Bewusstsein des Körpers, indem er diese Bewegungen auf ihren Ursprung bezieht. „Petrutschka" ist die Mensch-Maschine von außen gesehen, unsympathisch gesehen, in ihrer komischen Seite. Unzählige Dichter vor Strawinsky haben versucht, das marionettenartige Treiben des Menschen darzustellen, und „Petrutschka" ist nur eines der jüngsten von unzähligen Bühnenstücken, die den Automaten in der menschlichen Seele bloßstellen. Aber das Puppenspiel von Strawinsky ist wegen seiner musikalischen Untermalung einzigartig. Denn mehr noch als die Pantomimen auf der Bühne ist das Orchester vom Geist des Automaten erfüllt. Die kantigen, hölzernen Gesten der Puppen, ihre verschmierten Gesichter, ihre Eingeweide aus Sägemehl sind in der Musik zehnmal so intensiv wie auf der Bühne. In der Partitur von „Petruchka" ist die Musik selbst zu einer kleinen Puppe in bunten Kleidern geworden, die Strawinsky anstarrt und lacht, wie ein Kind über eine lustige Puppe lacht, tanzt, sich in die Luft wirft und in die Luft wirft. Die Partitur ist voll von den Umdrehungen von Rädern, von feinen Uhrwerken, von Schrauben und Turbinen. Unter der Musik hört man immer das regelmäßige, eindringliche, manische Atmen einer Ziehharmonika. Und was daran nicht rein mechanistisch ist, vervollständigt dennoch das Bild der Welt, wie es dem erscheint, der die Mensch-Maschine in all ihrer Komik gesehen hat. Die Bühnenbilder, der prunkvolle kleine Jahrmarkt, das Lametta und der erbärmliche Putz der Menge, der Tanz der menschlichen Ephemeriden kurz bevor der Schnee zu fallen beginnt, werden von der Musik wunderbar tief verfärbt. Die Partitur hat die Farben grob gefärbter, verblasster Wimpel. Es hat in der Tat den Anmut eines Dienstmädchens, den Eifer eines Kutschers, einen Drehorgel-, Farbtypen-, Popcorn- und Wahrsagergeschmack.

"Le Sacre" dagegen ist die Mensch-Maschine, nicht von außen und ohne Mitgefühl betrachtet, sondern von innen. Bis jetzt ist es Strawinskys Meisterwerk, der vollkommenste und reinste Ausdruck seines Genies. Denn die Elemente, die die Originalität des Stils von "Petruchka" und den anderen repräsentativen Kompositionen Strawinskys ausmachen, erreichen in diesem Werk eine bemerkenswerte Größe und Kraft. Das rhythmische Element, das schon im Scherzo von "L'Oiseau de feu" und in "Petruchka" frisch und frei ist, erreicht darin eine männliche und meisterhafte Kraft, wogt und donnert mit gigantischer Kraft. Die Instrumentierung, magisch mit all der Magie der russischen Meister in den früheren Balletten, ist hier von der Schärfe, Härte und Nacktheit geprägt, die ursprünglich Strawinskys ist. Außerdem hat das letztere Werk das, was der Kunst des jungen Mannes bisher etwas fehlte: Größe und Strenge und Ironie der Sprache. Darin steht er völlig neu, völlig im Besitz seiner Kräfte. Und darin arbeitet die Maschine. Angeblich ist die Handlung des Balletts in prähistorische Zeiten verortet. Angeblich stellt sie das Ritual dar, mit dem ein Stamm steinzeitlicher Russen die Quelle weihte.

Etwas in dieser Art war notwendig, denn eine tatsächliche Darstellung von Maschinen, ein Ballett der Maschinen, wäre nicht so grimmig bedeutsam gewesen wie die eckigen, ungehobelten Gesten der Menschen, hätte die menschliche Maschine keineswegs so nackt enthüllt. Hier, in der Choreographie, wird jede fließende, geschmeidige, geschwungene Bewegung unterdrückt. Alles ist eckig, kubisch, geradlinig. Die Musik hämmert im Rhythmus der Maschinen, wirbelt und dreht sich wie Schrauben und Schwungräder, knirscht und kreischt wie arbeitendes Metall. Das Orchester wird in Stahl verwandelt. Jede Bewegung des Balletts korreliert die Rhythmen der Maschinen mit den menschlichen Rhythmen, die sie verlängern und wiederholen. Ein Dutzend Mühlen pulsieren gleichzeitig. Dampf entweicht; Auspuffanlagen atmen schwer. Die unheimliche Orchestereinführung zur zweiten Szene hat die ganze bedrückende Stille von Maschinen, die nachts stillstehen. Und im rasenden Finale erschaffen die Musik und die Tänzer eine Figur, die zugleich Kolben und sexuelle Handlung ist. Denn Strawinsky hat dem Menschen alles genommen, womit Spezialisierung und Differenzierung ihn bedeckt haben, und ihm in einer Art grausamem weißen Licht ein paar funktionierende Organe wiedergegeben. Er hat ihm eine Maschine gezeigt, die mit Kraft betrieben wird und die in blindem Gehorsam arbeitet, genau wie das mikroskopische Tier, das frisst, gebärt und stirbt. Der Frühling kommt, und das Leben erneuert sich, und der Mensch gehorcht wie Samen und Keim den Eingebungen der blinden Kraft, die ihn geschaffen hat, und vollzieht seinen vorherbestimmten Weg, nimmt Energie auf und stößt sie wieder aus. Doch für einen Moment spüren wir in „Le Sacre du printemps" die Antriebskräfte, beobachten die nackten Räder, Hebel und Arme bei der Arbeit, sehen den Dynamo selbst.

Das Ballett wurde 1913 fertiggestellt, in dem Jahr, in dem Strawinsky einunddreißig Jahre alt war. Es kann sein, dass dem Werk andere folgen werden, die noch origineller und kraftvoller sind. Oder es kann sein, dass Strawinsky sein Meisterwerk bereits geschrieben hat. Die Werke, die er während des Krieges komponierte, sind offenbar keine reinen Neuentwicklungen. Wie auch immer die drei kleinen Stücke, die die Flonzaleys hier 1915 spielten, das Feld des Streichquartetts erweiterten, es besteht kein Zweifel daran, dass sie überhaupt nichts zu vergleichen waren mit der Innovation in der Orchestermusik, die das große Ballett hervorbrachte. Und Gerüchten zufolge ist das neueste Werk Strawinskys, das Varieté-Ballett für acht Clowns und das Werk für Orchester, Ballett und Chor mit dem Titel „Les Noces villageoises", keineswegs so kühn stilistisch wie „Le Sacre". ‚" und ähneln eher „Petrutschka" als dem späteren Ballett. Doch wie auch immer Strawinskys zukünftige Leistung aussehen mag, es besteht kein Zweifel daran, dass er sich mit diesem einen Werk, wenn nicht auch mit „Petrutschka", einen Platz unter den wahren Musikern gesichert hat. Es ist zweifelhaft, ob irgendein lebender Komponist größeres musikalisches Neuland erschlossen hat als er. Denn er hat nicht nur die Musik neu geprägt. Er hat vor uns einen Punkt erreicht, den die Welt ohne ihn erreicht hätte. Das allein zeigt ihm das Genie. Er hat etwas in die Musik gebracht, auf das wir lange gewartet hatten und von dem wir wussten, dass es eines Tages eintreffen würde. „Le Sacre du printemps" erscheint uns in diesem Moment als eine jener Kompositionen, die musikalische Meilensteine markieren.

# Mahler

Fast gleichzeitig mit dem Aufstieg der russischen Musik und der Wiedergeburt der französischen Musik verschlechterte sich die deutsche Musik. Die große Komponistenlinie, die zwei Jahrhunderte lang auf Bach und Händel zurückging, ist in den letzten drei Jahrzehnten zusehends ins Wanken geraten und schwächer geworden. Die stolze Tradition scheint bei Wagner, Bruckner und Brahms vorübergehend zum Stillstand gekommen zu sein. Es mag sein, dass das moderne Deutschland ein schwieriges Terrain ist, dass der stürmische Wandel der Lebensbedingungen, die rasende Beschleunigung, vorläufig einen Boden geschaffen hat, der der Entfaltung perfekter Kunstwerke ungewöhnlich feindlich gegenübersteht. Der Niedergang der gesamten neuen Komponistengeneration scheint auf eine solche gemeinsame Ursache hinzuweisen. Es ist zweifellos ein merkwürdiger Zufall, dass bei jedem der vier bedeutendsten deutschen Musiker der jüngsten Zeit in gewissem Maße ein Mangel an künstlerischem Instinkt zu erkennen ist. Die Verrohung des Handwerks, der geistige Bankrott des späteren Strauss, die groteske Pedanterie Regers, der Intellektualismus, der Schönbergs Kunst immer befleckt hat und durch den sie in jüngster Zeit korrumpiert wurde, die Banalität Mahlers – all das passt verdächtig gut zusammen. Und doch ist es wahrscheinlich, dass die Ursache woanders liegt und dass die Verbindung dieser vier Männer zufällig ist. Schließlich gab es nur wenige wirklich künstlerfreundliche Umgebungen; die meisten Meister mussten sich von „etwas Faulem im Staate Dänemark" erholen, und viele von ihnen haben Bedingungen überstanden, die schlimmer waren als die des modernen Bismarck-Deutschlands. Die Ursache für die Unzulänglichkeit eines Großteils der Musik von Strauss und Schönberg, Reger und Mahler ist zweifellos eher in der angeborenen Schwäche der Männer selbst zu finden als in der ungesunden Atmosphäre, in der sie ihr Leben verbrachten.

Dennoch zögert man im Fall Mahler eine Weile, bevor man ein Urteil fällt. Während es wahrscheinlich ist, dass Richard Strauss sich verschlechtert hätte, egal wie freundlich das Zeitalter war, in dem er lebte, dass Reger ein ebenso pedantischer Mensch gewesen wäre, wenn er in Paris statt in Bayern geboren worden wäre, dass Schönberg seine mathematische Frigidität überall entwickelt hätte, wo er gelebt hätte, ist es möglich, dass Mahlers Schicksal anders verlaufen wäre, wenn er nicht im Österreich der 1860er Jahre geboren worden wäre. Denn wenn Mahlers Musik in erster Linie ein Spiegelbild Beethovens ist, wenn er nie mit authentischem Akzent sprach, wenn aus seinen großen Träumen von einer großen modernen, populären Symphoniekunst, aus seiner Ehrlichkeit, seiner Aufrichtigkeit, seinem Fleiß, seinen unbestreitbar edlen und großartigen Charakterzügen nur jene unglücklichen, langweiligen Kolosse entstanden, die seine neun Symphonien sind, dann ist dies zweifellos zu einem großen Teil die Folge der Tatsache, dass er, der Jude, in eine Gesellschaft hineingeboren wurde, die das Judentum, die jüdische Herkunft und die jüdischen Charakterzüge zu einem Fluch für diejenigen machte, die sie erbten. Das Schicksal, das ihn zum Juden gemacht hatte, verfügte, dass er, wenn er sich frei ausdrücken wollte, eine Ausdrucksweise verwenden musste, die ebenso sehr an den harten Akzent der hebräischen Sprache erinnerte wie an den jeder anderen Sprache, die von den Völkern Europas gesprochen wird. Es verfügte, dass er, ungeachtet der Geschichte der Kunst, die er praktizierte, ungeachtet des Charakters des Zeitalters, in dem er lebte, seinem Medium keinen Eindruck verleihen konnte, ohne es mit den Eigenschaften zu durchdringen, die er von seinen Vorfahren geerbt hatte. Es verfügte, dass er beim Sprechen die musikalische Kunst mit den Qualitäten und Merkmalen durchdringen musste, die in die Geschichte und Wechselfälle seiner Rasse eingraviert waren, durch ihren jahrhundertelangen Aufenthalt in den Wüsten Arabiens und auf den kargen Hügeln Syriens, durch die Zwänge ihrer Religion und Sitten, durch ihren gigantischen und schrecklichen Überlebenskampf gegen die wilden Völker Asiens, durch die wunderbare Vitalität und das Selbstbewusstsein und die Exklusivität, die sie durch Länder und Zeiten trugen, aus dem ewigen Ägypten durch das ewige Rote Meer. Aber gerade die rassischen Eigenschaften, die rassische Geste und der Akzent waren es, die ein Mann in Mahlers Position außerordentlich schwer wahrnehmen konnte. Denn die österreichische Gesellschaft verlangte einen hohen Preis für seine Unterdrückung dieser Eigenschaften. Sie erlaubte ihm die Teilnahme an ihren Aktivitäten nur unter der Bedingung, dass er sie nicht ständig an seine Fremdheit, sein Rassenbewusstsein erinnerte. Sie erlaubte ihm das Gefühl von Gleichheit, Brüderlichkeit und Bürgertum nur unter der Bedingung, dass er jedes Bewusstsein seiner Herkunft, seines Charakters und seiner Eigenheiten in sich zu unterdrücken suchte und versuchte, sich mit ihren Mitgliedern zu identifizieren und zu versuchen, genauso zu fühlen wie sie und genauso zu sprechen wie sie.

Denn wenn die österreichisch-deutsche Gesellschaft den Juden Bürgerrechte zugestanden hatte, so hatte sie ihnen doch den alten Hass, die Verwünschung und Ausgrenzung wie nie zuvor spüren lassen. Die Mauern der Ghettos hatten den Juden schließlich daran gehindert, die volle Wucht der Behinderung zu spüren, unter der er litt, da sie in ihm jeden Wunsch unterdrückt hatten, sich am Leben des Landes zu beteiligen, in dem er sich befand. Aber indem sie seinen Geselligkeitstrieb weckten, indem sie ihm scheinbar erlaubten, am öffentlichen Leben teilzunehmen, indem sie ihn sowohl einluden als auch abstießen, ließ ihn eine Gemeinschaft wie die Österreichs, die noch so nah am Mittelalter war, in all ihrer schrecklichen Kraft die Behinderung der Rasse spüren, den wahnsinnigen Hass und die Verachtung, mit der sie seine Abstammung bestrafte. Und es ist nur natürlich, dass gerade bei jenen Juden, die am besten dafür geeignet waren, an politischen Angelegenheiten teilzunehmen, und die deshalb am empfindlichsten für die Böswilligkeit waren, die sie von Macht und Erfolg abhielt, trotz aller bewussten Bemühungen, weder aufzugeben noch zurückzuweichen, der unbewusste Wunsch entstand, den Konsequenzen dessen zu entgehen, was sie in den Augen der Allgemeinheit als Individuen minderwertig stempelte. Sie versuchten, jede geistige Geste zu unterdrücken, die Feindseligkeit hervorrufen könnte, und jedes subjektive Gefühl persönlicher Minderwertigkeit abzuwehren, indem sie sich selbst und ihre Mitmenschen davon überzeugten, dass sie die allgemein geschätzten Charakterzüge besaßen.

So wurde ein ruinöser Konflikt in die Seele von Gustav Mahler eingeführt. Anstelle des vereinten Selbst entstanden in ihm zwei Männer. Denn während ein Teil von ihm den für den Künstler notwendigen freien, vollständigen Ausdruck forderte , versuchte ein anderer, ihn zu blockieren, aus Angst, dass im freien Fluss die verhassten Rassenmerkmale zum Vorschein kommen würden. Denn Mahler wäre der erste gewesen, der vom Klang seines eigenen harten, hochmütigen, gutturalen, abrupten hebräischen Tonfalls abgestoßen worden wäre. Er wäre der Erste gewesen, der sich verächtlich von seinen eigenen Gesten abgewendet hätte. In ihm herrschte das unbewusste Verlangen, sich von dem zu befreien, was er für minderwertig gehalten hatte. Und anstatt es auszudrücken, anstatt in seiner eigenen Sprache zu sprechen, traf er, vielleicht ohne es sich selbst bewusst zu sein, die Entscheidung, durch die Stimmen anderer Männer, der großen deutschen Komponisten, zu sprechen; sie nachzuahmen, anstatt seine eigene Persönlichkeit zu entwickeln; Unfruchtbarkeit, Banalität und Impotenz zu akzeptieren, anstatt die Macht der Sprache zu erlangen.

Und so wurde sein Werk zu dem zweifelhaften und unechten Ding, das es ist, ein Werk erhabener und origineller Absichten, die nicht verwirklicht wurden, großer Kräfte, die missbraucht wurden, großer und respektabler schöpferischer Anstrengungen, denen es nicht gelang, etwas wirklich Neues, wirklich Ganzes zu erschaffen. Seine Symphonien, so wie sie sind, lassen keinen Zweifel daran, was Mahler hätte erreichen können, wenn er nicht die gespaltene Persönlichkeit gewesen wäre. Wenn Mahler kein großer Mann ist, so ist er doch zumindest die Silhouette eines solchen. Das Bedürfnis nach Ausdruck, das ihn zum Komponieren trieb, war zweifellos gewaltig. Die Leidenschaft, mit der er sich trotz aller Entmutigung und aller Erfolglosigkeit seiner Arbeit widmete, die Erhabenheit und Noblesse der Aufgabe, die er sich selbst stellte, die Pracht seiner Absichten zeigen, wie wild ein Feuer in dem Mann brannte. Er war keiner von denen, die zur Musik kommen, um kleine Juwelen zu erschaffen. Im Gegenteil, in der Geste war er immer einer der überaus Treuen. Er kam zur Musik, um eine große, einfache, populäre symphonische Kunst für diese letzten Tage zu schaffen, ein Werk mit breiten Linien und einfachen Konturen und spiritueller Erhabenheit. Er versuchte, seinen tiefen, echten Kummer, sein erstickendes Heimweh nach dem, was die Kindheit zu besitzen und die Reife zu vermissen scheint, aufrichtig auszudrücken; sich in kindliche, paradiesische Freuden zu träumen und sich selbst wieder zum Glauben und Handeln zu erwecken. Er versuchte, eine musikalische Sprache zu schaffen, die gigantisch und roh und kraftvoll wie die Natur selbst sein würde; versuchte, das Orchester mit der dionysischen Kraft von Sonne und Wind und wimmelndem Lehm zu erfüllen; wollte von seinen Symphonien sagen können: „Hier rörht die Natur." Einem Freund, der ihn in seinem Landhaus in Toblach besuchte und die Berge um den Ort herum kommentierte, antwortete Mahler scherzhaft: „Ich hab' sie alle fortcomponiert." Und er hatte große und dramatische Programme für seine Symphonien. Das Erste sollte eine Art Jugendlied sein, ein Abschied von dem, was in uns lebendig ist, bevor wir der Welt begegnen, und das bei der Kollision zerbricht. Das Zweite sollte das Lied vom Tod sein, die Musik der Erkenntnis des Todes. Das Dritte war als Lied des großen Pan konzipiert – seine „gaya scienza", wie Mahler es gern genannt hätte. Im Vierten versuchte er, das Herz eines Kindes zu öffnen; im Sechsten, seiner Trostlosigkeit, Einsamkeit und Hoffnungslosigkeit Ausdruck zu verleihen; im Achten, eine große religiöse Zeremonie durchzuführen; im „Lied von der Erde" seinen „Sturm", seinen Epilog, zu schreiben.

Und im Großen und Ganzen sind seine Symphonien recht originell. Mahler hat sich völlig von allen alten Vorurteilen über das Wesen der Symphonie emanzipiert. Er konzipierte die Form neu. „Mir heiszt Symphonic", soll er gesagt haben, „mit allen Mitteln der vorangehenden Technik mir eine Welt aufbauen." Er konzipierte die Form insbesondere im Hinblick auf das Wesen, die Erfordernisse, den Rahmen des modernen Konzertsaals. Er erkannte, dass die Kürze der klassischen Sinfonien sie in der Gegenwart stark beeinträchtigt. Für das moderne Publikum sind eineinhalb bis zwei Stunden musikalische Unterhaltung erforderlich. Um die Konzertprogramme zu füllen, muss die Symphonie mit anderen Werken verknüpft werden. Dadurch verliert es an Wirksamkeit. Ausgehend von Anspielungen auf die Neunte von Beethoven und das „Roméo" von Berlioz plante Mahler mutig Symphonien, die für sich allein stehen und einen Abend füllen könnten. Beginnend mit seiner Zweiten erhöhte er die Anzahl der Sätze und verzichtete auf die unvermeidliche Suite aus Allegro, Andante, Scherzo und Rondo; vorgeschriebene Pausen einer bestimmten Länge; und fügte Chöre und Gesangssoli hinzu, um den langen Orchesterpassagen die nötige Erleichterung zu geben. Im Zweiten platzierte er zwischen einem Allegretto und einem Scherzo eine Sopran-Vertonung eines Textes aus „Des Knaben Wunderhorn" und schloss das Werk mit einer Chor-Vertonung einer Ode von Klopstock ab. In der Dritten Symphonie leitete er dem Orchesterfinale ein Altsolo ein, das auf „Das Trunkene Lied" von Nietzsche komponiert war, und einen Chor, der den Text eines anderen naiven Gedichts aus der Anthologie von Arnim und Brentano verwendete. Die Achte ist einfach eine Chorvertonung von „Veni, Schöpfer" und die Schlussszene von Goethes „Faust". Und in der Fünften Symphonie, einer von denen, in denen er keine Gesangsdarsteller vorsah, gelang es ihm dennoch, die konventionelle Suite zu variieren und zu erweitern, indem er dem ersten Allegro einen Marsch voranstellte und das gigantische Scherzo und Rondo durch ein Adagietto trennte und entlastete Saiten allein.

Sein Material organisierte er ziemlich unabhängig von den alten Regeln. Er gehörte zu denen, die offenbar von Liszt gelernt hatten, dass der Inhalt eines Stücks dessen Form bestimmen muss. Mahlers Sinfonien ähneln symphonischen Dichtungen. Sie haben im Wesentlichen einen dramatischen Charakter. Obwohl er stets nach klassischer Form strebte, verraten seine Werke dennoch ihren programmatischen Ursprung. Er war im Herzen einer der literarischen Komponisten. Aber er war ein besserer Handwerker als die meisten von ihnen. Er war beispielsweise ein besserer Handwerker als Strauss. Seine Partituren sind viel knochiger. Sie sind frei von der Masse an unbedeutenden Details, die so viele Werke von Strauss überladen. Er könnte mit einigem Recht behaupten: „Ich habe noch nie eine unaufrichtige Notiz geschrieben." Und obwohl seine Orchestrierung nicht revolutionär und oft recht alltäglich ist, verwendete er dennoch oft eine Instrumentalpalette, die eindeutig seine eigene war. Er nutzte anstelle der Geige die Trompete als Hauptinstrument der Band; hat damit allerlei geniale Effekte erzielt. Er steigerte die Vielfalt und Nützlichkeit der Schlaginstrumente und formte daraus eine neue Instrumentenfamilie, um die Familien der Streichinstrumente, der Blechbläser und der Holzblasinstrumente auszugleichen. In der Partitur der Zweiten Symphonie fordert er sechs Pauken, Bass- und kleine Trommeln, ein hohes und ein tiefes Tam-Tam, Becken, eine Triangel, ein Glockenspiel und drei tiefe Glocken im Hauptorchester; außerdem eine Bassdrum, Triangel und Becken in der Ergänzung. In der Achten Symphonie bilden die Schlaginstrumente eine kleine Band für sich. Und er nutzte die gewöhnlichen Instrumente auf originelle Weise, ließ die Harfen Glocken imitieren, die Holzbläser Fanfaren blasen, die Hörner Orgelspitzen halten; kombinierte Piccoloflöten mit Fagotten und Kontrabässen, schrieb Unisono für acht Hörner, ließ die Posaunen Tonleitern laufen –

Aber es gibt keine einzige der neun Symphonien des armen Mahler, so ehrlich und würdevoll einige von ihnen auch sein mögen, die als frische, neu geprägte, lebendige Musik existiert. Sein Genie nahm nie musikalische Gestalt an. Seine Partituren sind beklagenswert schwach, oft trocken und banal. Es gibt sicherlich keinen anderen Fall in der Musikgeschichte, in dem unbestreitbares Genie, ein gewaltiges Ausdrucksbedürfnis, eine ausgesprochen persönliche Empfindungsweise, eine respektable Musikwissenschaft, eine große und idealistische Anstrengung zu so unbefriedigenden Ergebnissen geführt hätten. Man fragt sich, ob der Komponist Mahler nicht doch der größte Versager der Musik war. Wenn es Musik gibt, die in herausragender Weise Kapellmeistermusik ist, in herausragender Weise eine routinierte, nachdenkliche, verstaubte Art von Musikkunst, dann sind es sicherlich Mahlers fünf letzte Sinfonien. Die musikalische Wüste der Sahara ist in diesen unglücklichen Kompositionen sicherlich zu finden. Sie sind Monster der Langeweile, und gerade ihre Anmaßung, ihre gigantischen Dimensionen bringen Mahlers wesentliche Sterilität aufs Grausamste zur Geltung. Sie streben danach, kolossal zu sein und hauptsächlich Leere zu erreichen. Sie erinnern an nichts so sehr wie an die riesigen, hässlichen, unförmigen „Riesen", die vor dem alten Palast in Florenz stehen, ein Werk des obskuren Bildhauers, der Michelangelo durch seine schiere Masse übertreffen wollte. Und die ersten vier seiner Symphonien sind zwar weniger banal und pedantisch, aber immer noch amorph und im Grunde genommen aus zweiter Hand. Denn Mahler sprach nie in seiner eigenen Sprache. Sein Stil ist eine Mischlingssache. Das thematische Material ist fast ausschließlich abgeleitet und nachahmend, von beispielloser Mittelmäßigkeit und Deprimierung. Man fragt sich, ob es tatsächlich jemals einen angesehenen Komponisten gegeben hat, der so banale Ideen wie die im ersten Satz der Ersten Symphonie oder das blecherne, pompöse Thema, das die Achte eröffnet, oder die Melodie, die im letzteren Werk verwendet wird, verwendet hat der mystische Strophenanfang

„Alles vergängliche

Ist nur ein Gleichnis

wird intoniert. Man fragt sich, ob jemand Themen verwendet hat, die zuckersüßer und charakterloser sind als die des letzten Satzes der Dritten Symphonie oder des Adagio der Vierten. Hin und wieder schafft es zweifellos ein vager persönlicher Ton, ein Hauch der böhmischen Landschaft, in der Mahler geboren wurde, sich von den großen unfertigen Massen seiner Sinfonien abzuheben. Der flanierende Musikant spielt auf seiner Klarinette; Bauern sitzen an mit roten Tüchern bedeckten Tischen und trinken Bier; Hans und Gretel tanzen; Der Abend bricht herein; Die Bäche fließen silbern; aus den Kasernen erschallen die österreichischen Signalhornrufe; Es entstehen alte Soldatenlieder, die möglicherweise im Siebenjährigen Krieg gesungen wurden; Der Wächter macht seine schläfrigen Runden.

Aber es ist zumeist gerade der persönliche Ton, der seiner Musik völlig fehlt. Denn er war nie er selbst. Er war jeder und niemand. Er strebte immer danach, der eine oder andere Komponist zu werden, außer Gustav Mahler. Die fatale Assimilationskraft des Juden kommt nirgends in der Musik deutlicher zum Ausdruck als im Stil Mahlers. Romain Rolland entdeckt allein in der Fünften Symphonie Reminiszenzen an Beethoven und Mendelssohn, Bach und Chabrier. Schubert huscht beharrlich durch Mahlers Partituren, insbesondere durch die Dritte Symphonie, deren einleitendes Thema für acht Hörner fast pointiert an den Anfang von Schuberts C-Dur erinnert, ohne jedoch dessen Wirkung im Geringsten wiederzugewinnen. Bruckner, Mahlers Lehrer, spiegelt sich auch immer wieder in diesen Werken wider, in den Chorthemen, die Mahler so gern in seinen Kompositionen verkörpert, und insbesondere in der Länge und Wendung so vieler Themen seiner späteren Sinfonien. Denn wie die von Bruckner scheinen sie im Hinblick auf ihre Brauchbarkeit für kontrapunktische Deformation und Dissektion ausgewählt zu sein. Auch Wagner, Haydn, Schumann und Brahms, der sentimentale *Wienerwald* Brahms durchgehen diese Partituren unentwegt. Aber es war Beethoven, den Mahler vor allem nachahmen wollte. Über seine Sinfonien (und es ist eine merkwürdige Tatsache, dass Mahler, wie die drei Männer, die er am häufigsten imitierte, Schubert, Bruckner und Beethoven, nur neun Sinfonien schrieb), über sein gesamtes Werk, seine Lieder sowie seine Orchesterstücke, dort liegt der Schatten des Meisters von Bonn. Mahler war zweifellos Beethovens treuester Schüler. Sein ganzes Leben lang versuchte er, die „Zehnte Symphonie" zu schreiben, die Symphonie, vor deren Komposition Beethoven starb. Er versuchte ständig, sich dem großartigen, pathetischen Ton des anderen anzunähern, seiner großzügigen und selbstgerechten Art. Seine Musik ist voller, aber leicht verschleierter Zitate. Das Trompetenthema, das beispielsweise Mahlers Fünfte Symphonie einleitet, scheint das Ergebnis eines Versuchs zu sein, das Thema des Trauermarsches der „Eroica-Symphonie" mit den berühmten vier Raps von Beethovens Fünfter Symphonie zu kreuzen. Im ersten Satz der Zweiten Symphonie wird, kurz bevor das kaum verhüllte „Schlaf"-Motiv aus „Die Walküre" auf der Oboe erscheint, auf den Celli und Hörnern ein fast direkt aus Beethovens Violinkonzert übernommenes Thema angekündigt. Und das Andante derselben Symphonie leitet sich sowohl vom Allegretto von Beethovens Achter Symphonie als auch vom Andante seiner „Pastoralsymphonie" ab; könnte tatsächlich als eine Art „Szene am Bach" fungieren, durch die die gelblichen Fluten der Donau fließen. An Beethoven erinnern einige von Mahlers triumphalen Schlusssätzen, insbesondere die der Fünften und Siebten Symphonien, sowie viele von Mahlers Adagio-Passagen. „Es sucht der Bruder seinen Bruder", ach, wie oft und in welcher Länge durch Mahlers Symphonien und mit welcher Beharrlichkeit auf der Tenortrompete! Und wie oft geht in ihnen der deutsche Familienvater nicht an einem Sonntagnachmittag mit seinen Kindern durch den Wald spazieren und fordert sie auf, ihren Schöpfer dafür anzubeten, dass er die Liebe zur Tugend in das menschliche Herz eingepflanzt hat!

So wie es unvermeidlich war, dass Mahler, anstatt seine eigene künstlerische Individualität zu entwickeln, sein ganzes Leben lang danach strebte, sich mit bestimmten anderen Komponisten zu identifizieren, so war es auch unvermeidlich, dass es Beethoven war, dem er am eifrigsten nacheifern würde. Denn Beethoven war nicht nur der große Klassiker des deutschen Konzertsaals und galt, um es mit Laniers Worten zu sagen, als „lieber lebender Herr des Tons", als „einziger Hymner des gesamten Lebens". Er war von allen Meistern auch derjenige, der Mahler geistig am nächsten stand. Denn Beethoven war auch einer von denen, die ihrer Kunst moralische Größe verleihen wollten, ihr die Kraft geben wollten, die edelsten menschlichen Züge hervorzurufen und sie dazu zu bringen, ethische und philosophische Vorstellungen zu vermitteln. Auch er begann seine Kunst mit der großmütigen Hoffnung, seine Brüder zu stärken, zu trösten und zu erlösen, die Wunden des Lebens zu heilen und alle Menschen in die Bande der Brüderlichkeit zu binden. Hin- und hergerissen zwischen dem Wunsch nach Selbstdarstellung und der Angst vor Selbstoffenbarung, fand Mahler die Lösung seines Konflikts in diesem besonderen Stück Selbstidentifikation.

Und wäre Mahler wirklich in der Lage gewesen, er selbst zu sein und seine eigene Individualität zu entwickeln, dann wäre er zweifellos das gewesen, was er am meisten sein wollte, und hätte der Welt einen neuen Beethoven geschenkt. Aber als Nachahmer ist er weit davon entfernt, Beethoven zu sein! Was auch immer Beethovens Grenzen waren (und es waren viele, was die ihn anbetende Menge auch sagen mag), so besaß er doch in außerordentlichem Maße zwei Dinge, die Mahler ganz und gar fehlten: erfinderisches Genie und eine riesige Bauernkraft. Er war in der Lage, die gigantischen Programme, die er sich selbst gesetzt hatte, mit Kraft zu bewältigen. In manchen Momenten, wie in der c-Moll-Sinfonie und so vielen seiner Klaviersonaten, ist man zweifellos abgestoßen von einer gewissen undefinierbaren Pompösität und Selbstgerechtigkeit und wird von der Offensichtlichkeit, Langeweile und Schwerfälligkeit seiner Kunst genervt. Das Finale der Neunten Symphonie mit seinem Getöse und Krachen, seinem auf dem hohen C schreienden Chor, seinem türkischen Marsch mit Becken und Basstrommel ist nicht ganz inspiriert, da werden die meisten Leute zustimmen. Und doch sind Beethovens Wunder trotz all seiner Unzulänglichkeiten unzählig. Da sind die vielen Quartette mit ihrer meisterhaften Erfindung und Komposition, die Erste und Sechste Symphonie mit ihrer unsterblichen Jugend und Frische, ihrer herzhaften Kraft und Einfachheit, die zutiefst schönen Passagen und Sätze, die in fast jedem seiner Werke zu finden sind. Da ist all die wunderbare Solidität, die Mahler zum Beispiel nie erreichte. Denn in Mahlers Werken spüren wir nur die Absicht, selten die Leistung. Wir spüren, wie er sich qualvoll anstrengt, drängt und müht, sein banales Themenmaterial durch die Anwendung all der kleinen kontrapunktischen Formeln in Musik zu verwandeln versucht. Wir sehen, wie er sich schließlich auf physische Apparate verlässt, auf schiere rohe Gewalt. Seine Symphonien sind voll von sinnlosen Wiederholungen, von allerlei Augenmusik. Und in der Achten Symphonie, der Apotheose seines Vertrauens auf das Physische, ruft er einen Chor aus tausend Männern, Frauen und Kindern und am Ende, glaube ich, die Herabkunft des Heiligen Geistes herbei. Doch die endgültige Wirkung ist genau das Gegenteil von dem, was Mahler beabsichtigt hatte. Allein die Größe des Apparats stellt seine Müdigkeit und seine Einfallslosigkeit aufs schärfste heraus. Für einen Moment betäubt ein Werk wie die Achte Symphonie den Zuhörer allein durch seine physische Masse. Schließlich hört man nicht jeden Tag tausend Stimmen zusammen singen, und die Blechbläser und das Schlagzeug sind sehr brillant. Bald jedoch drängt sich die Erkenntnis auf, dass in diesem Werk weder der alles schaffende Geist steckt, den der Komponist so großartig anruft, noch der Himmel, den er so leidenschaftlich zu erreichen versucht. Sie stecken in der Musik von zwanzig anderen Komponisten. Denn diese Männer hatten gelebt. Und Mahler hat das wahre Leben nie erreicht.

Wenn seine Musik überhaupt etwas ausdrückt, dann drückt sie genau die Eigenschaften aus, die Mahler unbedingt verbergen wollte. Das Leben ist der größte aller Scherze, und Mahler, der seinen rassischen Merkmalen entkommen wollte, stellte letztlich nichts so sehr dar wie den Juden. Denn wenn hinter Mahlers Musik etwas Sichtbares steckt, dann ist es der Jude, wie ihn Wagner beispielsweise in „Das Judentum in der Musik" beschreibt, der Jude, der durch die oberflächliche Übernahme der Eigenschaften der Menschen, unter denen er zu leben verdammt ist, und durch die Unterdrückung seiner eigenen Natur unfruchtbar wird. Es ist der Jude, der von Unbehagen und Heimweh verzehrt wird, von ohnmächtiger Sehnsucht nach dem Terrain, das ihm freie Meinungsäußerung ermöglicht und das er als ein Anderswo oder als ein Traum-Palästina begreift. Es ist der Jude, der keinen Glauben, keine Freude oder keine Zufriedenheit empfinden kann, weil er sein eigenes Leben nicht ausleben kann. Es ist der Jude, der von Bitterkeit verzehrt wird, weil er sich selbst ständig untreu ist. Es ist der Jude, der Angst hat zu sterben, weil er sich nie wirklich ausgelebt hat. Es ist der Jude, wie er ist, wenn er am liebsten aufhören würde, Jude zu sein. Mahler hätte nicht mehr wie ein Jude wirken können, wenn er sich in all seiner hebräischen Inbrunst ausgedrückt hätte, anstatt über den heiligen Petrus im Himmel zu singen und zu versuchen, Rhabanus Maurus und Goethe in einer „höheren Synthese" zu versöhnen. Nur wäre es gute Musik gewesen, statt eines unscheinbaren und zusammengewürfelten Dings, das er komponierte. Alles, was er wirklich erreichte, indem er sich selbst behinderte, war Sterilität.

Und am Ende müssen wir zu dem Schluss kommen, dass es nicht nur die Umwelt war, die Mahler zur Unfruchtbarkeit verurteilte, so begünstigend sie auch sein mochte. Hätten wir kein Beispiel für einen jüdischen Musiker, der Kreativität durch den offenen Ausdruck seiner semitischen Eigenschaften erlangte, könnten wir annehmen, dass Mahler keine Wahl hatte und dass es unvermeidlich ist, dass der Jude, wann immer er den großen Stil versucht, genau das wird, was Wagner tut nannte ihn in seiner brillanten und brutalen Broschüre einen Prätendenten. Aber glücklicherweise gibt es ein solches Beispiel. Genf, „la ville Protestante", wo die Kunst von Ernest Bloch zum Vorschein kam, war schließlich nicht viel begierig darauf, eine jüdische Renaissance zu begrüßen, als das Wien von Gustav Mahler. Aber eine gewisse innere Kraft, die dem älteren Mann fehlte, gab dem jungen Genfer Komponisten den Mut, seine Stimme zu erheben und Erlösung zu erlangen. Es war schließlich eine Art Intelligenz, ein Realitätssinn, eine wirklich überwältigende spirituelle Stärke, die Mahler fehlte. Trotz all seiner immensen Fähigkeiten war er ein schwacher Mann. Er ließ zu, dass seine Umgebung ihn ruinierte.

# Reger

Die Abschriften der meisten Kompositionen Max Regers sind mit einem Cover-Design verziert, das Beethovens Totenmaske mit Lorbeerkranz darstellt. Seine Verleger haben diese Verzierung in aller Aufrichtigkeit dort angebracht. Denn es gab einen Moment, in dem Reger große Hoffnungen weckte. Zu der Zeit, als er auftrat, schien die Sache der „absoluten" Musik verloren. Musikalische Moderne und die programmatische Form schienen untrennbar miteinander verbunden zu sein. Die alten klassischen Formen wurden durch jene von Wagner, Liszt und Strauss verdrängt. Nicht dass es einen Mangel an bebrillten Musikdozenten gegeben hätte, die sich berufen fühlten, „klassische" Werke zu komponieren. Aber der Inhalt ihrer Arbeit war ausnahmslos formal. Reger jedoch schien in der Lage zu sein, eine Verbindung zwischen dem modernen Geist und den Formen herzustellen, die die Meister des 17. und 18. Jahrhunderts verwendeten. Er, der geplagte, nervöse, moderne Mensch, schrieb mit Gewandtheit Fugen und Doppelfugen, Chaconnes und Passacaglie, Concerti grossi und Variationen. Er schien die Geheimnisse der alten Komponisten gemeistert zu haben, ihre Arbeit fortzuführen und ihr Denken und ihren Stil weiterzuentwickeln. Er beherrschte die scheinbar technischen Details der Komposition hervorragend. Hatte er nicht in seinen „Beiträgen zur Harmonielehre" hundert Beispiele für Kadenzen vorgeschlagen, die vom gemeinsamen Akkord C-Dur durch jede mögliche Tonart und Transpositorik moduliert wurden? Hatte er nicht zwei Bücher mit Kanons geschrieben, die die erstaunlichste technische Raffinesse zeigten? Hatte er es nicht einfach gefunden, wie in seiner „Sinfonietta", fünf oder sechs kontrapunktische Stränge beizubehalten? Und so scharen sich die musikalischen Konservativen und Traditionalisten um ihn, weil sie glaubten, er würde für die Musik der Zeit nach Wagner das tun, was Brahms für die der Romantik getan hatte. Er wurde von einer großen Öffentlichkeit als direkter Nachfolger der drei großen „B" der Musik gefeiert. Ganz so, wie sie einst Brahms dem Komponisten des „Parsifal" gegenübergestellt hatten, erhoben die Anhänger des musikalischen Absolutismus Reger zu einer Art Gegenpapst zu Richard Strauss. Zahlreiche Musikzeitschriften widmeten sich dem Studium und der Diskussion seiner Kunst in all ihren Verästelungen. Reger schien kurz davor, einen Platz unter den Unsterblichen zu erlangen. Und seine Verleger brachten auf den Umschlägen seiner Kompositionen das Design an, das die großen Dinge symbolisierte, die dieser Mann ihrer Meinung nach vollbracht hatte, und die hohen Ziele, denen er ihrer Meinung nach zustreben sollte.

Der Erfolg war jedoch nur von kurzer Dauer. Lange vor seinem Tod hatte die Welt in Max Reger ihren musikalischen *Feind gefunden* . Die nähere

Bekanntschaft mit seiner Kunst hatte ihn bei seinem Publikum nicht beliebter gemacht. Tatsächlich waren die Konzertzuschauer seiner klassizistischen Kompositionen bis zur Verzweiflung gelangweilt. Den meisten Leuten schien es, als sähe dieser Mann im Komponieren kein anderes Ziel als das Erreichen der Opuszahl Tausend. Und obwohl seine Werke voll von technischen Problemen und Lösungen sind, die in die Musikwissenschaft Eingeweihte zu schätzen wissen, fanden sie nur wenige Musiker wirklich ansprechend. Reger unternahm verschiedene Versuche, die verlorene Gunst wiederzuerlangen. Sie waren vergebens. Selbst als er den Absolutisten den Rücken kehrte und programmatische Musik schrieb, romantische Suiten, die mit tiefen Flöten wie bei Debussy beginnen und mit Trompetenstößen enden, die an die Sonnenaufgangsmusik von „Also sprach Zarathustra" erinnern, Ballettsuiten, die mit Schumanns „Carnaval" und den Walzern im „Rosenkavalier" konkurrieren wollen, „Böcklin"-Suiten, die vorgeben, einige Gemälde des Schweizer Malers in Töne umzusetzen, verstärkte er die allgemeine Missgunst nur noch. Leute, die ihn kannten, flüsterten, er habe sein Versagen erkannt und in der Folge angefangen, die Bierfässer auszuleeren, in denen er schließlich ertrank. Und anlässlich seines Todes beschränkte sich der Abschied auf frostigen Applaus für seine ehrenwerte Orgelarbeit, seine Gelehrsamkeit und Produktivität, die denen der Komponisten des 18. Jahrhunderts beinahe ebenbürtig sind. Der letzte Versuch, das Publikum in der darauffolgenden Saison für sein Werk zu interessieren, brachte nur wenige dazu, ihre frühere Gleichgültigkeit zu bereuen. Mit einer Wiederbelebung des Interesses ist kaum zu rechnen.

Denn die Welt hatte keinen Brahms mehr bekommen. Tatsächlich war es eine Persönlichkeit, die genau der Art war, die Brahms nicht war. Die Ähnlichkeit war äußerst oberflächlich. Beide Männer gingen zu Bach und den Meistern der Polyphonie in die Schule. Beide waren Traditionalisten. Damit endet die Verwandtschaft. Denn der eine war ein Dichter, ein kräftig lebender, reicher und mächtiger Mensch. Der andere war im Grunde ein raues und hässliches Wesen, dem die göttliche Flamme sonderlich fehlte. Für Brahms war Gelehrsamkeit nur ein Mittel zum Zweck, eine Stärkung seiner persönlichen Ausdrucksweise. Er sah, dass die Schwächen vieler romantischer Komponisten, seiner Verwandten, insbesondere seines geistigen Vaters Schumann, auf ihren Mangel an Organisationskraft und ihre Hilflosigkeit in den größeren Formen zurückzuführen waren. Und da er bestrebt war, in seinem eigenen Werk eine große, solide, widerstandsfähige Form zu erreichen, wandte er sich an die großen Meister der Musikwissenschaft, an Beethoven und Haydn und insbesondere an Bach, um von ihnen zu lernen, damit er für seine Zeit etwas von dem tun konnte, was sie für ihre getan hatten. Und er war imstande, große Mengen seines Wissens aufzunehmen und es sich in Fleisch und Blut zu verwandeln. Manchmal ist man sich seiner Gelehrsamkeit zweifellos schmerzlich bewusst, schmerzlich bewusst, dass er Prinzipien anwendet, die er von Beethoven und Bach gelernt hat, und seine Musik ohne innere Notwendigkeit manipuliert. Manchmal riecht seine Musik tatsächlich nach Lampe. Und doch werden diese saftlosen Momente durch die Masse seines lebendigen, wohlriechenden, robusten Gesangs völlig aufgewogen! Wie selten tritt der Pedant in Brahms hervor! Hinter dieser Musik ist fast immer das große, ernste, leidenschaftliche, resignierte Geschöpf Brahms sichtbar, der Mann, der mit aller Kraft versuchte, sich angesichts der grauenhaften Anstürme des Lebens fest, aufrecht und unnachgiebig zu halten, der Mann, der ohne Hoffnung auf Erfüllung lebte, ohne Hoffnung auf Vollendung liebte und dennoch wusste, dass es Erfüllung genug, Vollendung genug war, geliebt zu haben, von einem strahlenden Traum berührt worden zu sein; der Mann, der nur darum betete, dass sein Herz nicht verwelken möge und dass er nie aufhören möge zu sehnen und zu träumen und den Schmerz und Trost der Schönheit zu spüren und die Kraft zu haben, zu singen. Und in seiner Musik findet sich fast immer der Trost der großen Wälder, die Heilung der Bäume und der Stille, die kühlenden Hände der Erde, das ewige Ja-Sagen zu Liebe und Schönheit, die männliche Resignation, der Abschied von Träumen und Leben. All diese Musik sagt: „Lied ist genug.“

Doch durch die Musik Max Regers schimmert keine solch anmutige Präsenz. Kein robuster Bardengeist schwingt in ihr. Dieser Reger ist ein sarkastischer, rüpelhafter Kerl, verbittert, pedantisch und rüde. Er ist eine Art musikalischer Zyklop, ein starkes, hässliches Wesen, vollgestopft mit knotigen und unförmigen Muskeln, ein Oger der Komposition. Er besitzt wenig Feingefühl, wenig Finesse des Geistes. Beim Anhören dieser Werke mit ihren plumpen Tonblöcken, ihrem ewigen sonnenlosen Klagen, ihrem Mangel an Humor, wo sie humorvoll wären, ihrem Mangel an Leidenschaft, wo sie tiefgründig wären, ihrem sardonischen und monotonen Bourdon wird man unweigerlich an das Foto von Reger erinnert, das seine Verleger auf das Cover ihres Werkkatalogs setzen, das Foto, das etwas zeigt, das wie ein geschwollener, kurzsichtiger Käfer mit dicken Lippen und mürrischem Gesichtsausdruck aussieht, der auf einer Orgelbank hockt. Es gibt etwas Abstoßendes und Pedantisches in dieser Kunst. Die Poesie, die Vornehmheit, die Mäßigung und die Reinheit der Linien von Brahms fehlen. Stattdessen gibt es eine Art brutale Kälte, die Kälte des geborenen Pedanten, ein Übermaß an schlechtem Humor, eine Armut an Erfindungsgabe und Organisationskraft, die sich unter einer kunstvollen, komplexen und gelehrten Oberfläche verbirgt. Die starke, ruhige, klassische Schönheit von Brahms fehlt. Trotz all ihrer Subtilität, Strenge und Tiefe, ihrer gelehrten und klassizistischen Art ist die Musik von Reger wirklich oberflächlich. Der Mann erreicht nur selten Form. Im Allgemeinen schreitet, entwickelt oder geschieht trotz all der komplexen und krampfhaften Aktivität seiner Musik nichts wirklich voran. Vor allem ist die stilistische Strenge von Brahms bei Reger zu einer Stilverwirrung geworden; zu einer Abwesenheit von Stil. Aus dem Klassischen ist das Barock geworden.

Reger ist einer der Männer, die Muskeln entwickeln, die jede Anmut und Handlungsfreiheit behindern. Man kann sich des Gefühls nicht erwehren, dass er sich an die klassischen Meister wandte, um ihre Formeln zu erhalten, um das Komponieren vor allem zu einer geistigen Übung zu machen, dass er so viele Regeln und Verhaltensweisen und Wendungen akzeptierte, um sich von der Notwendigkeit freier, voller und spontaner Bewegungen zu befreien. Bei Reger wird das Schaffen zur Routine. Seine Werke sind stereotyp und erschreckend schnell abgestanden. Es gibt Momente, in denen man sich fragt, ob er überhaupt verstanden hat, was Schaffen ist. Denn zweifellos scheinen drei Viertel seiner Kompositionen ohne innere Notwendigkeit geschrieben worden zu sein und bringen keine Befreiung mit sich. Sie sind wie mathematische Probleme und Lösungen, reine Hirngespinste und unlyrische Werke. Bei Reger ist man sich immer bewusst, dass er kontrapunktische Probleme löst, um die vulgäre Herde der Professoren in Erstaunen zu versetzen. Reger beherrschte zweifellos die Kunst, mit einer erstaunlichen Logik zu sprechen und dennoch nichts zu sagen. Vielleicht redete er ununterbrochen, um nicht nachdenken zu müssen. Und trotz all seiner Gelehrsamkeit verstand er seine Meister nur intellektuell. Er fühlte sich berufen, das Werk der drei großen „B" fortzuführen, und verstand doch nie den großartigen Geist, der ihre Kunst beseelte. Strauss ist mit seiner hervorragenden Instrumentalführung in der Partitur von „Salome" dem Geist Bachs näher, als Reger mit all seinen Fugen und Doppelfugen je war.

Reger liebte zweifellos die mathematische Solidität und Ausgewogenheit der älteren Musik und versuchte sie sich deshalb anzueignen. Aber er tat mehr, als nur davon zu lernen, wie Brahms es getan hatte. Er versuchte, mit den großen Männern der Vergangenheit auf ihrem eigenen Gebiet zu konkurrieren, das, was sie konnten, besser zu machen, als sie es getan hatten, um sagen zu können: „Seht, ich kann das auch!" Wir finden also, dass er Kontrapunkte eher um der Gelehrsamkeit und der vermeintlichen Ehrwürdigkeit willen schrieb, als als Ausdrucksform. Seine Kompositionen sind überladen und überladen und durch alle möglichen gelehrten Wendungen und Manöver verunstaltet. Die ganze Aufmerksamkeit des Mannes scheint darauf gerichtet gewesen zu sein, dass seine Werke die Gelehrten in Erstaunen versetzen und die Einfältigen in den Wahnsinn treiben. Sogar ein leichtes Lied wie „Wenn die Linde blüht" ist mit kontrapunktischen Glücksmomenten geschmückt. Er kopiert die Manierismen der Komponisten des 17. und 18. Jahrhunderts und verzerrt seine Kompositionen mit allen möglichen altmodischen Wendungen. Er scheint unweigerlich an seinen Arbeitstisch gekommen zu sein, mit dem

Kopf voll von den Kompositionen, die er studiert hatte. Sein Impuls scheint immer eine reflektierte Sache zu sein, ein Wunsch, mit jemandem auf dessen Bedingungen zu konkurrieren. Er schreibt Fugen für Orgeln und Sonaten für Violine solo unter dem Einfluss von Bach, Concerti grossi unter dem Einfluss von Händel, Variationen unter dem von Mozart, Sonaten unter dem von Brahms. Vergeblich sucht man in all seinen Werken nach einem vollkommen individuellen Stil. Der lebende Mensch ist unter der Masse schlecht assimilierter Gelehrsamkeit begraben. Selbst im besten Fall, in den Hiller-Variationen, in einigen der Streichtrios und Orgelfugen, einigen seiner ernsten Adagios, sogar in einigen seiner sarkastischen und turbulenten Scherzi (vielleicht seine originellsten Beiträge), ist seine Kunst eher eine Verfeinerung einer anderen Kunst als ein frischer und lebendiger Ausdruck. In ihm hatte die Erziehung den typischen Pedanten hervorgebracht, einen Pedanten von zyklopischer Muskulosität vielleicht, aber dennoch einen Pedanten.

Und so wird Reger heute nicht als Brahms' Nachfolger, sondern als dessen genaues Gegenteil angesehen. Es ist nicht so, dass man heute keine Fugen und Konzerte im alten Stil schreiben könnte, dass moderne Musik und die antiken Formen unvereinbar wären. Es ist so, dass Reger kaum ein Künstler war. Er verwechselte die materielle Hülle mit dem Geist, dachte, es gäbe Formeln für Kompositionen, Königswege in den Himmel von Bach und Mozart. Etwas mehr Menschlichkeit, Sympathie für den Menschen und seine Erfahrungen, innere Freiheit hätten ihn retten können. Aber es war gerade die poetische Gabe, die dem Mann bedauerlicherweise fehlte. Und so strandete Reger, beladen mit zu viel Gelehrsamkeit und zu wenig Weisheit, auf Grund.

# Schönberg

Arnold Schönberg aus Wien ist die große beunruhigende Präsenz der modernen Musik. Sein riesiger, blasser Schädel senkt sich darüber wie eine Art Nordkap. Denn mit ihm scheinen wir mit den berühmten grausamen fünf Orchester- und neun Klavierstücken in die arktische Zone der Musikkunst vorzudringen. Keiner der alten Leuchtfeuer, keiner der alten Sterne kann uns länger in dieser gefrorenen Wüste führen. Seltsame, bedrohliche Formen umgeben uns, und das Licht ist düster, kalt und schwach. Auch die charakteristischen Kompositionen Strawinskys und Ornsteins haben keine Tonalität, keine Spur eines reinen Akkords und weisen unanalysierbare Harmonien und Rhythmen von heftiger Neuheit in den erstaunlichsten Konjunktionen auf. Aber sie vermitteln zumindest ein gewisses Gefühl der Befreiung. Zumindest sind sie ein sicheres Zeugnis für den emotionalen Höhenflug des Komponisten. Hier pulsiert ein Instinkt, ein barbarischer und ungezügelter Instinkt, wenn man so will, aber zweifellos überschwänglich und lebendig. Diese Arbeiten haben eine Notwendigkeit. Diese Harmonien haben Farbe. Diese Musik ist offensichtlich Sprache. Doch die späteren Kompositionen Schönbergs halten sich zurück, verweigern unseren Kontakt. Sie verblüffen durch ihre scheinbar absichtliche Hässlichkeit und verblüffen durch ihre geometrische Grausamkeit und Kälte. Es lässt sich nicht erahnen, dass sich der Komponist bei ihrer Gestaltung selbst befreit hat. Im Gegenteil, sie wirken eisig und gehirngesponnen. Sie sind wie Menschen, die nicht aus Fleisch, Knochen und Blut, sondern aus Glas, Draht und Beton bestehen. Sie knarren und ächzen und kratzen bei ihrer Bewegung. Sie haben die tödliche Blässe der Abstraktionen.

Und Schönberg bleibt eine beunruhigende Präsenz, solange man diese besonderen Stücke weiterhin als Ausdruck einer Empfindsamkeit betrachtet, solange man weiterhin in ihnen den lyrischen Schwung sucht. Denn obwohl man sie mit dem Verstand wahrnimmt, kann man sie musikalisch kaum spüren. Die widersprüchlichen Rhythmen des dritten der „Drei Stücke für Klavier" prallen aufeinander, ohne Hitze zu erzeugen, ohne schließlich wirklich zu klingen. Zweifellos liegt in der musikalischen Linie des ersten der „Drei" eine gewisse bewundernswerte Kompromisslosigkeit, eine gewisse ägyptische Strenge. Aber wenn es so etwas wie eine Form ohne Bedeutung in der Musik gibt, könnten diese Kompositionen dann nicht als Beispiel dafür dienen? Tatsächlich kann man sie nur als Experimente, als Einbeziehung einer abstrakten und intellektualisierten Formauffassung in den Ton überhaupt verstehen. Und nur wenn man ihn in erster Linie als Experimentator betrachtet, verliert der spätere Schönberg seine Unverständlichkeit und kommt uns etwas näher.

Vieles in Schönbergs Karriere macht diese Erklärung zu mehr als nur einer einfachen Lösung eines lästigen Problems, sie macht sie sogar überaus plausibel. Schönberg war nie der instinktivste und gefühlvollste, der am wenigsten verkopfte und intellektualistische Musiker. Denn so wie Gustav Mahler ein Beispiel dafür sein könnte, dass das musikalische Temperament den musikalischen Intellekt verhängnisvoll überwiegt, so könnte Arnold Schönberg ein Beispiel dafür sein, dass das Gefühlsvermögen ebenso übermäßig durch Gehirnkram überlagert wird. Die Freundschaft der beiden Männer und ihre gegenseitige Bewunderung lassen sich leicht damit erklären, dass jeder im anderen das Element entdeckte, das er am meisten wollte. Zweifellos sind die Werke aus Schönbergs Frühwerk, das von den Liedern op. 1 bis zur „Kammersymphonie" op. 9 reicht, voll leidenschaftlicher Lyrik und romantischer Überschwänglichkeit. „Gurrelieder" öffnet tatsächlich die Schleusen der Romantik weit. Aber diese Kompositionen sind etwas untypisch und abgeleitet. Die frühen Lieder beispielsweise könnten aus der gewandten Feder von Richard Strauss stammen. Sie haben viel von der schläfrigen Wärme und süßen harmonischen Farbe Strauss', viel von der Strauss'schen Ausgelassenheit, die manchmal so leicht in den luftigen Stolz des jungen Bourgeois ausartet, der sich für einen Übermenschen hält. Es war nur ein Zufall, dass „Freihold" nicht von dem Münchner Tondichter geschrieben wurde. Auch das Orchestergedicht nach Maeterlincks „Pelléas" ist ultraromantisch und postwagnerisch. Das Trompetenthema, das „Pelléas"-Thema, beispielsweise, stammt in direkter Linie von den Motiven „Walter von Stolzing" und „Parisfal" ab. Das Werk zeigt, dass Schönberg versucht, Strauss auf dem Gebiet der symphonischen Dichtung nachzueifern; sein Bemühen ist jedoch vergebens. Denn es hat nichts von Strauss' Glanz und Pointe und ist eher langweilig und matschig. Der große, stürmische, pathetische Höhepunkt ist von der Art, die, seit Wagner und Tschaikowsky ihn erstmals ausnutzten, eher ärgerlich und vulgär als aufregend geworden ist. Insgesamt ist das Werk viel weniger „Pelléas et Mélisande" als „Pelleas *und* Melisanda". Und die anderen Werke dieser Zeit, so brillanter sie auch gemacht und opulenter koloriert sind, gehören immer noch eindeutig zur romantischen Schule. Die Person, die ekstatisch erklärte, dass die Teilnahme an einer Aufführung des Streichsextetts „Verklärte Nacht" dem „Hören eines neuen ‚Tristan'" gleicht, bewies letzten Endes unbewussten kritischen Scharfsinn. Die große Kantate „Gurrelieder", die symphonische Vertonung von Jens Peter Jacobsens Romanze in Lyrik, könnte sogar als das große Finale der gesamten postwagnerischen, ultraromantischen Periode gelten und den Moment darstellen, in dem der gesamte Stil und die Atmosphäre ihren letzten heroischen Dienst leisteten. Und selbst die Kammersymphonie ist trotz aller Anzeichen eines Übergangs zu einer persönlicheren Art, trotz der zunehmenden Scholastik des Tons, trotz der säuerlicheren Farbgebung, trotz des deutlich neuartigen Scherzos mit seinen kapriziösen und rehkitzartigen Sprüngen nicht ganz charakteristisch für den Mann.

Im Streichquartett Opus 7 spricht Schönberg zum ersten Mal seine eigentliche Sprache. Und indem es ihn offenbart, zeigt das Werk, wie theoretisch seine Intelligenz ist. Zweifellos ist das Quartett in d-Moll ein wichtiges Werk, eine der wichtigsten Kammerkompositionen. Es ist sicherlich eines der großen Stücke moderner Musik. Es vermittelt ein unvergessliches und lebendiges Gefühl für die Stimme, den Akzent, das Timbre der rasenden, neurotischen modernen Welt; es deutet auf das Kommen einer freien und subtilen, bitteren und kraftvollen modernen Musikkunst hin. Allein als Konstruktionsstück ist das Quartett in d-Moll von enormer Bedeutung. Die Polyphonie ist kühn und frei, die Stimmen zeigen eine Unabhängigkeit, die seit den Tagen der Madrigalisten vielleicht unbekannt war. Das Werk wird nicht nur durch die Zusammenführung der vier Sätze zu einem einzigen vereint, sondern auch durch einen zentralen Satz, eine „Durchführung", die zwischen Scherzo und Adagio eingeführt wird und die innere Kohärenz aller Themen offenbart. Die Logik wird den Regeln der Harmonie nicht geopfert. Tatsächlich ist das Werk durch eine gewisse Kompromisslosigkeit und Schärfe in seiner Harmonie gekennzeichnet. Die instrumentale Farbgebung ist prismatisch, alle Register der Streicher werden mit großer Geschicklichkeit eingesetzt. Abgesehen vom Thema des Scherzos, das ein wenig zu sehr an die teutonischen Banalitäten von Mahlers Symphonien erinnert, ist die Qualität der Musik insgesamt ernst, ergreifend und emporgehoben. Sie hat eine gelehrte Würde, eine meisterhafte Fülle, ein Helldunkel, das in manchen Momenten an Brahms erinnert, obwohl Schönberg eine sinnliche Melancholie, eine Zartheit und eine hebräische Bitterkeit besitzt, die dem anderen fehlt. Wie so vieles von Brahms kommt diese Musik aus der Stille des Arbeitszimmers, obwohl das Arbeitszimmer in diesem Fall eher das Zimmer eines jüdischen als das eines deutschen Gelehrten ist. Wäre das gesamte Werk von der Fülle und Lyrik der letzten beiden Sätze; Wäre es durchgängig so leidenschaftlich wie das breite, graue, laute Keimthema, mit dem das Werk beginnt und das es mit sich fortreißt, könnte man den Komponisten ohne weiteres in die Gesellschaft der Meister der Tonkunst einordnen.

Leider sind die großartigen Passagen mit unmusikalischen durchsetzt. Nicht nur, dass das Werk nicht ganz „Kunst verbirgt", es riecht auch zu sehr nach Labor. Es ist auch so, dass Teile davon kaum „gefühlt" werden, nur allzu offensichtlich zimmermannsmäßig. Das Werk ist voller Musik, die sich in erster Linie an Theorieprofessoren richtet. Es ist voller Texte, die von einer willkürlichen und intellektuellen Formauffassung diktiert werden. Es gibt viel Kontrapunkt darin, der nur zum Nutzen derer existiert, die Partituren „lesen", und der das Werk überfrachtet. Es gibt ganze Passagen, die nur existieren, um einer schulmäßigen Forderung nach thematischen Umkehrungen und Deformationen zu gehorchen. Es gibt unnötig viel Marschieren und Gegenmarschieren der Instrumente, eine Besessenheit von bestimmten Rhythmen, die rein mechanisch wird, eine Intensivierung der kontrapunktischen Pickings und Pickings, die in den Kompositionen von Brahms so oft stören. Hier ist Schönberg der Intellektualist, Schönberg der Doktor der Musik, und nicht Schönberg der Künstler der Gewinner.

Und ihm begegnet man fast ausschließlich in der Musik der dritten Periode, den rätselhaften kleinen Stücken für Orchester und Klavier. Er ist der Sieger aus dem Duell des d-Moll-Quartetts. Diese grotesken und bedrohlichen kleinen Werke stammen direkt von den intellektualisierten Passagen des großen Vorgängers ab und sind in der Tat ein vollständiger Ausdruck der theoretischen Prozesse, die sie ins Leben gerufen haben. Denn während im Quartett die Scholastik einem Körper musikalischer Ideen überlagert zu sein scheint, scheint sie in den Werken der letzten Periode nahezu das generative Prinzip zu sein. Letztere haben die ganze Luftlosigkeit, den Mangel an Poesie, die Frigidität von Dingen, die nach einer Formel konstruiert sind, so gewagt und brillant diese Formel auch sein mag. Sie erwecken den Eindruck, als sei Schönberg durch einen Prozess des Nachdenkens, Nachdenkens und Studierens zu dem Schluss gekommen, dass die Musik der Zukunft in der Logik der Dinge diese oder jene Wendung nehmen würde, nämlich die Tonalität, wie sie verstanden wird zum Verschwinden verurteilt war, dass die Stimmführung eine neue Unabhängigkeit erlangen würde, dass neue Vorstellungen von Harmonie entstehen würden, dass der Rhythmus durch den Einfluss des neuen mechanischen Körpers des Menschen eine neue Freiheit erlangen würde, und dass er dazu übergegangen war, seine Theorien in den Ton zu integrieren . In diesen Kompositionen findet man auf Schritt und Tritt das Experimentelle und Methodische. Hinter ihnen scheint man stets jemanden zu erkennen, der vor einem Notenblatt sitzt und sich an der Kunst des Musizierens zu schaffen macht; Er wollte herausfinden, was daraus resultieren würde, wenn er als harmonische Grundlage nicht den Dur-Dreiklang, sondern die Moll-Nonte akzeptieren würde, wenn er zwei widersprüchliche Rhythmen aufeinanderprallen ließe oder alles schärfer machen und eine geometrische Härte der Linie beibehalten würde. Man spürt in ihnen immer die Intelligenz, die sich bewusst auf die Suche nach neuen musikalischen Formen macht. Bei aller scheinbaren Freiheit sind sie voll von den ältesten musikalischen Verfahren, reich an kanonischen Imitationen, an Vergrößerungen und Verminderungen, an allen möglichen gruseligen kontrapunktischen Manövern. Sie sind Kopfmusik der kompromisslosesten Sorte. Die „Fünf Orchesterstücke" sind reich an rein theoretischen Instrumentenkombinationen, die überhaupt nicht klingen. „Herzgewächse", die zeitgleich mit diesen Stücken entstandene Vertonung des Gedichts von Maeterlinck, stellt fantastische Anforderungen an den Sänger, verlangt von der Stimme, das hohe F *pppp zu halten* , schnell über die weitesten Intervalle zu springen und sich über eine filigrane Begleitung zu behaupten Celesta, Harmonium und Harfe. Aber gerade in der Klaviermusik werden die Klänge am gröbsten vernachlässigt. Manchmal wirken sie wie Abstraktionen von den Eigenheiten und Manierismen der Werke aus Schönbergs zweiter Schaffensperiode, in der Hoffnung, zu einem eindeutigen Stil und einer bestimmten Intensität der Rede zu gelangen. Sie riechen genauso nach der Synagoge wie nach dem Labor. Neben dem Doktor der Musik steht der talmudische Jude, der Mann voller Verstand und ohne Gefühl, der sich mit der Musikkunst beschäftigt, als wäre sie das Gesetz.

Die Kompositionen dieser Zeit stellen eher einen künstlerischen Rückschritt als einen Fortschritt dar. Bei aller offensichtlichen stilistischen Verwandtschaft mit der Musik von Strawinsky, Skrjabin und Ornstein handelt es sich bei ihnen nicht um „moderne Musik". Sie sind auch keine „Musik der Vergangenheit". Sie gehören eher zu der Art von Musik, die mit der Vergangenheit genauso wenig zu tun hat wie mit der Gegenwart oder der Zukunft. Sie gehören zu der Art, die niemals Jugend und Kraft besitzt und in dem Moment, in dem sie entsteht, alt ist. Ihre wesentliche Ausdruckslosigkeit macht die Eigenschaften, die Schönberg aus seiner fruchtbaren Zeit in sie hineingetragen hat, nahezu wertlos. Die Strenge und Kühnheit der Konturen, die im Quartett so bissig sind, verlieren bei ihnen fast ihre Bedeutung. Wenn es so etwas wie rhythmuslose Musik gibt, wäre das stagnierende Orchester der „Fünf Orchesterstücke" nicht ein Beispiel dafür? Die abwechselnd satte und säuerliche Farbe ist verblasst; ein eisiges Grün dominiert. Und seltsamerweise bekräftigt sich in der gesamten Gruppe die alte romantische Verbundenheit mit dem frühesten Schönberg. Wotan sticht mit seinem Speer durch den Schluss des ersten der „Drei Stücke für Pianoforte". Und die zweite der Reihe, eine Komposition, die nicht ohne Prägnanz ist, sowie einige der winzigen „Sechs Klavierstücke", Op. 19, erinnern an Momente an Brahms, an andere an Chopin, ein Chopin, natürlich leichenhaft und leicht grün geworden.

Es kann sein, dass sich Schönberg mit diesen Experimenten für eine neue Schaffensperiode rüsten wird, so wie er sich zweifellos mit Hilfe von Experimenten, die er nicht veröffentlichte, für die Periode vorbereitet hat, die das d-Moll-Quartett darstellt. Möglicherweise wird man feststellen, dass das Monodrama Op. 20, „Die Lieder des ‚Pierrot Lunaire'", das letzte seiner Werke, das Gehör fand, war in Wahrheit ein Zeichen für eine erneute Loslösung des alten lyrischen Impulses, der so lange inhaftiert war. Aber der Komponist Schönberg wird vorerst fast völlig von dem Experimentator Schönberg verdeckt. Gegenwärtig ist er der große Theoretiker, der andere Theoretiker bekämpft, der Doktor der Musik, der von Ärzten geschaffene Gesetze vernichtet. Daher ist sein Nutzen keineswegs gering. Er spricht mit einer Autorität, die nicht geringer ist als die seiner Gegner, der anderen und weniger radikalen Professoren. Auch er hat ein System und eine Methode erfunden; seine „Harmonielehre" zum Beispiel ist ebenso unumstößlich wie ihre; Er kann mit dem Teufel aus der Heiligen Schrift zitieren. Er zerstört zumindest den alten einengenden Aberglauben und übt dadurch möglicherweise einen unkalkulierbaren Einfluss auf den Verlauf der Musik aus. Es kann sein, dass mancher zukünftige Musiker durch Schönbergs Erkundungen besser gerüstet sein wird. Er ist zweifellos der meisterhafteste Theoretiker seiner Zeit. Die Tatsache, dass er am Anfang seiner Abhandlung über Harmonie schreiben konnte: „Was ich hier niedergelegt habe, habe ich von meinen Schülern gelernt", beweist unabhängig davon, dass er ein großartiger Lehrer ist. Es ist wahrscheinlich, dass seine spätere Musik, die Musik seiner rätselhaften „dritten Periode", bald einfach als Teil seines einzigartigen Lehrgangs betrachtet wird.

# Sibelius

Andere haben den Norden in die Häuser gebracht und ihn dort in Musik verwandelt. Und ihre Kunst ist auf den Schutzraum angewiesen und schwindet, wenn man ihn verlässt. Aber Sibelius hat Musik geschrieben, die frei von Dach und Umzäunung ist, Musik, die tatsächlich der Weite, dem finnischen Himmel, unter dem sie wuchs, eigen ist. Und könnten wir es nur bis in den nördlichen Tag hinaustragen, würden wir es unvermindert vorfinden, lebendig mit all seinem Leben. Denn es ist ein Blutsbruder des Windes und der Stille, der herabsinkenden Klippen und der Gischt, des rauhen Schreis der Seevögel und des Atems des Nebels, und inmitten von ihnen würde es wachsen und neue Kraft daraus schöpfen die Stärken seiner Artgenossen.

Luft weht durch die Musik von Sibelius, beschleunigt selbst die kleinste seiner Kompositionen. Es gibt einige seiner Lieder, einige seiner Orchesterskizzen, die ohne die windige Frische, die sie durchdringt, wertlos wären. Aus all seinen Werken, selbst aus den alltäglichsten, geht ein weiter und klangvoller Raum hervor. Lieder wie „To the Evening", „Call" und „Autumn Sundown", unabhängig von ihrem ultimativen musikalischen Wert, scheinen tatsächlich vom nördlichen Abend geprägt zu sein und scheinen in ihrer Substanz die wässrigen Farbtöne des Himmels und den naiven Duft der Wälder einzubeziehen und Wiesen, die Tintinnabulation schwebt durch die stille Luft des Sonnenuntergangs. Es ist, als wäre Sibelius so sensibel für die Qualität seiner Heimat, dass er genau weiß, in welchen schwarzen und massiven Akkorden des Klaviers beispielsweise die Stille von Felsen und Wolken liegt und welche Art von Widerstand genau zwischen Gesang und Klavier entstehen kann menschlicher Gesang erklingt wie im Freien. Aber es ist in seinen Orchesterwerken, denn er ist entschlossen, Orchester zu komponieren, wo er es am erfolgreichsten gelöst hat. Es gab keinen Komponisten, nicht Brahms in seinem deutschen Wald, noch Rameau inmitten der Pappeln seines silbernen Frankreichs, nicht Borodin in seinen Steppen, noch Mussorgsky auf seinen schneebedeckten Feldern unter dem bedrohlichen Himmel, dessen Musik die Farben und Formen zurückgibt und Gerüche seines Heimatlandes nachhaltiger. Die Orchesterkompositionen von Sibelius scheinen über schwarze Wildbäche und trostlose Moorlandschaften, durch fahles Sonnenlicht und düstere Urwälder gewandert zu sein und von ihnen durchnässt worden zu sein. Die Instrumentierung besteht ausschließlich aus feuchten Grau- und Schwarztönen, aufgelockert nur durch kleine Helligkeitsbrocken, die so blass und schwer fassbar sind wie der nördliche Sommer, frostig grün wie die Polarlichter. Die Werke sind voll vom Knirschen der Fagotte und der Trostlosigkeit des Englischhorns, voll von zerschmetternden Posaunen und schreienden Geigen, voll vom unheimlichen Rollen der Trommeln, dem bedrohlichen Nachhall der Becken, dem eisigen Glitzern der Harfen. Die musikalischen Ideen der fein umgesetzten Kompositionen erinnern an die Robustheit, Härte und Kargheit der Dinge, die im finnischen Winter andauern. Die Rhythmen scheinen sich den wilden, zahllosen Rhythmen des Waldes und des Windes und des flackernden Sonnenlichts anzunähern. Musik ist seit jeher eine Bewegung, die sich „der Natur hingibt", und Schönbergs Motto ist nichts anderes als die Präzision eines Motivs, das alle Komponisten beherrscht. Aber Sibelius hat Musik geschrieben, die genau die Antwort auf diesen Ruf zu sein scheint und in der Tat der Norden zu sein scheint.

Eine solche Entdeckung der Natur war notwendigerweise ein Teil seiner Selbstenthüllung. Denn Sibelius ist im Grunde ein Nordmann. Trotz all seiner persönlichen Errungenschaften und seiner kulturellen Stellung ist er immer noch ein finnischer Bauer, der sein rassisches Erbe in sich bewahrt. Andere Musiker, die das Leben noch immer als ein grimmiges, kurzes Durcheinander blutiger Kämpfe, der Anspannung hoher, unnachgiebiger Herzen und des Einsturzes eines sicheren, unausweichlichen Schicksals erlebten, haben sich als Nachfolger der Skalden gesehen und sich im grauen, urzeitlichen Norden erträumt. Doch in Sibelius' Gegenwart erscheinen sie nur allzu offensichtlich als Männer einer sanfteren, späteren Generation. Neben seiner erscheint ihre Musik in romantischen Glanz gehüllt. Denn es gibt Zeiten, da betritt er den Konzertsaal wie ein Mann aus einer früheren Zeit, wie ein hagerer, verknoteter Barbar aus der Welt der Sagen. Manchmal kommt er unter uns wie jemand, der durchaus ein Kamerad von beworfenen Kriegern gewesen sein könnte, die mit Keulen und Hämmern kämpften, wie jemand, der an schwarzen, rauchenden Herden ebenso bereitwillig eine rohe Musik hätte schlagen können wie Tongedichte für den modernen Konzertsaal. Und seine Musik mit ihren Wikingerschlägen und wilden, schreienden Akzenten, ihrer harten und ungehobelten Sprache versetzt uns ohne Umstände in diese versunkene Welt, versetzt uns mitten in die Mitte der kahlen Männer und ernsten, wilden Frauen, für die die Sagen gemacht wurden, so dass wir sie in all ihrer rasenden Kraft und krassen Barbarei sehen und sie beinahe mit den Fingern unserer Hände berühren können. Und weil Sibelius so sehr Mensch ist, wie ihn der Kampf mit dem Norden gemacht hat, konnte ihm nur der Anblick seiner Heimaterde ein tiefes Selbstbewusstsein vermitteln. Denn seine Individualität ist nur die Form der Seele, die seiner Rasse durch ihre jahrhundertelange Anpassung gegeben wurde. Es ist der Norden, der ihm seine tiefe Erfahrung gegeben hat. Seine Rhythmen haben ihn ausgezeichnet. Seine Farbe und die Farbe seines Geistes sind Zwillinge. Und so wendet er sich ihm zu wie einem Spiegel. Wie das des Helden seines Tongedichts ist sein Leben eine lange Reise nach Finnland. Der Kontakt mit der finnischen Erde gibt ihm die Kontrolle zurück. Es ist der Norden, der Wind, das Moorland und das Meer, die die Fragmente seiner gebrochenen Seele sammeln und ihn wieder ganz machen.

Mit der Zustimmung eines Volkes kam Sibelius seiner Aufgabe nach. Vor seiner Geburt hatte die Rasse, die ihn hervorbrachte, jahrhundertelang an den rauen Küsten gelegen. Aber jetzt keimte eine neue Kraft darin auf. Die Jugend hatte es wieder einmal überholt und es mit dem Wunsch nach Unabhängigkeit erfüllt. An das Russische Reich gefesselt, streckte es seine Hand nach allem aus, was ihm die Kraft geben konnte, durchzuhalten und durchzuhalten, nach allem, was ihm die Erkenntnis seiner wahren Seele geben konnte. Und so reiste Sibelius auf der Suche nach dem Ausdruck seiner eigenen Persönlichkeit, die so sehr mit der seiner Kameraden übereinstimmte, auf die übliche Art und Weise. Das Wort, das er suchte, das Wort, das seiner Seele Erfüllung bringen sollte, wurde von seinen Mitmenschen dringend benötigt. Unartikuliert warteten Tausende, obwohl sie sich seiner Existenz nicht bewusst waren, auf sein Werk und wollten den Lebensunterhalt, den es geben konnte. Und gewiss muss das Bewusstsein für die Notwendigkeit seiner Arbeit, das Bewusstsein für den hohen Stellenwert, den das Leben selbst seinen besten und reinsten Errungenschaften beimisst, schon immer bei Sibelius gewesen sein, ihm einen mächtigen Ansporn gegeben und ihm enorm geholfen haben Erfolge. Er muss die ganze Dynamik des Rennens gespürt haben, die ihn antreibt. Er muss ständig den wunderbaren Reiz des Gefühls um sich gehabt haben, denn die ganze Nacht und die Kälte, die Gestalten der Kameraden, die auf ein einziges hohes Ziel zustrebten, fühlten sich als Teil einer Armee marschierender Männer. Dieses Volk hatte sich vor langer Zeit die Figur eines Heldendichters, Vainemunden, vorgestellt, ihm ein Instrument in die Hände gelegt, das „aus großer Trauer geformt" war, und seinem Lied magische Kraft zugeschrieben. Und Sibelius, der sich über sein Notenblatt beugte, muss gespürt haben, wie sich der Traum in ihm regte, er musste gespürt haben, wie dieses geheimnisvolle Bild, wenn auch unvollständig, in ihm verkörpert war, und so fuhr er mit seiner Arbeit fort, in der ewigen Gewissheit, dass alles, was er tatsächlich vollbrachte, daraus erwachte das Herz des Volkes und reagierte auf dessen uralte Not.

Aus einem solchen Impuls ist seine Kunst entstanden. Zweifellos ist manches davon nicht die Reaktion, die eines so hohen Anreizes würdig wäre. Wenige bedeutende moderne Komponisten sind so außergewöhnlich unausgeglichen wie Sibelius. Stimmungen wie jene, die die liebenswürdige Eleganz des „Valse Triste" hervorbrachten, und jene, die die harte und nackte Wesentlichkeit der Vierten Symphonie hervorbrachten, sind einander fast fremd. Die schöpferische Kraft selbst ist bei ihm außerordentlich unbeständig. Es ist, als ob er trotz all seiner körperlichen Robustheit nicht ganz die geistige Unermüdlichkeit des großen Künstlers besitzt. Er besitzt nicht jene erfinderische Hitze, die es dem Komponisten unbestreitbar ersten Ranges ermöglicht, sich unermüdlich in all seiner Unabhängigkeit und Intensität zu verwirklichen. Zu oft wird Sibelius' Individualität durch die anderer Menschen überlagert und gedämpft. Zweifellos durchläuft jeder schöpferische Künstler eine Phase der Unterwerfung unter fremde Glaubensrichtungen. Aber in Sibelius scheinen zwei unterschiedliche Persönlichkeiten zu existieren, die eine stark und unabhängig, die andere schüchtern und einfallslos, die ihn abwechselnd dominieren. Sogar einige der Musikstücke, die zeitgleich mit der großartigen Vierten Symphonie entstanden, sind seltsam wirkungslos und sinnlos. Zwar fehlen die Farbe, die Atmosphäre und der Ton des Nordens nie ganz aus seinem Werk. Seine Lieder fangen ausnahmslos, manchmal fast auf wundersame Weise, die dunklen und trauernden Akzente des skandinavischen Volksliedes wieder ein. Trotz aller Modernität des Mediums sind sie einfach und nüchtern. Darüber hinaus gibt es in denjenigen seiner Kompositionen, die der Banalität am nächsten kommen, eine gewisse rettende Härte, Männlichkeit und Ehrlichkeit. Anders als sein Nachbar Grieg ist er nie kleinlich und oberflächlich. Wir finden ihn nie in einem hübschen Boudoir schmachten. Er ist immer draußen unter freiem Himmel. Nur ist er nicht immer frei und einfallsreich und zutiefst selbstkritisch. Sogar durch das kühne und raue und großartige Violinkonzert huschen zeitweise die Schatten von Beethoven, Wagner und Tschaikowsky. Das erste Thema des Quartetts „Voces intimæ" ähnelt nicht wenig einem bestimmten Thema in „Boris". Der Schluss von „Nightride and Sunrise" ist ein verwässerter Brahms und ein verwässerter Strauss. Und es gibt Phrasen in seiner Tondichtung, die mit all seiner angemessenen rhythmischen Begeisterung beginnen und dann plötzlich degenerieren. Es gibt Momente, in denen ihn sein harmonischer Sinn, der normalerweise scharf und wahr ist, völlig verlässt. Und selbst Werke wie die Ouvertüren „Finlandia" und „Karelia" enttäuschen trotz all ihrer Großzügigkeit in der Absicht, trotz all ihrer Andeutung von Bauernstimmen, die sich im Gesang erheben, weil sie die hohe Poesie, die man hätte erwarten können, durch eine populäre Lyrik, eine gewisse leichte Süße ersetzen.

Und doch genügt es, sich den Symphonien von Sibelius zuzuwenden, um Musik von einer anderen Intensität zu begegnen und den Reichtum der Reaktionen zu ermessen, die ihm zuweilen geboten werden. Es ist, als würde ihn die Würde und Erhabenheit des Mediums selbst befreien. So wie ihm die Form des Konzerts offenbar ein Gespür für die Violine vermittelt hat, das den kleineren Instrumenten offenbar verwehrt blieb, so scheinen diese größeren Orchesterformen seine Vorstellungskraft, sein Orchestergenie befreit und ihn tatsächlich zum Dichter seines Volkes gemacht zu haben . Seine persönliche Qualität, die in seinen Liedern und Tongedichten deutlicher zum Ausdruck kommt, wird in diesen anderen Werken wesentlich verdeutlicht und weiterentwickelt. Die Sinfonien selbst sind gewissermaßen die Stufen der Essentialisierung. Im ersten Teil kommt seine Sprache zum Vorschein, die einem vielleicht nicht ganz besonderen Thema gewissermaßen ihre unverwechselbare Färbung verleiht. Es gibt eine Lockerheit und Üppigkeit, eine Romantik und Ballade in dem Werk, die nicht ganz charakteristisch ist. Dennoch sind die Ehrlichkeit, die Grimmigkeit und Wildheit und der Mangel an Sinnlichkeit Sibelius eigen. Das Adagio ist von seinem eigenen Pathos durchdrungen, dem Pathos kurzer, milder Sommer, eines Lichts, das für einen Moment sanft und sanft einfällt und dann erlischt. Etwas wie eine Erinnerung an ein Mädchen, das zwischen einfachen Blumen in der weißen Nordsonne sitzt, verfolgt die letzten paar Takte. Das weinende, kühne Finale ist voll von der Tragödie der nördlichen Natur. Und in der Zweiten Symphonie ist die Unabhängigkeit vollkommen. Das Orchester wird individuell, sparsam und mit perfekter Pointe behandelt. Oft erklingen die Instrumente einzeln oder zu zweit und zu dritt. Was in der früheren Arbeit nur zur Hälfte verwirklicht wurde, ist dabei deutlich und wichtig. Es ist, als ob Sibelius auf sich selbst gekommen wäre und so in der Lage gewesen wäre, sein Werk von allem Überfluss und jeder Unentschlossenheit zu befreien. Und seltsamerweise scheint er durch das Sprechen seiner eigenen Sprache in all ihrer Heimeligkeit und bäuerlichen Atmosphäre seinem Land näher gekommen zu sein. Das Werk, seine „pastorale" Symphonie, spiegelt trotz ihres absoluten und formalen Charakters eine Landschaft wider. Es ist voller heimischer Geräusche, von Vieh und „Saeters", von Fachwerkhäusern und karger Natur. Und durch sie schimmert ein blasses, vergängliches Sonnenlicht, und durch sie erklingt die Last einer bescheidenen Tragödie.

Aber erst mit seiner Vierten Symphonie, die wegen der ungewöhnlichen Kühnheit und Prägnanz ihres Stils, des Fehlens einer allgemeinen Tonalität und der Unabhängigkeit der Orchesterstimmen als „futuristisch" bezeichnet wird, erreicht Sibelius' Begabung ihren absoluten Ausdruck. Es gibt bestimmte Werke, die Prüfsteine sind und das Original und Tugendhafte aller übrigen Arbeiten ihres Schöpfers deutlich machen und seiner Persönlichkeit eine einzigartige und unumstößliche Stellung verleihen. Die Vierte Symphonie von Sibelius ist eine solche Komposition. Es ist eine Synthese seines gesamten Schaffens, die Reduzierung auf die einfachsten und positivsten Begriffe einer Sache, die in ihm steckte, seit er zu schreiben begann, und die bisher nur fragmentarisch und unentschlossen zum Ausdruck kam. In seiner reinen Form ist es die Essenz. Die Struktur besteht ausschließlich aus Knochen. Der Stil ist zu einer bissigen Prägnanz verschärft. Die Färbung ist die Verfeinerung aller seiner Farben; die Rhythmen haben eine Freiheit, nach der Sibelius' Rhythmen immer gestrebt haben; Die traurige Melodie des Adagio ist geradezu archetypisch. Sein ganzes Leben lang war Sibelius auf der Suche nach dem Ton dieser Musik, mit dem Wunsch, mit ihrer Autorität zu sprechen und die Seele und die Tragödie eines Volkes in einem einzigen und ewigen Moment zu bündeln.

Sein ganzes Leben lang war er auf der Suche nach den prophetischen Gesten, von denen dieses Werk voll ist. Denn die Symphonie ist wie eine Zusammenfassung und ein Fazit. Es trägt uns an einen hohen Ort, vor dem das Leben des Menschen ausgebreitet und sichtbar wird. Die vier Bewegungen sind die vier Ebenen, die ein einziges Konzept festigen. Das erste versetzt uns in eine düstere Einsamkeit im Wald, in eine große, grenzenlose Einsamkeit, unter einem düsteren Himmel. Es gibt Bewegung, einen Höhepunkt, einen einzigen Schrei der Leidenschaft und Verzweiflung und dann nur noch das Rauschen des Windes durch die grauen Zweige. Das Scherzo ist das Flackern verrückter Wasserlichter, ein fantastischer Peitschentanz, ein plötzlicher, unheimlicher Schluss. Im Adagio kämpft sich eine düstere Klage empor, scheint durch eine gewaltige träge Masse zu dringen, zu einer vorübergehenden Höhe und Weite durchzudringen und dann zerbrochen zu sinken. Und im Finale erwacht ein illusorisches Licht. Die Bewegung ist der Marsch, der entgegenkommende Ansturm riesiger formloser Horden, der Vormarsch namenloser Millionen, die für einen Moment mit ihren Schreien und Bannern aufwallen und im Nichts verschwinden. Es ist möglich, dass Sibelius ein weiteres, ähnlich nacktes und intensives Werk schaffen wird. Bestimmter kann es nicht sein.

# Löffler

Die Legende berichtet von Inez de Castro, der Königin von Kastilien, dass sie von einem Rivalen entthront und ins Exil getrieben wurde und dass sie gestorben war, bevor ihr Mann und ihre Partisanen sie ins Königreich zurückführen konnten. Aber ihr Mann ließ ihren Körper einbalsamieren und überall hin mitnehmen. Und als er schließlich den Prätendenten besiegt hatte, ließ er den Leichnam mit allen königlichen Insignien schmücken, ließ ihn in der großen Halle des Palastes der Könige von Kastilien auf den Thron setzen und Vasallen und Lehnsherren herbeirufen, um ihm die Huldigung zu erweisen Die unglückliche Königin blieb ihr zu Lebzeiten verwehrt.

Die Musik von Charles Martin Loeffler ist wie die tote Inez de Castro auf ihrem Thron. Auch sie ist in Windeln gehüllt und mit Gold und Edelsteinen behangen. Auch sie steht in einer Art königlichem Zustand über den Menschen und ist von allen Symbolen des Königreichs umgeben. Und unter ihrer steifen und verkrusteten Hülle liegt, wie einst unter den juwelenbesetzten Gewändern und dem Diadem der Könige von Kastilien, kein lebendes Wesen, sondern eine Leiche.

Denn Loeffler gehört zu den Erlesenen, deren Raffinesse leider mit Sterilität einhergeht, vielleicht sogar daraus resultiert. Ohne seine grundsätzliche Unkreativität hätte er durchaus zu dem Komponisten werden können, der in einzigartiger Weise die künstlerische Bewegung repräsentiert, in der sich die Raffinesse und Erlesenheit des späten 19. Jahrhunderts manifestierte. Kein Musiker, nicht einmal Debussy, war besser darauf vorbereitet, die symbolistische Bewegung in die Musik zu übertragen. Loeffler ist in seinem Temperament, wenn auch nicht gerade in seinen Leistungen, mit der brillanten Schar verspäteter Romantiker verbunden, die sich das Sonett aus Verlaines Anfang zu eigen gemacht haben.

„Je suis l'empire à la fin de la décadence.“

Man findet bei ihm fast typisch eher die Sensibilität für die Essenzen und Farben als für das Schauspiel, die Bewegung, das Abenteuer der Dinge. Die nervöse Zartheit, die Witwenhaftigkeit des Geistes, der Schrecken der Zeit, das mystische Heidentum, das Heimweh nach einem ruhigen, abgeschiedenen und sanft gefärbten Land, „in dem Hirten noch immer zu ihren Herden pfeifen und nennenartige Wolkenprozessionen darüber schweben“. „bläuliche Hügel und unergründliche jahrhundertealte Seen“ sind in ihm überaus präsent. Er ist in fast heroischem Maße der Geist, der die laute und grelle Stadt, die abscheuliche Gegenwart, immer blind nach einem Überbleibsel, einer Botschaft aus seiner Heimat sucht; Bei Sonnenuntergang fand ich im unbeschreiblichen Glanz von Rosa, Lila und

Blau durch Granithaufen „le Souvenir avec le crépuscule". Man könnte vermuten, dass auch er davon geträumt hat, seine Seele an den Teufel zu verkaufen, und ihn, ach, wie viele schreckliche Nächte lang, aufgefordert hat, zu erscheinen; und hat Zuflucht vor der Welt in der katholischen Mystik und Ekstase gesucht. Hätte man ihm die Möglichkeit gegeben, sich in der Musik zu verwirklichen, hätten wir zweifellos ein Werk erhalten, das wahre Meilensteine auf dem Weg der gesamten Bewegung gewesen wäre. Wäre das „Pagan Poem" nicht das musikalische Äquivalent der mystischen und traurigen Sinnlichkeit Verlaines gewesen? Hätten die beiden Rhapsodien „L'Etang" und „La Cornemuse" nicht die makabere und unheimliche Note so vieler symbolistischer Poesie in Musik verwandelt? Hätten wir in „La Villanelle du Diable" nicht ein Äquivalent für die schwarze Messe und „Là-bas" gehabt? in „Hora mystica" ein Äquivalent für „Unterwegs"; in „Musik für vier Saiteninstrumente" ein Musical „Sagesse"? Erinnert sich nicht Charles Martin Loeffler, der sich nach dem Schreiben von „A Pagan Poem" in ein Benediktinerkloster zurückzieht und zu Hause in Medford, Massachusetts, den Chorsängern das Singen gregorianischer Gesänge beibringt, erinnert sich nicht an Joris Karl Huysmans, den „Oblaten". " von La Trappe?

In begrenztem Umfang ist es ihm natürlich gelungen, die Farbe der symbolistischen Bewegung in der Musik zu fixieren. Einige seiner reicheren, verträumteren Lieder, einige seiner feineren Feinschliffe, seine selteneren Essenztropfen sind in der Tat das musikalische Gegenstück zur Goldschmiedearbeit, der Kostbarkeit eines Gustave Kahn oder eines Stuart Merrill. Aber ein musikalischer Huysmans zum Beispiel war es nie in seiner Macht, zu werden. Denn er besaß nie die schöpferische Hitze, die Gewandtheit, die Ader, die Glückseligkeit, die Kraft, die nötig waren, um aus den Klängen der Instrumente etwas so Extravagantes und Großartiges zu erbauen wie die schwarz-roten Gebäude des Romanciers. Als Musiker war er nie lebhaft, einfallsreich und spontan genug, um auch nur eine persönliche Ausdrucksweise zu entwickeln. Er war immer behindert und gefesselt. Seine früheren Kompositionen, zum Beispiel das Quintett, das Orchester „Les Vieillées de l'Ukraine" und „La bonne chanson", sind deutlich abgeleitet und stilistisch untypisch. Die Redewendung ist teils von Fauré, teils von Wagner und anderen Romantikern abgeleitet. Das Streichquintett wurde sogar „Eine musikalische ‚Reise um die Welt in achtzig Tagen'" genannt. Auch die Ausdrucksweise seiner späteren und repräsentativeren Schaffensperiode ist primär und ursprünglich nicht charakteristischer. Es scheint nie ganz vollständig, sauber und gleichmäßig anzuschwellen. Die Verfolgung, der es offensichtlich ausgesetzt war, kann seinen Abstieg nicht ganz verbergen. Die Vertonung von „La Cloche fêlée" von Baudelaire zum Beispiel ist trotz der Subtilität und Filigranität der Stimme und des begleitenden Klaviers und der Bratsche seltsam germanisch und schwer. Es handelt sich um einen ziemlich flachen Walzersatz, der in „A Pagan Poem" ausgewählt wurde, um den sublunären Aspekt von Virgils Genie darzustellen. Und „Hora mystica" und „Musik für vier Saiteninstrumente", die eine gewisse stilistische Einheit aufweisen, zeigen dennoch, dass der Komponist durch die gregorianische und scholastische Sprache, die er zu assimilieren versuchte, behindert ist.

Er hatte auch nie die Macht, sich vollständig auszudrücken und zu objektivieren und eine lebenswichtige Form zu erreichen. In der Aufführung schrumpfen und verschwinden die meisten seiner Werke. Die zentrale und tragende Struktur, die Kathedrale, die hinter jeder lebendigen Komposition steht und sich durch sie manifestiert, ist in diesen Stücken so vage und abgeschwächt, dass sie wie Grau in Grau in den Hintergrund des Konzertsaals verschwindet. Die Edelsteine, Goldfäden und Filigranarbeiten, mit denen dieses Werk genäht ist, verblassen in der Düsternis. Etwas ist da, nehmen wir wahr, etwas, das sich im trüben Licht bewegt und schwankt und unruhig hebt und verebbt. Aber es ist ein geisterhaftes Ding und wogt und fällt vor unseren Augen wie Flammen, die weder Rötung noch Hitze haben. Sogar der schreckliche Dudelsack der zweiten Rhapsodie für Oboe; sogar der Kessel des „Pagan Poem", dieser Transkription der sinnlichsten und leidenschaftlichsten Eklogen Vergils, mit seinen mystischen, dissonanten Trompeten; Sogar die Blasphemien von „La Villanelle du Diable" und die Abendfeuer, die den Schluss von „Hora mystica" durchdringen, sind seltsamerweise unblutig, gespenstisch und substanzlos. Seiten anhaltender Musik kommen in seiner Musik selten genug vor. Die erhabenen, fast metaphysischen ersten Perioden, der strenge und pathetische zweite Satz der „Musik für vier Saiteninstrumente"; Bestimmte Lieder wie „Le Son du cor", die Atmosphäre und eine zarte Poesie haben, sind in diesem Werk eindeutig außergewöhnlich. Was darin hauptsächlich lebt, sind bestimmte ergreifende Phrasen, bestimmte beredte Takte, ein leuchtender, weiniger Farbtupfer hier, eine samtige Phrase für die Oboe oder die Klarinette, ein scharfer, blecherner, stechender Hornruf, eine verträumte, wandernde Melodie für die Stimme da. Seine Musik besteht aus verstreuten, hochglanzpolierten Phrasen, hart, erlesen und kalt. Er ist in erster Linie der *Precieux*.

Von der Gewissenhaftigkeit, der Sorgfalt, sogar der Vornehmheit von Loefflers Werk kann keine Rede sein. Er gehört nicht zur musizierenden Herde. Die Subtilität und Originalität der Absicht, die seine Kompositionen fast einheitlich an den Tag legen, das unermüdliche Bemühen, in jeder seiner Formen etwas Seltenes, Neues und Reichhaltiges einzuschließen, heben ihn, selbst in seiner wesentlichen Schwäche, für immer von der akademischen und konformen Truppe ab. Der Mann, der diese Partituren komponiert hat, macht zumindest die Geste des Künstlers und drückt mit der Musik ein originelles, zartes und aristokratisches Temperament aus, das das Einfache und Alltägliche verachtet, eine Sensibilität, die oft beunruhigt, schattenhaft und phantastisch ist. Er gehört definitiv nicht zu den erbärmlichen, halbgebildeten Musikern, die in Amerika so verbreitet sind. Er versteht etwas von der Musikwissenschaft; weiß, wie ein Klanggebäude vereinheitlicht werden sollte; hat ein Gespür für die Chemie des Orchesters. Er scheint mit dem Choralgesang vertraut zu sein und hat eine Sinfonie und Teile eines Quartetts auf gregorianische Modi gestützt. Selbst in einer Zeit, in der der anspruchsvolle und kultivierte Komponist immer weniger zur Seltenheit wird, ist seine Kultur bemerkenswert und sein literarisches Wissen vielseitig. Sowohl Gogol als auch Vergil haben ihn zu Orchesterwerken bewegt. Vor allem gehört er zu der Gruppe von Komponisten, zu denen viele begabtere Musiker nicht gehören, die ihr Medium stets respektieren und unendlich neugierig darauf sind.

Nur ist er in dem Versuch, sich für seine Unfruchtbarkeit zu entschädigen, in das tiefe Meer der Kostbarkeit gefallen. Indem er mit aller Kraft danach strebt, ausdrucksstark zu sein, seinen Kardinalfehler zu beheben, alles zu meiden, was in der Melodielinie, der Reihenfolge der Harmonien abgedroschen und abgenutzt ist, sich von allem zu befreien, was in seinem Stil abgeleitet, unpersönlich und undifferenziert ist, er ist zu ängstlich und zu akribisch geworden, was seine Ausdrucksweise angeht. Weil seine Phraseologie farblos war, ist er zum Färber von Phrasen geworden, zu einer Art musikalischem Euphuisten. Seine ganze Energie ist, wie man spürt, in das Schneiden und Polieren, das Aufhellen und Vertonen kleiner, farbenfroher Musikstückchen, kleiner scharfer, intensiver Momente geflossen. Man hat das Gefühl, dass sie tausendmal gestreichelt und gestreichelt und geglättet und betrachtet wurden; dass Loeffler sich mit ihnen beschäftigt und sie mit einer Art narzisstischer Liebe berührt hat. Tatsächlich muss es eine große Arbeit gewesen sein, den Stil in einigen seiner Orchestergedichte zu verdunkeln, zu würzen und zu schärfen; Der Aufwand, ein neues Idiom auf der Grundlage der gregorianischen Tonarten zu schaffen, wovon „Hora mystica" und das jüngste Werk für Streichquartett Zeugnis ablegen, muss an sich schon groß gewesen sein. Aber obwohl das Gefäß seiner Kunst durch all das Ziselieren und Hämmern des Goldes, das Feilen und Polieren vielleicht reicher und feiner geworden ist, ist es nicht voller geworden. Seine zweite Periode unterscheidet sich von seiner ersten nur dadurch, dass er darin von einer Form der Unkreativität zu einer etwas gediegeneren und ungewöhnlicheren übergegangen ist. Die Kompositionen beider Perioden weisen schließlich denselben Mangel auf. Sein Schicksal scheint unausweichlich gewesen zu sein.

Und so ähnelt seine Musik in ihrem verworrenen Silber und Gespenst, ihrer Kristallisation und Diaphinität zuweilen nichts so sehr wie den kostbaren Überresten und Exemplaren eines erloschenen Planeten; Dinge, die in der kalten, ewigen Nacht gebannt sind, eisig und in phosphoreszierenden

Farben. Keine Atmosphäre umhüllt sie. In ihnen sammelt sich kein Saft. Würden wir sie berühren, würden sie zerfallen. Das könnte eine Blume gewesen sein. Aber jetzt glitzert es mit Kristallen aus Glimmer und Quarz. Das sind Juwelen. Aber ihre Feuer sind gelöscht. Diese kandierten Blütenblätter sind die Passage aus „Musik für vier Saiteninstrumente", die in der Partitur mit „un jardin plein des fleurs naïves" versehen ist, während dieses Fläschchen mit edelsteingrüner Flüssigkeit den Titel „une pré toute émeraude" trägt. Der versteinerte Echse dort, dessen Knochen gelitten haben

„Eine grundlegende Veränderung

In etwas Reiches und Seltsames"

ist die spanische Rhapsodie für „Cello; die Kette aus stählernen Perlen, die Vertonung von „To Helen" von Poe. Und die Objekte, die konserviert in diesen kleinen Fläschchen schwimmen, gehören zu den beliebten Liedern, mit denen Löffler seine Werke so gerne überzieht. Einst waren sie „à la Villette" und die Malagueña und das Marschlied der lothringischen Soldaten aus dem 18. Jahrhundert und blühten unter dem windigen Himmel. Aber als Loeffler sie jeweils in „La Villanelle du Diable", in die „Cello-Rhapsodie" und in „Musik für vier Saiteninstrumente" verpflanzte, erlitten sie das Schicksal, das alles ereilt, was seiner exquisiten und sterilisierenden Berührung ausgesetzt ist.

Man gelangt zu dem Schluss, dass das vielleicht Bedeutendste und Symbolischste in der Karriere von Charles Martin Loeffler sein Wohnort ist. Denn dieser Elsässer, französisch gebildet, von seinem Temperament her den *Décadents nahestehend*, der zunächst Musik schrieb, die der von Fauré und den Wagnerianern ähnelte, später der von Dukas und zuletzt der von d'Indy und Magnard, hat den größten Teil seines Lebens in keiner anderen Stadt als Boston verbracht. Ursprünglich kam er nach Amerika, um die erste Geige im Boston Symphony Orchestra zu spielen, und fand die Atmosphäre der Hauptstadt Neuenglands so angenehm, dass er praktisch seither dort geblieben ist. Er, von dem man meinen könnte, er sei fast im Paris von Debussy und Magnard und Ravel, von Verlaine und Gustave Kahn und Huysmans geboren, hat sich in einer im Wesentlichen engen und illiberalen Umgebung wohlgefühlt, in einer Gesellschaft, die Philistertum mit Toryismus maskiert und es schafft, ihre radikale, vitale und künstlerische Jugend, die jedes Jahr in größerer Zahl auftritt, auf der Suche nach frischer Luft an andere Orte zu treiben. Und seine eigene Karriere auf der spirituellen Ebene scheint genau so ein Austausch zu sein, die Bevorzugung eines schattigen und kalten Ortes gegenüber einem glühenden und zitternden, der Austausch des ewigen Paris gegen das ewige Boston. Seine Musik scheint eine Art psychische Verbannung zu sein. Seine Kunst ist in der Tat, letzten Endes, eine Flucht aus der Gruppe seiner Verwandten in, wenn nicht gerade in den Kreis, so doch zumindest in die gefährliche Nähe jener liebenswürdigen Herren, der Chadwicks und der Converses und all der anderen höchst respektablen und sterilen „amerikanischen Komponisten“.

# Ornstein

Ornstein ist ein Spiegel, der der Welt der modernen Stadt vorgehalten wird. Die ersten seiner wirklichen Kompositionen sind wie Fragmente einer Kosmopole aus Höhlen und Türmen aus Stahl, aus rasender Bewegung und zu Musik gewordenen Strahlen aus Stickstofflicht. Sie sind wie sensible Flächen, die inmitten der New Yorker angelegt wurden; und zeichnen Sie nicht nur das Geräusch auf, sondern alle gewalttätigen Formen der Stadt, den Takt der frenetischen Aktivität, die sich kreuzenden Lichtebenen, die Massen des Mauerwerks mit den winzigen, zwergartigen Kreaturen, die ein- und ausgehen, die elektrischen Schilder die tintenschwarzen Nachtwolken beflecken. Sie geben erneut den Alarm der Morgendämmerung, die über den überfüllten, wimmelnden Zellen anbricht; Dampfpfeifen um sieben Uhr an einem Wintermorgen; erbarmungsloses Licht, das über die eilenden schwarzen Scharen der Menschheit fällt; Tausende zitternder Arbeiter schwärzen die Fourteenth Street. Sie stellen Niebelheim selbst dar, die Horden von Sklaven, die von selbst erschaffenen Riesen zusammengetrieben werden, die Befehle und Schreie der Macht in den Glocken, Pfeifen und Signalen. Das Knirschen und Kreischen beladener Züge in den Röhren, Kräne, die im Hafen arbeiten, Rotationsmotoren, die bohren, Turbinen, die sich drehen, sind durch sie hindurchgewoben. Nebeldecken senken sich über den Fluss; bedrohliche Formen ragen darin auf; Rote Lichtstrahlen versuchen, den Nebel zu durchbrechen. Graue und schwarze Blumen blühen auf den Fenstersimsen der Mietshäuser, die auf kahlen Wänden liegen. Und Menschenseelen und Lieder, die grau und schwarz sind wie sie, erblühen in der blinden Luft, öffnen ihre samtenen Blütenblätter, ihre glänzenden, weichen Blütenkronen, aus Ritzen und Fenstern in dieses Metall, dieses Dun, dieses unaufhörliche Brüllen.

Für Ornstein ist Jugend. Er ist derjenige, der sich bemüht, sich an all diesen Donner, dieses Durcheinander und dieses grelle Licht anzupassen. Er ist die Quelle, die durch die Bürgersteige strömt, der schmerzende grüne Saft. Zum Teil ist er zweifellos die Auferstehung des am meisten begrabenen Geistes, des geächteten europäischen Juden. Er ist der Einsturz der Mauern, mit denen der Jude die hasserfüllte Welt ausgelöscht hatte. Er ist Lazarus, der in seinen Grabgewändern in die neue Welt tritt; Der jüdische Geist kam aus dem Keller und den Kellerräumen der Synagoge, in der er tausend Jahre lang gesessen hatte, an den Tag, betäubte sich mit rabbinischem Wissen und verfeinerte fast wahnsinnig die Absicht einer obskuren Phrase oder eines Gleichnisses, um die Verlockung zu negieren die Welt und die Erfahrung mit einer Vielzahl von Riten, Bräuchen und Zeremonien, verliert sich in den grauen Wüstenausläufern der Theorie oder verschwendet sich in dem unmöglichen Traum von Zion, das im modernen Palästina wiederhergestellt wurde, und Salomos Tempel, der in einer Provinzhauptstadt des Türkischen Reiches wiederaufgebaut wurde . Und Ornsteins Musik ist die Musik einer Geburt, die das Abreißen der an den Körper gewachsenen Grabgewänder ist, das Abreißen der Mauer, Stein für Stein, die gegen den Ruf der Erfahrung errichtet wurde, der mit Sicherheit den Tod bringen würde. Die alten Verbote sind darin immer noch aktiv in dem Schrecken, mit dem das Leben betrachtet wird, in der Bedrohung und Grausamkeit der Dinge, der Schärfe der Kanten, denen man begegnet, dem Gewicht der Massen, die zu fallen und zu überwältigen drohen, der Wut, der Schwärze und dem Schrecken der Dinge Natur noch einmal betrachtet. Immer wieder taucht darin die abgemagerte, verhüllte Gestalt des russischen Juden auf. Die „Gedichte von 1917" sind voll vom Wehklagen und Schaukeln kleiner alter Ghetto-Mütter. Immer wieder spricht Ornstein mit Akzenten, die nichts so sehr ähneln wie die wilde und traurige Sprache des Alten Testaments.

Aber die Musik von Ornstein ist noch viel mehr. Sie ist etwas, das allen Wesen wichtig ist, die im Zeitalter des Stahls geboren wurden. Sie ist der Ausdruck all der Menschen, die versucht haben, die hoch aufragenden Säulen, die seltsamen, schwarzen, trostlosen Pfade, die die Welt von heute ausmachen, zu umarmen und zu lieben. Die Figur, die man in den Kompositionen erkennt, beginnend mit der „Zwergensuite", Opus 16, ist eine, die wir alle aus der Ferne gut kennen. Diese Stücke sind keine Jugend, gesehen durch den goldenen Dunst der Rückschau. Sie sind der Ausdruck tastender, tastender Jugend, wie sie sich fühlt und wie sie sich fühlt, zu sein. Sie sind Musik der Jugend in all ihrem Übermaß, ihrer Gewalttätigkeit, ihrem scharfen Kummer und noch scharferen Freuden, ihrer unreflektierten, zitternden Kraft. Der Frühling erwacht heiß und grausam in ihnen. In dieser Musik steckt die ganze Einsamkeit der Jugend, all die geheimnisvollen Träume einer kaum verstandenen Welt, all das Zögern und blinde Tasten unerprobter Kräfte. Immer spürt man die Bürgersteige, die sich zwischen den Stahlgebäuden erstrecken, die schwarzen, eilenden Fluten der Menschen; und durch sie hindurch die unterdrückte Gestalt eines Menschen, der nach dem Sinn all dieser krampfhaften Aktivität sucht, in die er hineingeboren wurde. Es ist diese Einsamkeit, die im ersten „Eindruck von Notre-Dame" mit seinen grauen, sich anhäufenden Massen, seinem klösterlichen Glockengeläut, seinen wilden Rufen der Stadt zu einem spricht, der allein mit dem Denkmal eines toten Zeitalters dasteht. Heftige, unkontrollierte Leidenschaften schreien in den „Drei Stimmungen" mit ihrer jugendlichen Hingabe an den Moment. Die Energie der Adoleszenz, entfesselt und erfreut sich an reiner Muskelaktivität, vergnügt sich in den „Schattentänzen" und im „Tanz des wilden Mannes" mit seinem schieren, nackten, schlagenden Rhythmus. Die Bitterkeit der Adoleszenz wird in den „Drei Burlesken" und im „Tanz der Gnome" mit seiner Parodie unbeholfener Bewegungen verspottet. Welch eine Revolte in der ersten „Klaviersonate"! Und andere

Gefühle, schüchtern und unsicher, unruhig angesichts des anschwellenden Saftes der Frühlingsflut, sprechen ihre Poesie und ihren Schmerz, erzählen ihre Geschichten und schweigen, erinnern uns daran, was wir einst fühlten.

Die Stadt, die Geburt in die neue Welt, die Jugend existieren in der Musik von Ornstein mit der ganzen Schärfe des Schocks aufgrund einer Vorstellung von wunderbarer Eindringlichkeit. Bei Ornstein gibt es keine Indirektheit, keine Unbestimmtheit. Seine Spannung ist immer am vollsten, am steifsten. Was er fühlt, was er hört, legt er nieder, ungeachtet aller Kanons, Regeln und Verfahren. Harmonie ist bei ihm etwas anderes als bei jedem anderen Komponisten. Gewaltige und grelle Klavierfarben werden gegeneinander geschleudert. In „Improvisata" prallen die tiefsten und höchsten Lagen des Instruments aufeinander. Rhythmen kämpfen, fast krampfhaft. In Teilen der „Sinfonietta" finden sich fünf Rhythmen, die gegeneinander antreten. Melodische Kurven, Linien singen ekstatisch über turbulentem, fleckigem Kontrapunkt in den Klavier- und Violinsonaten. Die Violinsonate ist so etwas wie der Versuch, alle Möglichkeiten des Farbkontrasts auszuschöpfen, die in der kleinen braunen Schachtel enthalten sind. Im ersten „Impression de Notre-Dame" ist das Klavier metallisch und die Glocken dröhnen. Im zweiten Teil ist es steinig und voller dichter, spähender, bedrohlicher Formen von Wasserspeiern. In der Begleitung des Liedes „Waldseligkeit" scheint es das musikalische Äquivalent für die Substanz Holz zu geben. Zweifellos muss jemand, der wie Ornstein Musik nur als Kommunikationsmittel betrachtete, als Sprache von Mensch zu Mensch, und sich nur mit der Kommunikation seiner Empfindungen und Erfahrungen in kürzester, direkter und einfachster Form beschäftigte, da gewesen sein Momente der schrecklichsten Selbstzweifel, in denen alle Anathemata der Väter der musikalischen Kirche laut in seinen Ohren donnerten und die Formen und Proportionen anderer Männer ihn schrumpfen zu lassen schienen. Es war zweifellos die Dankbarkeit gegenüber William Blake, diesem anderen „verrückten" Erfinder wilder Bilder und Designs, diesem anderen „Wüter in der Wildnis", für Stärkung und Nahrung, die ihn dazu brachte, seiner Violinsonate das Argument „Die Hochzeit des Himmels" voranzustellen und Hölle" und verteidigt sich mit den Versen:

„Einst sanftmütig und auf einem gefährlichen Weg,

Der Gerechte hielt seinen Kurs

Das Tal des Todes.

Rosen werden gepflanzt, wo Dornen wachsen,

Und auf der kargen Heide

Singt die Honigbienen....

„Bis der Bösewicht die Pfade der Leichtigkeit verließ,

Auf gefährlichen Wegen gehen und fahren

Der Gerechte in karge Gefilde.

„Jetzt geht die schleichende Schlange

In milder Demut,

Und der Gerechte wütet in der Wildnis

Wo Löwen umherstreifen.

Und für uns sind die wilden Welten Leo Ornsteins, was auch immer die Experten behaupten, ganz bestimmt nicht so wild und löwenverseucht. Denn während man darüber spekuliert, ob diese Stücke Musik sind oder nicht, entdeckt man, dass man durch sie in das Leben eines anderen Wesens eingetreten ist und durch dieses in das Leben einer ganzen heranwachsenden Generation.

Gegenwärtig jedoch sind einige jener Qualitäten, die in den ersten Jahren, in denen Leo Ornstein sich zu erkennen gab, so deutlich zu erkennen waren, etwas verdeckt. Mit diesem Mann ist etwas nicht ganz Beruhigendes geschehen. Ein Großteil der Musik, die er in letzter Zeit komponiert hat, lässt den Biss vermissen, den seine früheren Werke hatten. Die Farben sind nicht mehr so glühend heiß. Die Umrisse sind weniger kühn, zackig und klar. Etwas von der krampfhaften Intensität, der Wut ist aus dem rhythmischen Element gewichen. Die Melodien sind weniger säuerlich, die Stimmungen weniger ungezügelt. Zweifellos ist etwas Fröhlicheres in seine Musik eingezogen, etwas Wollustigeres und Sanfteres. Das Cello singt leidenschaftlich und verträumt in den beiden Sonaten, die Ornstein in letzter Zeit dafür geschrieben hat. Das rassische Element ist gemildert, sanfter, düsterer und romantischer geworden. Der Jude darin trägt seinen Gabardine nicht mehr. Wenn er überhaupt einen Gebetsschal trägt, dann ist es einer aus Seide. Der Wüsten-Jeremia ist dem jungen, verliebten, traumerfüllten Dichter gewichen, einem Dichter jener Art, wie er während der maurischen Vorherrschaft unter den Juden in Spanien entstand. Doch ist eine gewisse Intensität, eine gewisse Originalität, eine gewisse geniale Ader bei diesem Wandel verloren gegangen. Selbst in die besten der neuesten Stücke hat sich etwas ein wenig Brillantes, ein wenig Oberflächliches, ein wenig Unauffälliges eingeschlichen. Die Struktur ist dünner, die Spannung nachgelassen. Ornstein scheint sich ihnen nicht mit derselben Direktheit und Vollständigkeit zu widmen wie seinen früheren Werken. Darüber hinaus kommen gelegentlich Werke aus seiner Feder, in die er sich überhaupt nicht einbringt. Ein Chorverein in New York hat vor ein oder zwei Jahren zwei kleine *A-cappella-* Chöre von ihm produziert, die das Werk eines unbekannten Schülers von Tschaikowsky hätten sein können. Die Klaviersonatine des Trauermarsches ist zwar keineswegs so unbedeutend, weist aber dennoch untypische Ähnlichkeiten mit Ravels Musik auf. Eines sind die früheren Kompositionen nicht: sie sind abgeleitet. Ornstein, so machen sie deutlich, hatte von den Errungenschaften Debussys, Mussorgskis und Skrjabins profitiert. Sie machten aber auch deutlich, dass er einen eigenen Stil entwickelt hatte, einen Stil, der trotz all seiner Rohheit und Härte persönlich war. Indem er wieder ein Jünger Ravels wird, greift er auf etwas zurück, das er anscheinend hinter sich gelassen hatte, als er seine lärmende „Zwergensuite" schrieb.

Was diese neue Periode von Ornsteins Komposition darstellt, lässt sich nicht leicht sagen. Wahrscheinlich ist es eine Übergangsperiode, eine Zeit der Kräftesammlung für einen neuen und heftigeren Angriff. Eine solche Reifezeit könnte für Ornsteins Genie durchaus notwendig gewesen sein. Es ist möglich, dass er etwas aufgeben musste, um etwas anderes zu gewinnen, dass er sich mit weniger anstrengen musste, um sich auf einem festeren Fundament zu etablieren, als das, auf dem er stand. Sein Genie während seiner ersten Schaffensjahre war rein lyrisch. Es war etwas, das sich in der Darstellung von Stimmungen, in kurzen Höhenflügen und in der Etablierung von *Momenten der Musik ausdrückte.* Seine besten Leistungen zeigt er in seinen Klavierpräludien, in seinen kleinen Formen. Die Werke, die er während dieser Periode in den größeren Formen komponierte, mit Ausnahme der Violinsonate, sind kaum gelungen. Die äußeren Sätze der Großen Sonate für Klavier beispielsweise sind den zentralen weit unterlegen. Wie wertvoll manche der einzelnen Sätze von „The Masqueraders", Opus 36, und den „Poems of 1917" auch sein mögen – und manchmal ist dieser Wert nicht gering –, so fehlt den Werken insgesamt doch die Form. Sie haben nichts von der Einheit, Vielfalt und Festigkeit der „Papillons" und des „Carnaval" von Schumann oder der „Valses nobles et sentimentales" von Ravel, beispielsweise Werke, mit denen sie in gewisser Hinsicht vergleichbar sind. Als Ornstein etwas älter wurde, begann seine Natur wahrscheinlich, neben diesen kleineren, eher episodischen Formen andere Formen zu verlangen. Wahrscheinlich begann er, nach größerem Umfang, Dauer, Entwicklung und Komplexität zu streben. Und um eine größere intellektuelle Kontrolle über seinen Ausdruck zu erlangen, um zu lernen, massige Stapel aufzubauen, die eine völlig andere Verarbeitung und Überwachung erfordern als Präludien und Impressionen, hat sich Ornstein zweifellos zurückgehalten und die Intensität seines Feuers verringert. Um zu lernen, sein Material zu ordnen, hat er zweifellos unbewusst dessen Dichte und Lebendigkeit vorübergehend verringert.

Und es könnte auch das Ergebnis eines Wechsels von einer Schmerzökonomie zu einer Lustökonomie sein. Der Jugendliche ist zum jungen Mann herangewachsen. Die Anpassung könnte erfolgt sein. Der Dichter ist nicht mehr gezwungen, sein Elend und seine Schmerzen allein in Kunst zu verwandeln; er lernt, fröhlich zu sein. Er könnte wieder versuchen, sich in einer Welt zurechtzufinden, die anders geworden ist.

Gleichzeitig besteht die eindeutige Möglichkeit, dass die gegenwärtige Periode von Ornsteins Komposition keine Zeit der Vorbereitung auf einen neuen Flug ist. Es besteht durchaus die Möglichkeit, dass es sich dabei um eine unheilsame Nachlässigkeit handelt. Könnte es schließlich nicht sein, dass er zurückgezuckt ist? Stärkere Männer als er sind einer feindlichen Welt zum Opfer gefallen. Und Ornstein empfand die Welt als sehr feindselig. Er hat festgestellt, dass Amerika auf seine Kunst völlig unvorbereitet war und keine Technik besaß, um damit umzugehen. Er agierte weitgehend im Nichts. Es ist nicht so sehr, dass er geprüft und für mangelhaft befunden wurde. Er wurde noch nicht einmal gehört. Weil die Musikwelt ihm nicht folgen konnte, hat sie ihn völlig aus ihrem Bewusstsein verdrängt. Kaum ein Kritiker konnte zum Ausdruck bringen, was ihm an seiner Musik gefällt oder nicht gefällt. Sie haben ihn entweder lächerlich gemacht oder herzlich über ihn geschrieben, ohne etwas zu sagen. Für den Künstler gibt es nichts Demoralisierenderes. Derzeit wird er sogar mit Prokofief gleichgesetzt. Die Virtuosen haben eine ähnliche Schüchternheit gezeigt. Kaum jemand hat es gewagt, seine Musik aufzuführen. Viele haben von der Politik Abstand genommen und wollten nicht auf Beifall verzichten. Andere haben sich zweifellos ernsthaft geweigert, Musik zu spielen, die für sie kakophonisch klang. Denn das Heer der Musiker besteht fast ausschließlich aus Nachhut. Kein einziger Orchesterdirigent in New York hat es gewagt, seine „Sinfonietta" aufzuführen, ganz zu schweigen von den frühen und vergleichsweise zugänglichen „Marche funèbre" und „A la chinoise". Von der Philharmonischen Gesellschaft erwartet man natürlich nichts. Aber man könnte annehmen, dass die verschiedenen Organisationen, die angeblich „musikfreundlich" sind und sich für das „Neue" und „Moderne" einsetzen, dafür sorgen würden, dass der Musiker, den eine Autorität wie Ernest Bloch zum Single erklärt hat Komponist in Amerika, der positive Anzeichen von Genie zeigt, erhielt seine Chance. Das Gegenteil war der Fall. D'Indys törichte Kriegssymphonie, die Werke von Henry Hadley, von Rachmaninow, von David Stanley Smith, sogar von Dvorsky, dieser Person, die auf dem Gebiet der Komposition so wenig existiert wie er in Biarritz, haben die Aufmerksamkeit von erhalten und erhalten unsere Mächtigen. Es wäre also kein Wunder, wenn ein Künstler wie Ornstein, der wie jeder echte Künstler auf den Kontakt mit anderen Köpfen angewiesen ist und nicht weiter produzieren kann, ohne Aussicht auf Leistung und Ausstellung, schließlich zurückgeschreckt und seiner Bemühungen überdrüssig geworden wäre

Plötzlich schrieb er Musik, die die Intelligenz seiner Handwerkskollegen vernünftigerweise verstehen kann.

Es gibt noch andere Gründe, die vermuten lassen, dass diese jüngsten Werke eine Flaute darstellen. Denn Ornstein hat zu viel Energie in Konzerte gesteckt. In den letzten Jahren ist er wie verrückt durch die Vereinigten Staaten und Kanada gereist, hat in Pullman-Schlafwagen gewohnt und vor Publikum aller Art gespielt. In den ersten Jahren, die er nach Ausbruch des Krieges in Europa in Amerika verbrachte, hat er wenigstens die Musik gespielt, die er liebte. Aber niemand war bereit für Programme, die mit Korngold und Cyril Scott begannen und mit Ravel und Skrjabin und Ornstein selbst endeten. Also begann Ornstein nach und nach, seine Programme zu verfälschen, indem er hier ein populäres Stück hinzufügte, dort ein anderes. In letzter Zeit hat er Musik gespielt, für die er sich überhaupt nicht begeistern kann, Liszt und Rubinstein ebenso wie Beethoven und Schumann. Er hat sie nicht allzu brillant aufgeführt. Ein solches Leben kann die Schärfe des Mannes nur abstumpfen. Niemand kann die Zwölfte Ungarische Rhapsodie oder die Transkription des Hochzeitsmarsches von Mendelssohn oder die Rigoletto-Fantasie ununterbrochen spielen, ohne dafür bestraft zu werden. Niemand, der sie nicht liebt, kann die Sonate Appassionata oder die *Etudes Symphoniques* oder die Walzer von Chopin lange spielen, ohne stumpf und verdorben zu werden. Da das Komponieren zu einer Pause zwischen zwei Zügen geworden ist und der Ausdruck zu einem Versuch, das Publikum zu erfreuen und sich beim Publikum als beliebter Pianist zu etablieren, ist es nicht der absurdeste Gedanke, dass Leo Ornstein etwas verloren hat, das er einst in schöner und überreicher Form besaß.

Dennoch ist es ziemlich unglaublich. Es ist unmöglich, dass ihm bereits großer und dauerhafter Schaden zugefügt wurde. Er war ein zu vitales und gesundes Wesen, um so leicht korrumpiert zu werden. Für diejenigen, die ihn in den ersten Jahren nach seiner Rückkehr aus Paris kannten, war er nichts anderes als ein Genie. Wenn er auch ein weniger versierter, weniger einfallsreicher und meisterhafter Künstler war als beispielsweise Strawinsky, dem er in gewisser Weise ähnelt, so war er doch zumindest ein menschlicherer, leidenschaftlicherer Mensch. Es ist diese große Vitalität, dieses reiche Temperament, die uns sicher macht, dass wir in Leo Ornstein keinen zweiten Richard Strauss haben werden, einen anderen Strauss, der nie die vielen fruchtbaren Jahre hatte, die dem anderen zuteil wurden. Es macht uns sicher, dass er sich schließlich mit seinen Managern und seinem Publikum arrangieren wird und dass der Schaden, der ihm durch seine Lebensweise bereits zugefügt wurde, nicht größer werden wird. Es überzeugt uns davon, dass seine gegenwärtige Stimmung nur das Ergebnis eines notwendigen Übergangsprozesses von einer Basis zur anderen ist; dass der

Mann sich wirklich für die Werke zusammenruft, die ihn in seiner Männlichkeit zum Ausdruck bringen werden. Und wir sind überzeugt, dass er in Kürze gewichtige musikalische Formen hervorbringen wird, deren Farben ebenso brennend und tief sind wie die seiner ersten Stücke, und die eine ähnliche Intensität und Kühnheit aufweisen, und dass Leo Ornstein sicher ist, den Himmel der Kunst zu erreichen, für den er bestimmt schien und immer noch zu sein scheint.

# Bloch

Schon einmal haben sich Ost und West getroffen und sind miteinander verschmolzen. Auf den Ebenen, wo die Soldaten von Darius und Alexander sich gegenseitig abschlachteten und wo die mazedonischen Phalanxen vor den zinnenbewehrten Elefanten des Porus zurückwichen, wurde eine Hochzeit vollzogen. Über den Köpfen der gegnerischen Armeen schwebend umarmten sich der Engel Europas und der Engel Asiens und ließen ihr Lebensblut durcheinander fließen. Die Reise nach Indien wurde angetreten. Die beiden Kontinente kehrten langsam um. Zwei Reservoirs, die seit Äonen die kostbaren Destillate zweier großer Zentren der Menschheit angesammelt hatten, begannen ihre Essenzen zu vermischen. In allem, was der Osten tat, war die Hand des Westens offensichtlich. In allem, was der Westen dachte, war die prismatische Intelligenz des Ostens sichtbar. Die Götter Griechenlands zeigten ihre glatten Stirnen an den Ufern des Ganges. Orientalische Systeme brachen das blonde Licht des Mittelmeers in hundert subtile Farbtöne. Doch das Reich Alexanders zerfiel, die Parther vernichteten die Legionen des Crassus. Perser, Seldschuken und Osmanen sperrten Europa vom Osten ab. Die ständige Kommunikation hörte auf. Asien zog sich unter seine geheimnisvollen, wolkigen Vorhänge zurück. Legendäre Dämpfe, Cathay, Zipango, die Indien des Großen Ozeans, stiegen auf. Wieder einmal waren die beiden Becken voneinander getrennt. Wieder einmal begann jedes eine Substanz abzusondern, die sich radikal von der des anderen unterschied und mit jedem Jahrhundert individueller wurde. Fast zweitausend Jahre lang entwickelten sich Ost und West voneinander getrennt.

Und jetzt, ein zweites Mal, in unserer Stunde, sind sich die beiden näher gekommen und einander gegenübergetreten. Wieder einmal hat eine Verschmelzung stattgefunden. Wir befinden uns heute inmitten einer Bewegung, die die Zeit der Hellenisierung an Dauer und Ausmaß wahrscheinlich übertreffen wird. Diesmal hat vielleicht kein dramatischer Marsch der Mazedonier an die Ufer des Indus dazu beigetragen, die Verbindung herzustellen. Dennoch haben sich, im Bild von Amy Lowell, Gewehre wieder als Schlüssel erwiesen. Seit ein paar Jahrhunderten öffnen sich im ganzen Osten große Tore auf Geheiß von Fregatten und bewaffneten Handelsschiffen. Und langsam sickert Asien wieder nach Europa. Warme, würzige Böen ziehen über den Westen und durchdringen stetig die Luft. Zunächst schien die Infiltration nichts Ernstes zu sein. Das 18. Jahrhundert kokettierte offenbar nur mit östlichen Motiven. Wenn chinesische Paläste in Drottningholm und Pillnitz und in allen Teilen des Kontinents auftauchten; wenn Chippendale begann, seinen Möbeln merkwürdige, zarte Verzierungen zu geben, schien dies nichts weiter als eine Frage der Laune zu sein. Die

Begeisterung für persische Literatur, orientalische Nouvelles und türkische Märsche entsprang offenbar nur dem Wunsch nach Maskerade. Grétry, Mozart und Wieland nahmen ihre Serails, Paschas und Bulbuls kaum ernst. Doch allmählich, mit dem Beginn des 19. Jahrhunderts, begann das, was bis dahin nur als Spiel gewirkt hatte, eine andere Form anzunehmen. Der Osten dämmerte tatsächlich wieder über den Westen. Die Nebel lichteten sich. Durch Sir William Jones und Friedrich Schlegel wurde Europa die Weisheit der gefährlichen, schlüpfrigen Indiens erschlossen. Goethe, wie immer der Vorreiter, offenbarte die neue Ausrichtung in seinem „West-Östlichen Divan" und seinen „Chinesisch-Deutschen Jahres- und Tages-Zeiten". 1829 veröffentlichte Victor Hugo „Les Orientales", 1859 Fitzgerald seinen „Omar". Während Weber in „Turandot" und „Oberon" kaum mehr als mit chinesischen und türkischen musikalischen Farben spielte, versuchte Félicien David in seinen Liedern und in „Le Désert" ernsthaft, das musikalische Gefühl der Levante in die europäische Musik einfließen zu lassen. In der Ecke von Schopenhauers Wohnung stand eine Buddha-Statue, Bände mit den Upanishaden lagen auf seinem Tisch. 1863 bot ein Pariser Geschäft zum ersten Mal einige japanische Drucke zum Verkauf an. Manet, Whistler, Monet, die Brüder De Goncourt kamen und kauften. Aber obwohl die Begeisterung für das Malen von „Prinzessinnen des Pays de la Porcelaine" schnell endete, wurde die europäische Malerei revolutioniert. Erneut entstanden Oberflächen. Unter den Pinseln der Impressionisten und Postimpressionisten wurde die Farbe wiedergeboren. Der Tastsinn wurde befreit. In allen Künsten gewann die japanische Kunst an Macht. De Maupassant schrieb eine Prosa, die voll von der Technik der japanischen Drucke ist; das hauptsächlich durch scharfe kleine Linien und feine Tupfen funktioniert. Alle fünf Sinne wurden wiedergeboren. Die Menschen lauschten mit neuer Aufmerksamkeit den Klängen der Instrumente. Die russischen Söhne von Berlioz kamen mit ihrer neuen Orchesterchemie. Die Orchestermaschinerie wurde erweitert und subtiler. Huysmans träumte von Likör-Symphonien, Parfümkonzerten.

Und als das neue Jahrhundert anbrach, zeigte sich, dass diese Verschmelzung orientalischer und abendländischer Gefühlsarten nicht absichtlich angenommen wurde, sondern etwas war, das tief im Innern des Menschen entstand. Etwas, das lange Zeit träge gelegen hatte, war bei der Berührung im westlichen Menschen wiedergeboren worden. Ein Teil der Persönlichkeit, der tot gewesen war, war plötzlich mit Blut und Wärme durchtränkt worden; Licht spielte über eine Hemisphäre des Geistes, die lange dunkel gewesen war. Die Hand, die zeichnete, der Mund, der die Worte anstimmte, der Körper, der schlug, sich krümmte und in Bewegung schwankte, waren gleichzeitig westlich und östlich. Es war nicht mehr die griechische Auffassung von Form, die an den Ufern der Seine oder wo auch immer Kunst produziert wurde, vorherrschte. Kunst war wieder zu dem geworden, was die Orientalen immer unter ihr verstanden hatten: bedeutende Form. Es war, als ob Persien zum Beispiel in Henri Matisse wiedergeboren worden wäre. Ein Sinn für Design und Farbe, wie er bisher nur in den Vasen und Blumenteppichen Teherans zum Ausdruck gekommen war, diktierte seine exquisiten Muster. Hokusai und Outamaro bekamen in Vincent Van Gogh einen Bruder. Die schwüle Atmosphäre und der animalische Reichtum der Hindu-Kunst tauchten in Gauguins Holzschnitten wieder auf. Man muss sich nur wirklich moderne Kunst anschauen, ob in Paris, München oder New York, um die subtilen Braun-, Silber- und Zinnobertöne, die zarte, sinnliche Note, die unendlich vielfältigen Muster und Formen wiederzusehen, die die Erde von Arabien bis Japan mit sich tragen.

Wie in der bildenden Kunst, so auch in der Poesie. Die Imagisten, insbesondere Ezra Pound, waren Chinesen, lange bevor sie Cathay in den Werken von Ernest Fennellosa entdeckten. Und in der Musik liegt der Osten sicherlich auf unserer Seite; ist bei uns, seit die fünf Russen ihre Karriere begannen und ihre eigene halb europäische, halb mongolische Natur zum Ausdruck brachten. Der Strom beginnt zu versinken, seit die tausendundeine Nacht, die persischen Odalisken und die tatarischen Stammesangehörigen zur Musik wurden. Und die chinesische Sensibilität von Skrjabin, die orientalische Chromatik des späteren Rimsky-Korsakow, die geschwungenen Tonleitern und üppigen Farben und seidenen Texturen von Debussy, das schrille, fantastische japanische Idiom von Strawinsky haben uns gezeigt, dass die Verschmelzung nahe war.

Doch in der Musik keines Komponisten ist dies so deutlich zu erkennen wie in der von Ernest Bloch. In einem Werk wie der Suite für Viola und Klavier dieses Komponisten hat man das Gefühl einer vollkommenen Verschmelzung, wie sie kein anderes Werk bietet. Hier ist der Westen am weitesten nach Osten vorgerückt, der Osten am weitesten nach Westen. In diesem Werk sind zwei Dinge ausgewogen, zwei Dinge, die über zwanzig Jahrhunderte von zwei voneinander getrennten Regionen entwickelt wurden. Die organisierende Kraft Europas ist mit der Sinnlichkeit Asiens verbunden. Die männliche Gestaltungskraft der Erben Bachs ist hier zu spüren. Eine ausgedehnte Form ist fest wie Berge und projiziert Volumen durch die Zeit. Eine viereckige Bewegung wird auf eine andere gesetzt. Es gibt keine Schwächung, kein Nachlassen, keinen Abfall. Man kann seine Hand um diese braungoldenen Blöcke legen. Und gleichzeitig lässt uns diese organisierende Kraft eine düstere Sinnlichkeit erleben, eine samtige Fülle an Texturen, eine Schwüle und Nässe, die uns zwischen die bronzenen, leuchtenden Holzschnitzereien der Afrikaner, die dunklen Sonnenuntergänge Ceylons und die Pagoden versetzt, in denen der Chinese sitzt und von seinem Glück, seiner Familie und seinem Garten singt. Das lyrische Blau der chinesischen Kunst, die tropischen Wälder mit ihrer entsetzlichen Hitze und ihrem dichten Gewächs und grausamen Tierleben, die azurblauen Meere Polynesiens und die gewürzreichen Brisen singen hier. Die Monotonie, die Melancholie, die Bitterkeit des Ostens, Dinge, die bisher nur von der dunkel glänzenden Zither der Araber oder den tödlichen Gongs und Tamtams der Mongolen erklangen, sprechen durch westliche Instrumente. Es ist, als ob etwas aus einem dampfenden burmesischen Sumpf hervorgeholt und dem fürchterlichen Lärm einer New Yorker Durchgangsstraße ausgesetzt worden wäre, und als ob aus dieser Verpflanzung etwas völlig Neues, Trauriges und Seltsames entstanden wäre, das Vater und Mutter gleichermaßen begünstigte und dennoch einen ausgesprochen individuellen Charakter hatte.

Denn kein Komponist war von Natur aus besser geeignet, die Impulse des heranstürmenden Ostens aufzunehmen. Als Jude trug Bloch ein Stück Orient in sich; war in sich selbst ein Außenposten der Mutter der Kontinente. Und er ist einer der wenigen jüdischen Komponisten, die sich wirklich grundsätzlich selbst ausdrücken können. Er ist einer der wenigen, die sich völlig akzeptiert haben, das Schicksal, das sie zu Juden gemacht und stigmatisiert hat, völlig akzeptiert haben. Schließlich war es nicht die Tatsache, dass sie „obdachlos" waren, wie Wagner behauptete, die die Gründung der Gesellschaft Meyerbeers und Mendelssohns verhinderte. Es lag vielmehr daran, dass sie sich innerlich weigerten, sich selbst als das zu akzeptieren, was sie waren. Die Schwäche ihrer Kunst ist nur als Ergebnis des spirituellen Kampfes zu verstehen, der jeden Juden gegen sich selbst zu spalten droht. In ihnen steckte, ob sie sich dessen bewusst waren oder nicht, der geheime Wunsch, ihren Stigmata zu entkommen. Sie waren bewusst taub gegenüber den Eingebungen der Wesen, die so fest im Rassenboden verankert waren. Sie waren dem nationalen Bewusstsein entzogen. Der Impuls war halb zum Stillstand gekommen. Es war nicht so, dass sie keine „jüdische" Musik schrieben und ausschließlich rassistische Tonleitern und Melodien verwendeten. Der Künstler jüdischer Abstammung muss dies nicht tun, um gerettet zu werden. Die ganze Welt steht ihm offen. Er kann seinen Tag so ausdrücken, wie er will. Eines ist jedoch notwendig. Er darf nicht versuchen, irgendeinen Teil seiner Impulse zu unterdrücken. Er darf nicht versuchen, seine Auffassungs- und Erkenntnisweisen zu leugnen, weil sie rassistisch gefärbt sind. Er muss spirituelle Harmonie besitzen. Der ganze Mann muss in seinen Ausdruck eintauchen. Und gerade der „ganze Mensch" ging nicht auf das Werk der Komponisten ein, die bisher „das Judentum in der Musik" repräsentierten. In ihrer Kunst manifestiert sich ein gehemmter, gehetzter Impuls.

Denn wie Meyerbeer, überzeugt von der Wertlosigkeit ihrer Gefühle, fabrizierten sie Spektakel für die Opernbühne und schmeichelten einem Geschmack, den sie am allerwenigsten respektierten. Oder wie Mendelssohn versuchten sie sich der fremden Atmosphäre der teutonischen Romantik anzupassen und produzierten einen musikalischen Jargon, der nichts auf der Welt so sehr ähnelt wie Jiddisch. Oder wie Rubinstein hüllten sie sich in einen hübschen Salonstil, um alle Spuren von Fleisch zu verbergen, oder versuchten wie Gustav Mahler, „Ave Maria" zu intonieren. Einige wären zweifellos lieber sie selbst geblieben. Goldmark (der Onkel) ist ein Beispiel. Aber sein Wunsch blieb größtenteils Absicht. Denn seine Methode war ein wenig kindisch. Er stellte es sich als Liegen auf Sofas zwischen Kissen vor und schnupperte orientalische Parfüme in Duftfläschchen. Er erkannte nicht, dass das Sofa das bequeme deutsche *Canapé war*, die Kissen der romantische Stil von Weber und dem frühen Wagner, und dass durch die

„Sabæan-Gerüche vom würzigen Ufer

Von Araby, dem Gesegneten"

da wehte der zweifellos sehr appetitliche Duft der Wiener Küche.

Aber es gibt Musik von Ernest Bloch, die einen umfassenden, ergreifenden und authentischen Ausdruck dessen darstellt, was im Juden rassistisch ist. Es gibt Musik von ihm, die authentisch ist, und zwar aufgrund von Qualitäten, die grundlegender rassistischer sind als die synagogischen Modi, auf denen sie basiert, und der semitischen Prunk und Farbe, die sie prägen. Es gibt Momente, in denen man in dieser Musik die harten und hochmütigen Akzente der hebräischen Sprache hört, die abrupten Gesten der hebräischen Seele sieht, den gigantischen Energieausbruch spürt, der die Rasse erschaffen und sie unversehrt über Länder und Zeiten hinweg getragen hat ewiges Ägypten, durch das ewige Rote Meer. Es gibt Momente, in denen man bei dieser Musik das Gefühl hat, als ob ein Element, das dreitausend Jahre lang unverändert geblieben war, ein Element, das in jedem Juden steckt und an dem jeder Jude sich selbst und seine Abstammung erkennen muss, darin gefangen und dort verankert sei. Bloch hat Vertonungen für die Psalmen komponiert, die den eigentlichen Impuls der in einem anderen Medium verkörperten davidischen Hymnen darstellen; lassen Sie es so aussehen, als ob das Genie, das einst am Hofe des Königs erblüht war, auf wundersame Weise eine zweite Blüte erlangt hätte. Die Vertonung des 114. Psalms ist die Stimme der Freude über die Durchquerung des Roten Meeres, das sehr kräftige Blasen auf den Ochsenhörnern, der sehr hieratische Tanz. Hat die Stimme Jehovas zu denen, die im Laufe der Jahrhunderte dazu aufgerufen haben, ganz anders gesprochen als am Ende von Blochs 22. Psalm?

Und es ist so etwas wie die Stimme Hiobs, die in der Trostlosigkeit des dritten der „Poèmes juives" spricht. Wieder einmal bringt der Prediger seine Desillusionierung, seine grausame Enttäuschung, sein Gefühl der völligen Eitelkeit der Existenz im Monolog des Cellos in der Rhapsodie „Schelomo" zum Ausdruck. Wieder einmal erhebt sich in der Einleitung zur Symphonie

„Israel" das Zelt der Stiftshütte, das Moses auf Befehl Jehovas in der Wüste errichten und mit Vorhängen und Schleiern behängen sollte. Die großen königlichen Glieder, der Bart und die Brust Abrahams sind wieder im ersten Satz des Werks zu hören; die dunklen, ernsten, sanftäugigen Frauen des Alten Testaments, Rebekka, Rahel und Ruth, erscheinen im zweiten Satz mit seinen fließenden Stimmen wieder.

Rassenmerkmale sind in diesem Werk reichlich vorhanden. Diese schwerfälligen Formen, diese plötzlichen Bewegungen, diese herrischen, barbarischen, rituellen Trompetenstöße erinnern an alles, was man über semitische Kunst weiß, an die gekrönten geflügelten Stiere der Assyrer sowie an Flauberts Karthago mit seinen Pyramidentempeln und Zisternen und wiehernden Pferden auf der Akropolis. Blochs Themen haben oft die subtile, weitschweifige, eintönige Linie der synagogischen Gesänge. Viele seiner melodischen Teile sind zwar reine Erfindungen, aber zweifellos erblich. Die Art und Weise einer Rasse ist schließlich nichts weiter als die gesteigerte Tonalität ihrer Rede. Und Blochs Melodielinie mit ihren seltsamen Intervallen und gelegentlichen Viertelnoten ähnelt auf seltsame Weise den Tonarten der hebräischen Sprache. Wie so vieles im gregorianischen Gesang, an den es oft erinnert, kann man sich diese Musik als Teil des Tempelgottesdienstes in Jerusalem vorstellen. Und wie die Melodielinie, so auch die den Trompeten zugeordneten Phrasen in der Vertonung der drei Psalmen und in der Symphonie „Israel". Auch sie könnten einst durch die Höfe des Tempels des Herodes hallten. Die ungewöhnlichen Akzente, die ungewöhnlichen Intervalle verleihen den Instrumenten eine Klangfarbe, die gleichzeitig herrisch, barbarisch und rituell ist. Und wie unterschiedlich zum theatralischen Orientalismus so vieler Russen sind die groben Dissonanzen von Bloch, die schrecklichen aufeinanderfolgenden Quarten und Quinten, die ungestümen Rhythmen, wild und frenetisch in ihrer Betonung. Diese Musik ist schrill und gelbbraun und bitter nach der Wüste. Sein Geschmack ist in der europäischen Musik tatsächlich neu. Sicherlich ist im Bereich des Streichquartetts noch nie zuvor etwas vergleichbares wie der salzige und scharfe, fruchtige, berauschende Geschmack von Blochs Werk aufgetaucht.

Und erst als die jüdische Note in seinem Werk auftauchte, sprach Bloch seine eigentliche Sprache. Die Werke, die den „Trois Poèmes juives" vorausgehen, der ersten seiner Kompositionen, in denen die rassistische Geste bewusst gemacht wird, stellen den Mann nicht wirklich so dar, wie er ist. Zweifellos ist das brillante und ironische Scherzo der cis-Moll-Sinfonie, dessen Schwung, Leidenschaft und Kraft den Komponisten von „L'Apprenti sorcier" tatsächlich wie einen Lehrling erscheinen lassen, bereits charakteristisch für den Komponisten des Streichquartetts und der Suite für Viola und Klavier. Aber vieles in der Sinfonie ist abgeleitet. Man erkennt darin den Einfluss von Liszt, Tschaikowsky und Strauss. Dasselbe gilt für die

Oper „Macbeth", die einige Jahre nach der Komposition der Sinfonie geschrieben wurde, als der Komponist 24 Jahre alt war. Trotz der Wirksamkeit der Vertonung, die das Melodram von Edmond Flegg geschickt aus Shakespeares Tragödie abstrahiert, trägt die Partitur eine noch unentschiedene Handschrift. Man hat das Gefühl, dass der Komponist vor kurzem den Persönlichkeiten Mussorgskis und Debussys begegnet ist. Zweifellos beginnt man, die eigentliche Persönlichkeit Blochs in der zarten Farbgebung der beiden kleinen Orchesterskizzen „Hiver-Printemps", im traurigen Englischhorn gegen die Harfe in „Hiver" und im zwitschernden Drehleier-Beginn von „Printemps" zu spüren. Leider weist die Kantilene in der zweiten Nummer noch immer nach hinten. Aber mit den „Trois Poèmes juives" ist der ursprüngliche Bloch zur Hand. Diese Kompositionen wurden zunächst als Studien für „Jezabel" konzipiert, die Oper, die Bloch unmittelbar nach der Fertigstellung der Vertonung von „Macbeth" im Jahr 1904 komponieren wollte. Heute existiert „Jezabel" nur noch im Libretto von Flegg und in einer Reihe von Skizzen, die im Portfolio des Komponisten hinterlegt sind. Der Moment, in dem Bloch die Möglichkeit finden sollte, das Werk zu realisieren, ist noch nicht gekommen. „Jezabel", das ursprünglich als direkte Fortsetzung von „Macbeth" geplant war, verspricht, das Ziel seiner ersten großen Schaffensperiode zu werden. Doch aus der Konzeption der Oper selbst, aus dem Wunsch, ein Werk rund um diese alttestamentarische Figur zu schaffen, aus der Gefühlsflut, die das Projekt auslöste, sind bereits Ergebnisse ersten Ranges für Bloch und die moderne Musik hervorgegangen. Denn während er einen Stil suchte, der diesem biblischen Drama angemessen war, und in dem Bemühen, die dafür erforderliche Ausdrucksweise zu meistern, schuf Bloch die Kompositionen, die ihn so hervorragend in die Gesellschaft der wenigen modernen Meister gebracht haben. Die drei Psalmen, „Schelomo", „Israel", Teile des Quartetts, sind nur weiter in die Richtung gegangen, die die „Trois Poèmes juives" vorgezeichnet haben. „Jezabel" hat sich als einer jener Träume erwiesen, die die Menschen zur Erkenntnis ihrer selbst führen.

Und doch ist er ganz sicher nicht der „jüdische Komponist", der er so oft genannt wird. Er ist zu sehr der Mann seiner Zeit, zu sehr das Universalgenie, um in eine einzige Kategorie eingeordnet zu werden. Seine Kunst tritt die Nachfolge von Mussorgski und Debussy ebenso an wie die von Strawinsky und Ravel; er stützt sich ebenso stark auf die großen europäischen Musiktraditionen wie auf seine eigene Abstammung. Tatsächlich ist er unter den modernen Meistern einer derjenigen, die sich der Tradition ihrer Kunst am meisten bewusst sind. Er ist der Erbe Bachs, Haydns und Beethovens, genauso wie jeder andere lebende Musiker. Seine Musik ist genauso wie die jedes anderen ein Abbild der Zeit. Im Quartett, seinem Meisterwerk, ist das hebräische Element nur eines von mehreren. Das Trio des Scherzos ist wie ein Abschnitt eines polynesischen Waldes mit seiner tropischen Wärme, seinen monströsen Gewächsen, seiner sumpfigen Erde, seinen schnatternden Affen und Paradiesvögeln. Im Finale ist der Rhythmus des Stahlzeitalters zu hören. Und die zarte Pastorale erinnert an die sanften Felder Europas, duftet nach Heu und lässt den nonnenhaften Tagesausklang bei gemäßigtem Himmel wieder aufleben. Als Jude musste Ernest Bloch erst zu seiner eigenen Abstammung Ja sagen, bevor sein Genie zum Vorschein kommen konnte. Und in welchem Ausmaß es zum Vorschein gekommen ist, kann man an der Intensität ablesen, mit der sich sein Zeitalter in der Musik widerspiegelt, die er bereits komponiert hat. Seine Musik ist der moderne Mensch in seinem kürzlich erworbenen Sinn für die Winzigkeit der menschlichen Elemente in der Rasse, die Ungeheuerlichkeit der tierischen Vergangenheit. Für Ernest Bloch ist der Urwald mit seinem dichten, sich brütenden Leben, seinen wilden Tieren, seiner brutalen, phallusanbetenden Menschheit immer noch da. Vor ihm liegen noch die Hunderte und Hunderttausende von Jahren der Entwicklung, die notwendig sind, um aus dem Menschen ein intelligentes Geschöpf zu machen. Und er schreibt wie jemand, der in Dunkelheit, Traurigkeit und Bitterkeit gestürzt wurde, die durch die Vision des Regenbogens, die ihm geschenkt wurde, und den flüchtigen Blick auf das „Pays du Soleil", das Land des Menschen, der sich endlich vom Tierischen erhebt und zum Menschen wird, noch verstärkt wird. Denn er weiß nur zu gut, dass die Nacht erst Äonen nach seinem Tod endgültig vorübergehen wird.

Und er ist insofern modern, als die Verschmelzung von Ost und West durch sein Schaffen erhellt wird. Die Klangfarben seines Orchesters, die Schreie seiner Instrumente, die Linien seiner Melodie, das Pochen seines Pulses lassen uns die große Flut spüren, die uns mitreißt, die Welle, die über die ganze Welt rollt. In seiner Kunst spüren wir, wie sich die Erde selbst dem Licht des Ostens zuwendet.

# ANHANG

# WAGNER

Wilhelm Richard Wagner wurde am 22. Mai 1813 in Leipzig geboren. Er starb am 13. Februar 1883 in Venedig. Die Einzelheiten seiner Karriere sind zu gut bekannt, um Proben zu rechtfertigen.

Die Daten der Komposition und Erstaufführung seiner Opern sind: „Rienzi", 1838–40; Uraufführung in Dresden 1842. „Tannhäuser", 1843–45 (Pariser Fassung 1860); Dresden, 1845. „Lohengrin", 1845-48; Weimar, 1850. „Das Rheingold", 1848-53; München, 1869. „Die Walküre", 1848-56; München, 1870. „Tristan und Isolde", 1857–59; München, 1865. „Siegfried", 1857-69; Bayreuth, 1876. „Die Meistersinger von Nürnberg", 1861-67; München, 1868. „Die Götterdämmerung", 1870–74; Bayreuth, 1876. „Parsifal", 1876-82; Bayreuth, 1882.

# STRAUSS

Richard Strauss wurde am 11. Juni 1864 in München geboren. Sein Vater, Franz Strauss, war erster Hornist der Münchner Hofkapelle. Seine Mutter war die Tochter des Bierbrauers Georg Pschorr. Er begann bereits im zarten Alter von sechs Jahren zu komponieren. Von 1870 bis 1874 besuchte er die Volksschule in München. 1874 immatrikulierte er sich am Gymnasium und blieb dort bis 1882. Im nächsten Jahr besuchte er Vorlesungen an der Universität München. Von 1875 bis 1880 studierte er Harmonielehre, Kontrapunkt und Instrumentation bei Hofkapellmeister FW Meyer. Seine Kompositionen wurden ab 1880 öffentlich aufgeführt. 1885 lernte er Alexander Ritter kennen, der zusammen mit Hans von Bülow den jungen Strauss, bis dahin ein guter Brahmsianer, zum Wagnerismus und der Moderne bekehrt haben soll. Im Jahr 1885 dirigierte Strauss auf Bülows Einladung ein Konzert des Meininger Orchesters. Im November desselben Jahres trat er die Nachfolge von Bülow als Leiter der Organisation an. 1886 wurde er Dritter Kapellmeister an der Münchner Oper; 1889 Direktor in Weimar. 1892–1893 verbrachte er nach einem Lungenentzündungsanfall in Ägypten und Sizilien. 1894 wurde er Oberkapellmeister in München. Im Jahr 1895 begannen seine Konzertreisen durch Europa. Er dirigierte in Budapest, Brüssel, Moskau, Amsterdam, London, Barcelona, Paris, Zürich und Madrid. 1898 wurde er Dirigent der Berliner Königlichen Oper. 1904 kam er nach Amerika, um bei vier Festivalkonzerten zu seinen Ehren in New York zu dirigieren. In einem Monat gab er einundzwanzig Konzerte in verschiedenen Städten mit fast ebenso vielen Orchestern. Die Tournee endete mit dem Aufruhr darüber, dass Strauss ein Konzert im John Wanamaker's Orchestra dirigiert hatte. Seit 1898 lebte Strauss hauptsächlich in Charlottenburg und im Sommer in Marquardstein bei Garmisch.

Die Entstehungsdaten seiner Hauptwerke sind:

„Serenade für Blasinstrumente", Opus 7, 1882–83; „Acht Lieder", Opus 10, 1882-83; „Aus Italien", Opus 16, 1886; „Don Juan", Opus 20, 1888; „Tod und Verklärung", Opus 24, 1889; „Vier Lieder", Opus 27, 1892–93; „Till Eulenspiegels Lustige Streiche", Opus 28, 1894-95; „Drei Lieder", Opus 29, 1894-95; „Also sprach Zarathustra", Opus 30, 1894-95; „Don Quijote", Opus 35, 1897; „Ein Heldenleben", Opus 40, 1898; „Feuersnot", Opus 50, 1900-01; „Taillefer", Opus 52, 1903; „Sinfonia Domestica", Opus 53, 1903; „Salome", Opus 54, 1904–05; „Elektra", Opus 58, 1906–08; „Der Rosenkavalier", Opus 59, 1909–10; „Ariadne auf Naxos", Opus 60, 1911-12; „Josefs Legende", 1913; „Eine Alpensymphonie", 1914-15; „Die Frau ohne Schatten", 1915-17.

# MOUSSORGSKY

Modest Petrowitsch Mussorgski wurde am 16. März 1839 im Dorf Karewo in der Regierung von Pskow, Russland, geboren. Seine Eltern gehörten dem niederen Adel an. Seine Mutter gab ihm seinen ersten Klavierunterricht. Im Alter von zehn Jahren wurde er auf die Schule St. Peter und Paul in Petrograd geschickt. Sein Klavierstudium wurde bei einem gewissen Professor Herke fortgesetzt. Im Alter von zwölf Jahren spielte er öffentlich ein *Rondo de-Konzert* von Herz. 1852 immatrikulierte er sich an der Fähnrichschule und im selben Jahr erschien seine erste Komposition, eine Polka. Im Jahr 1856 machte er während seines Dienstes als Offizier der Preobrajensky-Garde die Bekanntschaft von Borodin. Bald darauf traf er Dargomyjski. Mit ihm lebte er, in seinen eigenen Worten, „zum ersten Mal das Musikleben". Später lernte er auch Cui, Balakirew und Rimsky-Korsakow kennen. Er nahm Kompositionsunterricht bei Balakirew und erkannte schließlich, was seine eigentliche Richtung war. Eine Nervenkrankheit hinderte ihn 1859 daran, zu arbeiten. Doch gleich nach seiner Genesung schied er aus dem Wachdienst aus und machte sich ernsthaft an die Arbeit. Um seinen Lebensunterhalt zu bestreiten, nahm er eine Stelle im Staatsdienst an. Er lebte mit fünf Freunden in Petrograd. 1865 wurde er erneut von seiner Krankheit befallen und musste sich für drei Jahre aufs Land zurückziehen. 1869 kehrte er nach Petrograd zurück und lebte bei seinen Freunden, den Opotchininen. Seinen großen Erfolg erlebte er 1874 mit der Aufführung von „Boris". Unmittelbar danach begann sich sein Gesundheitszustand zu verschlechtern. 1879 legte er sein Amt nieder und versuchte, seinen Lebensunterhalt durch das Spielen von Begleitmusikern zu verdienen. Er starb 1881 in einem Militärkrankenhaus.

Die Entstehungsdaten seiner Hauptwerke sind:

„Boris Godounow", 1868-71; „Chovanchtchina", 1872-81; „Die Hochzeit" (ein Akt), 1868; „Der Jahrmarkt in Sorotchinsk" (Fragment), 1877-81; „Die Niederlage Sanheribs", 1867-74; „Jesus Navine", 1877; „Sans Soleil", 1874; „La Chambre d'Enfants", 1874; „Chants et Danses de la Mort", 1875; „Marcia all Turka", 1880; „La Nuit sur le Mont-Chauve", 1867-75; „Tableaux d'une Exposition", 1874; „Hopak", 1877.

# LISZT

Franz Liszt wurde am 22. Oktober 1811 in der Nähe von Odenburg in Ungarn geboren. Er starb am 31. Juli 1886 in Bayreuth. Mit neun Jahren trat er zum ersten Mal in Odenburg öffentlich auf. 1829 kam er nach Wien, wo er 18 Monate Klavier bei Czerny und Komposition bei Salieri studierte. Anschließend ging er nach Paris, wo er bis 1825 bei Reicha studierte. 1831 hörte er Paganini spielen. Man nimmt an, dass er so beeindruckt war, dass er beschloss, der Paganini des Klaviers zu werden. In Paris war er als Künstler sehr gefragt. 1835 entführte er die Comtesse d'Agoult von einem Ball und reiste mit ihr nach Genf. Er blieb in Genf bis 1839, als sein Siegeszug durch Europa begann. 1848 wurde er Kapellmeister in Weimar. Hier ließ er „Lohengrin" aufführen und „Der Fliegende Holländer" und „Tannhäuser" sowie Opern von Berlioz und Schumann wiederaufführen. Während seines Aufenthalts in Weimar knüpfte er eine Beziehung mit der Fürstin von Sayn-Wittgenstein. 1859 ging er nach Rom, wo er bis 1870 blieb. 1866 ernannte ihn Pius IX. zum Abbé. Nach 1870 kehrte er nach Weimar zurück und lebte dort, in Budapest und in Rom.

Zu seinen wichtigsten Orchesterwerken zählen: „Eine Faustsymphonie", „Dante", „Bergsymphonie", „Tasso", „Les Préludes", „Orpheus", „Mazeppa", „Hungaria", „Hunnenschlacht", „Die Ideale", „Zwei Episoden aus Lenaus Faust" usw.

Seine wichtigsten Chorwerke sind „Die Legende von der Heiligen Elisabeth" und „Christus".

Seine wichtigsten Kompositionen für das Klavier sind: „Sonate in h-Moll", „Konzert in Es", „Konzert in A", „Années de pèlerinage", „Consolations", „Zwei Legenden", „Liebesträume", „Sechs Präludien und Fugen (Bach)" usw. usw. Außerdem unzählige Transkriptionen.

# BERLIOZ

Louis Hector Berlioz wurde am 11. Dezember 1803 in La Côte Saint-André in der Nähe von Grenoble geboren. Sein Vater war Arzt und wünschte, dass sein Sohn seinem Beruf nachgehen würde. Also wurde Hector zum Studium nach Paris geschickt. Statt Medizin zu studieren, begann er zu komponieren. Eine seiner Messen wurde 1824 in Saint-Roch aufgeführt. 1826 versuchte er, am Konservatorium aufgenommen zu werden, scheiterte jedoch bei der Vorprüfung. In den Jahren 1827, 1828 und 1829 bewarb er sich um den Prix de Rome und scheiterte. 1830 sicherte er es sich schließlich. Während seines Aufenthalts in Rom im Jahr 1831 komponierte er die „Symphonie Fantastique" und „Lélio". 1833 heiratete er seine verehrte Miss Smithson. 1834 wurde „Harold" zum ersten Mal aufgeführt. „Das Requiem" entstand 1836, „Benvenuto Cellini" 1837, „Roméo" 1839. 1840 unternahm Berlioz seine erste Reise nach Brüssel; 1842–43 bereiste er Deutschland. Der „Carnaval Romain" wurde 1844 aufgeführt. In den Jahren 1845–46 gab Berlioz zahlreiche Konzerte in Frankreich und tourte durch Österreich und Ungarn. Im Dezember des letzten Jahres scheiterte „La Damnation de Faust" an der Opéra Comique. 1847 reiste Berlioz erstmals nach Russland und nach England. 1849 begann er mit der Arbeit an seinem „Te Deum"; im Jahr 1850 auf „L'Enfance du Christ". Die nächsten Jahre widmete er dem Dirigieren. Im Jahr 1854, nach dem Tod seiner Frau, heiratete er Mlle. Récio. 1856 finden wir Berlioz in Norddeutschland, Brüssel und London. Im selben Jahr begann er mit der Komposition von „Les Troyens". Bei seiner Aufführung im Jahr 1863 scheiterte das Werk. Seine letzten Jahre wurden durch den Tod seiner Frau und seines Sohnes überschattet. Er starb am 8. März 1869 in Paris.

# FRANCK

César-Auguste Franck wurde am 10. Dezember 1822 in Lüttich, Belgien, geboren. Sein Vater hoffte, einen Klaviervirtuosen aus ihm zu machen und überwachte seine musikalische Ausbildung. Im Alter von elf Jahren tourte der junge Franck als Pianist durch Belgien. 1835 wanderte die Familie nach Paris aus und zwei Jahre später wurde César am Konservatorium aufgenommen. Er studierte Komposition bei Leborne und Klavier bei Zimmermann. 1840 gewann er den ersten Preis für Fuge. 1842 zwang ihn sein Vater, das Konservatorium zu verlassen und nach Belgien zurückzukehren, doch zwei Jahre später war er wieder in Paris und versuchte, seinen Lebensunterhalt durch Unterrichten und Spielen zu verdienen. „Ruth" wurde 1846 aufgeführt. Er heiratete 1848. 1851 wurde er Organist an der Kirche Saint-Jean-Saint-François, später an der Kirche Sainte-Clotilde, und blieb dort bis zu seinem Lebensende. 1872 wurde er zum Professor für Orgelspiel am Konservatorium ernannt. „Rédemption" wurde 1873 aufgeführt. „Les Béatitudes" wurde 1880 zum ersten Mal aufgeführt. Kurz darauf wurde ihm die Professur für Komposition am Konservatorium verweigert, und fünf Jahre später wurde er als „Professor für Orgelspiel" mit dem Ordensband der Ehrenlegion ausgezeichnet. 1887 wurde im Cirque d'hiver ein „Festival Franck" unter der Leitung von Pasdeloup veranstaltet. Seine Symphonie wurde 1889 zum ersten Mal aufgeführt. Er starb am 8. November 1890.

Die Entstehungsdaten seiner Hauptwerke lauten wie folgt: „Ruth", 1843-46; „Six pièces pour grand orgue", 1860-62; „Trois offertoires", 1871; „Rédemption", 1871-72 (erste Fassung), 1874 (zweite Fassung); „Prélude, Fuge et Variation", 1873; „Trois pièces pour grand orgue", 1878; „Streichquintett", 1878-79; „Les Béatitudes", 1869-79; „Le Chasseur maudit", 1882; „Les Djinns", 1884; „Prélude, Choral et Fugue", 1884; „Hulda", 1882-85; „Variationen symphoniques", 1885; „Sonate", 1886; „Prélude, aria et finale", 1886-87; „Psyche", 1887-88; „Symphonie", 1886-88; „Quatuor", 1889; „Trois chorales", 1890.

# DEBUSSY

Claude-Achille Debussy wurde am 22. August 1862 in Saint-Germain-en-Laye geboren. Er starb am 22. März 1918 in Paris. Mit zwölf Jahren trat er ins Konservatorium ein und studierte Harmonielehre bei Lavignac und Klavier bei Marmontel. Im Alter von achtzehn Jahren stattete er Russland einen kurzen Besuch ab. Doch erst einige Jahre später lernte er die Partitur von „Boris Godounow" kennen, die einen so großen Einfluss auf sein Leben haben und seine Abkehr vom Wagnerismus auslösen sollte. 1884 gewann er mit seiner Kantate „L'Enfant prodigue" den Prix de Rome. Während seines dreijährigen Aufenthalts in der Villa Medici komponierte er „Printemps" und „La Damoiselle élue". „Ariettes oubliées" wurden 1888 veröffentlicht, 1890 folgten „Cinq poèmes de Baudelaire"; 1893 vom Streichquartett und dem „Prélude à 'l'Après-midi d'un faune'"; 1894 durch „Proses lyriques"; und 1898 von „Les Chansons de Bilitis". Die „Nocturnes" wurden 1899 zum ersten Mal aufgeführt. „Pelléas", an dem Debussy zehn Jahre lang gearbeitet hatte, wurde 1902 an der Opéra Comique aufgeführt. 1903 wurden „Estampes" veröffentlicht. „Masques", „L'Isle joyeuse", „Danses pour harp chromatique" und „Trois chansons de France" wurden 1904 veröffentlicht. Im folgenden Jahr erschien das erste Buch mit „Images" für Klavier und „La Mer". ." Das zweite Buch der „Bilder" erschien 1906; „Ibéria" im Jahr 1907; „Trois chansons de Charles d'Orléans" und die „Kinderecke" im Jahr 1908. „Rondes de Printemps" wurden 1909 zum ersten Mal aufgeführt. 1910 erschienen „Trois ballades de François Villon" und das erste Buch der „Préludes". für Klavier." In der Bühnenmusik zu d'Annunzios *Le Martyre de Saint-Sébastien* aus dem Jahr 1911 zeigte sich Debussys Genie zum letzten Mal in seiner ganzen Fülle. 1912 wurden „Gigues" aufgeführt; 1913 erschien das zweite Buch der Préludes für Klavier. Die später entstandenen Werke sind von weitaus geringerer Bedeutung.

# RAVEL

Maurice Ravel wurde am 7. März 1875 in Ciboure, Basses-Pyrénées, geboren. Kurz nach seiner Geburt zog seine Familie nach Paris. Henri Ghis war sein erster Klavierlehrer, Charles-René sein erster Kompositionslehrer. Er nahm Klavierunterricht bei Ricardo Viñès und erhielt 1891 am Conservatoire eine „Première Médaille" für Klavierspiel. 1897 trat Ravel in die Klasse von Fauré ein. 1898 wurden seine „Sites auriculaires" öffentlich aufgeführt. 1901 verpasste er zum ersten Mal den Prix de Rome. Sein Quartett wurde 1904 aufgeführt. 1903 verpasste er zum vierten Mal den Prix de Rome. „Histoires naturelles" wurden 1907 aufgeführt, die „Rapsodie espagnole" 1908. „L'Heure espagnole" wurde 1911 an der Opéra Comique aufgeführt. „Daphnis et Chloé" wurde 1912 vom Russischen Ballett aufgeführt. Während des Krieges diente Ravel als Krankenwagenfahrer. Er wurde während seines Einsatzes vor Verdun verwundet und aus dem Dienst entlassen. Er lebt derzeit in Paris.

Die Entstehungsdaten seiner Hauptwerke sind:

„Spiegel", 1905; „Sonatine", 1905; „Gaspard de la Nuit", 1908; „Valses nobles et sentimentales", 1911; „Meine Mutter, das Auge", 1908; „Naturgeschichten", 1906; „Fünf beliebte griechische Melodien", 1907; „Drei Gedichte von Mallarmé", 1913; „Quatuor à cordes", 1902–03; „Introduction et Allégro pour harpe", 1906; „Rapsodie espagnole", 1907; „Daphnis et Chloé", 1906-11; „L'Heure espagnole", 1907; „Das Grabmal von Couperin", 1914-17.

# BORODIN

Alexander Porfirievitch Borodin wurde am 12. November 1834 in Petrograd geboren und starb dort am 27. Februar 1887.

# RIMSKI-KORSAKOFF

Nikolai Andrejewitsch Rimski-Korsakow wurde am 6. März 1844 in Tichwin im Gouvernement Nowgorod, Russland, geboren. Sein Vater war Zivilgouverneur und Grundbesitzer. Im Alter von sechs Jahren begann er, Klavier zu spielen. Er war für eine Karriere bei der Marine vorgesehen und wurde 1856 zum Studium an die Petrograder Marineschule geschickt. 1861 machte er Bekanntschaft mit Balakirew und der Gruppe um ihn. Nach einer zweijährigen Kreuzfahrt in der Marine kehrte Rimsky 1865 nach Petrograd zurück. 1866 wurde er in möblierten Zimmern untergebracht, nachdem er beschlossen hatte, Komponist zu werden. Er begann 1868 mit der Arbeit an „Antar". Es wurde im folgenden Jahr aufgeführt. 1871 wurde er Professor für Komposition und Orchestrierung am Petrograder Konservatorium. 1872 entstand seine Oper „Die Jungfrau von Pskof". Rimsky heiratete am 30. Juni desselben Jahres Nadejeda Pourgold. Mussorgsky war Trauzeuge bei der Zeremonie. 1873 wurde er Inspektor der Marinekapellen. 1874 bereiste er die Krim. 1883 wurde er mit der Neugestaltung der Kaiserkapelle beauftragt. 1889 dirigierte er zwei russische Konzerte auf der Pariser Weltausstellung. Im folgenden Jahr dirigierte er zwei russische Konzerte in Brüssel. 1894 legte er sein Amt als Dirigent der Russischen Symphoniekonzerte und als Inspektor der kaiserlichen Kapelle nieder. Im Jahr 1900 war er erneut in Brüssel. Aufgrund seiner politischen Ansichten wurde er 1904 aufgefordert, sein Amt als Direktor des Konservatoriums aufzugeben. Im Frühjahr 1907 besuchte er das Russische Festival in Paris. Die Französische Komponistengesellschaft lehnte jedoch die Aufnahme als Mitglied ab. Er starb im April 1908 auf seinem Anwesen in Lioubensk.

Die Titel seiner Opern sind: „Die Jungfrau von Pskof", 1872; „Eine Nacht im Mai", 1880; „Sniegouroschka", 1882; „Mlada", 1892; „Christmas Eve Revels", 1895; „Sadko", 1897; „Mozart und Salieri", 1898; „Boyarina Vera Sheloga", 1898; „Die Zarenbraut", 1899; „Das Märchen vom Zaren Saltan", 1900; „Servilia", 1902; „Kashchei der Unsterbliche", 1902; „Pan Wojewoda", 1902; „Kitj", 1907; „Le Coq d'or", 1907.

Zu seinen Orchesterkompositionen gehören: Symphonie Nr. 1, „Serbische Fantasie", Opus 6; „Symphonische Suite Antar", Opus 9; Symphonie, Opus 32. „Spanische Caprice", Opus 34; „Scheherazade", Opus 35; „Osterouvertüre", Opus 36.

# RACHMANINOFF

Sergei Vassilievitch Rachmaninoff wurde am 29. März 1873 in Onega im Gouvernement Nowgorod in Russland geboren. 1882 trat er in das Petrograder Konservatorium ein und studierte Klavier in der Klasse von Demyaresky und Theorie in der von Professor LA Sacchetti. 1885 trat er in das Moskauer Konservatorium ein und studierte bei Zviereiff, Taneyef und Arensky. Seinen ersten öffentlichen Auftritt als Pianist hatte er 1892. Seit 1894 komponiert er ununterbrochen. Seine erste Symphonie wurde 1895 von Glazounoff produziert. Seine Europatourneen begannen 1899. 1903 unterrichtete er am Moskauer Maryinsky-Institut. Von 1904 bis 1906 dirigierte er an der Kaiserlichen Oper in Moskau. Seine eigenen Opern „Der geizige Ritter" und „Francesca da Rimini" wurden zu dieser Zeit aufgeführt. Nach 1907 lebte er in Dresden. Seine erste Amerikatournee fand 1909 statt. Seine zweite begann 1918.

Zu Rachmaninows Werken gehören drei Opern: „Aleko", „Der geizige Ritter" und „Francesca da Rimini"; zwei Symphonien, Opus 13 und Opus 27; drei Konzerte für Klavier, Opus 1, 18 und 30; eine symphonische Dichtung „Die Toteninsel", Opus 29; ein Werk für Chor und Orchester, „The Bells"; zwei Cellosonaten, Opus 19 und Opus 28; ein Klaviertrio, Opus 9; Klavierstücke, Oper 3, 5, 10, 16, 23, 32; und zahlreiche Lieder.

# Skrjabin

Alexander Nicolas Scriàbine wurde 1871 in Moskau als Kind aristokratischer Eltern geboren. Im zehnten Lebensjahr wurde er in das 2. Kadettenkorps der Moskauer Armee versetzt. Seine ersten Klavierstunden erhielt er bei GA Conus. Musiktheorie studierte er bei Professor SI Taneieff. Während er die Kadettenkurse fortsetzte, wurde er als Student am Moskauer Konservatorium für Musik eingeschrieben. Er studierte Klavier bei Wassili Safonow, Kontrapunkt zuerst bei Taneieff und später bei Arenski. Seine Studien sowohl am Konservatorium als auch im Korps schlossen er 1891 ab. 1892 tourte er zum ersten Mal als Pianist durch Europa und spielte in Amsterdam, Brüssel, Den Haag, Paris, Berlin, Moskau und Petrograd. Die nächsten fünf Jahre widmete Scriàbine sowohl Konzerttourneen als auch Komposition. 1897 wurde er Professor für Klavier und spielte am Moskauer Konservatorium, wo er sechs Jahre blieb. Er gab sein Amt 1903 auf, um sich ganz dem Komponieren und Konzertieren zu widmen. Er lebte hauptsächlich in Beattenberg in der Schweiz und in Paris. In dieser Zeit scheint er zur Theosophie konvertiert zu sein. Die Jahre 1905 und 1906 verbrachte er in Genua und Genf. Im Februar 1906 begab sich Scriàbine auf eine Tournee durch die Vereinigten Staaten. Er spielte in New York City, Chicago, Washington, Cincinnati und anderen Städten. Die nächsten Jahre verbrachte er in Beattenberg, Lausanne und Biarritz. Von 1908 bis 1910 lebte Scriàbine in Brüssel. Dann kehrte er nach Moskau zurück und tourte 1910, 1911 und 1912 durch Russland. 1914 besuchte er England zum ersten Mal. Kurz vor Ausbruch des Krieges kehrte er nach Russland zurück und begann mit einem Werk mit dem Titel „Mysterium", das die Vereinigung aller Künste zum Gegenstand hatte. Am 7. April 1915 erkrankte er an einer Blutvergiftung und starb am 14. April.

Seine wichtigsten Orchesterwerke sind: „Le Poème Divine", Opus 43; „Le Poème de l'Extase", Opus 54; und „Prometheus", Opus 60. Es ist nicht leicht zu sagen, welche seiner zahlreichen Kompositionen für Klavier die wichtigsten sind. Sonate Nr. 7, Opus 64; Sonate Nr. 8, Opus 66; Sonate Nr. 9, Opus 68; und Sonate Nr. 10, Opus 70; sind vielleicht die magistralsten.

# STRAWINSKY

Igor Fedorovitch Strawinsky wurde am 5. Juni 1882 in Oranienbaum bei Petrograd geboren. Sein Vater war ein Basssänger beim Hof. Igor war für eine juristische Laufbahn bestimmt. Doch 1902 traf er in Heidelberg Rimsky-Korsakoff und gab alle Pläne für ein Jurastudium auf. Er studierte bis 1906 bei Rimsky. Sein „Scherzo fantastique", inspiriert von Maeterlincks *Leben der Biene* , das 1908 uraufgeführt wurde, lenkte die Aufmerksamkeit von Sergei Diaghilew auf den jungen Komponisten und sicherte ihm den Auftrag, ein Ballett für Diaghilews Organisation zu schreiben. Das unmittelbare Ergebnis war „L'Oiseau de feu", das 1910 komponiert und uraufgeführt wurde. „Petruschka" entstand 1911, als der Komponist zu dieser Zeit in Rom lebte. „Le Sacre du printemps" entstand in Clarens, wo Strawinsky normalerweise lebt. Es wurde 1913 in Paris aufgeführt. Die Oper „Le Rossignol", von der ein Akt 1909 und zwei 1914 fertiggestellt wurden, wurde kurz vor dem Krieg in Paris und London aufgeführt. Ein neues Ballett „Les Noces villageoises" wurde bisher nicht aufgeführt.

Weitere Kompositionen Strawinskys sind:

Opus 1, „Symphonie in Es"; Opus 2, „Le Faune et la Bergère", Lieder mit Orchesterbegleitung; Opus 3, „Scherzo fantastique"; Opus 4, „Feuerwerk"; Opus 5, „Chant funèbre" zum Gedenken an Rimsky-Korsakow; Opus 6, Vier Etüden für Klavier; Opus 7, Zwei Lieder; „Les Rois des Etoiles" für Chor und Orchester; Drei Lieder über japanische Gedichte mit Orchesterbegleitung; Drei Stücke für Streichquartett; Eine unveröffentlichte Klaviersonate; Ein Ballett für Clowns.

# MAHLER

Gustav Mahler wurde am 7. Juli 1860 in Kalischt, Böhmen, geboren. Er starb am 18. Mai 1911 in Wien. Er studierte Klavier bei Epstein, Komposition und Kontrapunkt bei Bruckner. 1883 wurde er zum Kapellmeister in Kassel ernannt; 1885 wurde er nach Prag berufen; 1886 wurde er zum Dirigenten der Leipziger Oper ernannt. 1891 ging er nach Hamburg, um die Oper zu dirigieren, und 1897 wurde er zum Direktor der Wiener Hofoper ernannt. 1908 kam er nach New York, um im Metropolitan die Opern von Wagner, Mozart und Beethoven zu dirigieren. 1909 wurde er Dirigent der New York Philharmonic Society. 1911 verschlechterte sich sein Gesundheitszustand und er kehrte nach Wien zurück.

Mahler schrieb neun Sinfonien. Der erste stammt aus dem Jahr 1891, der zweite aus dem Jahr 1895, der dritte aus dem Jahr 1896, der vierte aus dem Jahr 1901, der fünfte aus dem Jahr 1904, der sechste aus dem Jahr 1906, der siebte aus dem Jahr 1908, der achte aus dem Jahr 1910 und der neunte aus dem Jahr 1911.

Weitere seiner Kompositionen sind: „Das Klagende Lied" für Soli, Chor und Orchester; „Das Lied von der Erde" für Soli und Orchester; „Kindertotenlieder", mit Orchesterbegleitung; „Lieder einer fahrenden Gesellen", mit Orchesterbegleitung; „Des Knaben Wunderhorn", zwölf Lieder.

# REGER

Max Reger wurde am 19. März 1873 in Brand, Bayern, geboren. Sein Vater war Lehrer in Weiden in der Pfalz, und Reger, so hoffte man, würde seinem Beruf nachgehen. Der Musikerberuf setzte sich jedoch durch. Reger studierte von 1890 bis 1895 bei Riemann. Zunächst beschloss er, sich als Pianist zu perfektionieren. Später beschäftigten ihn Komposition und Orgelspiel. 1905 wurde er zum Professor für Kontrapunkt an der Königlichen Akademie in München ernannt. 1907 wurde er zum musikalischen Leiter der Universität Leipzig und zum Professor für Komposition am Leipziger Konservatorium ernannt. Von 1911 bis zu seinem Tod war er Hofkepellmeister in Meiningen. Er starb am 11. Mai 1916 in Jena.

Zu seinen Orchesterwerken gehören: „Sinfonietta“, Opus 90; „Serenade“, Opus 95; „Hiller-Variationen“, Opus 100; „Symphonischer Prolog“, Opus 120; „Lustspielouvertüre“, Opus 123; „Konzert im Alten Stiel“, Opus 125; „Romantische Suite“, Opus 128; „Vier Tondichtungen nach Böcklin“, Opus 130; „Ballett-Suite“, Opus 132; „Mozart-Variationen“, Opus 140; „Violinkonzert“, Opus 101; „Klavierkonzert“, Opus 114.

Zu seinen Chorwerken gehören: „Gesang der Verklärten“, Opus 71; „Psalm 100“, Opus 106; „Die Nonnen“, Opus 112.

Zu seinen Kammermusikwerken gehören: Streichsextett, Opus 118; Klavierquintett, Opus 64; Klavierquartett, Opus 113; Fünf Streichquartette, Oper 54, 74, 109, 121; Serenade für Flöte, Violine und Bratsche, Opus 77a; Trio für Flöte, Violine und Bratsche, Opus 76b; Neun Violinsonaten, Oper 1, 3, 41, 72, 84, 103b, 122, 139; Vier Cellosonaten, Oper 5, 28, 71, 116; Drei Klarinettensonaten, Oper 49, 197; Vier Sonaten für Violine Solo, Opus 42.

Zu seinen Orgelkompositionen gehören: Suite, Opus 16; Fantasie, Opus 27; Fantasie und Fuge, Opus 29; Fantasie, Opus 20; Sonate, Opus 33; Zwei Fantasien, Opus 40; Fantasie und Fuge, Opus 46; Die Fantasien, Opus 52; Symphonische Fantasie und Fuge, Opus 57; Sonate, Opus 60; Zweiundfünfzig Präludien, Opus 67; Variationen und Fuge, Opus 73; Suite, Opus 92; Intermezzo, Passacaglia und Fuge, Opus 127.

Zu seinen Klavierwerken gehören: Aquarellen, Opus 25; Variationen und Fuge, Opus 81; „Aus meinem Tagebuch“, Opus 82; Zwei Sonatinen, Opus 89.

Er hat über dreihundert Lieder geschrieben.

# SCHÖNBERG

Arnold Schönberg wurde am 13. September 1874 in Wien geboren. Bis zu seinem 20. Lebensjahr war er Autodidakt. Den ersten Unterricht erhielt er von seinem Schwager Alexander von Zemlinsky. 1901 ging er nach Berlin und wurde Kapellmeister des von Birnbaum, Wedekind und von Wolzogen geleiteten Kabaretts „Überbrettl". Durch den Einfluss von Richard Strauss sicherte er sich eine Stelle als Dozent am Stern's Konservatorium. 1903 kehrte er nach Wien zurück. Er weckte das Interesse Gustav Mahlers, der mehrere seiner Werke zur Aufführung brachte. Das Rosé Quartett spielte das Sextett „Verklärte Nacht" und das Quartett Opus 7. Außerdem wurden die „Kammersymphonie" und das Chorwerk „Gurrelieder" gespielt. 1910 wurde Schönberg zum Kompositionslehrer an der Kaiserlichen Akademie ernannt. 1911 kehrte er nach Berlin zurück und blieb dort bis 1916 (?). Er soll sich derzeit in Wien aufhalten.

Zu seinen Kompositionen gehören:

Oper 1, 2 und 3, Lieder – „Gurrelieder"; Opus 4, Sextett „Verklärte Nacht"; Opus 5, „Pelleas und Melisanda"; Opus 7, 1. Streichquartett; Opus 8, Lieder mit Orchesterbegleitung; Opus 9, „Kammersymphonie"; Opus 10, 2. Streichquartett, mit Vertonung von „Entrückung" von Stefan George; Opus 11, drei Stücke für Klavier; Opus 13, *A-Capella-* Chöre; Opus 15, Lieder; Opus 16, fünf Stücke für Orchester; Oper 17 und 19, Klavierstücke; Opus 21, „Die Lieder des Pierrot Lunaire".

Eine neue Kammersymphonie und ein Monodram „Erwartung" bleiben unveröffentlicht.

# SIBELIUS

Jean Sibelius wurde am 8. Dezember 1865 in Tavastehus, Finnland, geboren. Er immatrikulierte sich 1885 an der Universität Helsingfors, gab jedoch kurz darauf den Gedanken an ein Jurastudium auf und trat 1886 in das Konservatorium ein. Hier blieb er drei Jahre und studierte Komposition mit Wegelius. 1889–90 studierte er bei Becken in Berlin. 1891 ging er nach Wien, um bei Karl Goldmark Instrumentierung zu studieren. Von 1893 bis 1897 unterrichtete er Komposition am Konservatorium Helsingfors. Im Jahr 1897 bewilligte ihm der finnische Senat für einen Zeitraum von zehn Jahren eine jährliche Summe von 600 Dollar, um ihm Zeit zum Komponieren zu geben. Im Jahr 1900 tourte er als Dirigent des Helsingfors Philharmonic Orchestra durch Skandinavien, Deutschland, Belgien und Frankreich. 1901 wurde er eingeladen, beim Fest des Deutschen Tonkünstlervereins in Heidelberg eigene Kompositionen zu dirigieren. 1914 verlieh ihm die Yale University während seines Amerikaaufenthalts den Grad eines Doktors der Musik. Derzeit lebt er in Järsengrää, Finnland.

Zu den Kompositionen von Sibelius gehören:

Fünf Symphonien: Nr. 1, Opus 39; Nr. 2, Opus 43; Nr. 3, Opus 52; Nr. 4, Opus 63; Nr. 5 (komponiert 1916).

Streichquartett „Voces intimæ", Opus 56.

„En Saga", Opus 9; „Karelien-Ouvertüre", Opus 10; „Der Schwan von Tuonela" und „Lemmenkainen zieht heimwarts", Opus 22; „Finlandia", Opus 26; „Suite König Christiern II", Opus 27; „Pohjohlas Tochter", Opus 49; „Nächtlicher Ritt und Sonnenaufgang", Opus 55; „Scènes historiques", Opus 66; „Die Okeaniden", Opus 72. Etwa fünfzig Lieder usw. usw.

# LÖFFLER

Charles Martin Loeffler wurde am 30. Januar 1861 in Mülhausen im Elsass geboren. Er studierte Violine bei Massart und Léonard in Paris und bei Joachim in Berlin. Er studierte Komposition bei Guirand in Paris. Spielte Geige im Orchester von Pasdeloup, dann in den Orchestern von Nizza und Lugano. Von 1883 bis 1903 war er zweiter Konzertmeister im Boston Symphony Orchestra. Seit 1903 widmet er sich ganz der Komposition. Er lebt derzeit in Medford, Massachusetts.

Zu seinen Kompositionen gehören: Suite für Violine und Orchester, „Les Viellées de l'Ukraine", 1891; Konzert für Cello, 1894; Divertissement für Orchester, 1895; „La Mort de Tintagiles", 1897; „Divertissement espagnol" für Orchester und Saxophon; „La Villanelle du Diable"; „Ein heidnisches Gedicht"; „Hora mystica"; „Psalm 137"; „An einen, der im Kampf fiel"; Zwei Rhapsodien für Oboe, Viola und Pianoforte; Streichsextett; Streichquartett; Musik für vier Saiteninstrumente; Lieder zu Gedichten von Baudelaire, Verlaine, Yeats, Rossetti, Lodge, Kahn usw.

# ORNSTEIN

Leo Ornstein wurde am 11. Dezember 1895 in Krementschug, Russland, geboren. Sein Vater war Kantor in der Synagoge. Bis 1906 war Ornstein Schüler am Petrograder Konservatorium. Aufgrund der Pogrome wanderte seine Familie nach New York aus. Dort besuchte er die Freundesschule und studierte Musik am Institut für Musikkunst. Später studierte er bei Bertha Fiering Tapper. Sein Debüt als Pianist gab er im Januar 1911. Von 1913 bis 1914 lebte er in Europa, hauptsächlich in Paris. Er wurde der französischen Öffentlichkeit von Calvocoressi bei einem Konzert in der Sorbonne vorgestellt. Im Sommer tourte er durch Norwegen. Im Herbst kehrte er nach Amerika zurück und gab Anfang nächsten Jahres eine Reihe von Konzerten mit hochmoderner Musik im Fifty-seventh Street Theatre. Im nächsten Jahr setzte er die Reihe mit vier halbprivaten Konzerten im Haus von Frau Arthur M. Reis fort. Seitdem gibt er Konzerte in den gesamten Vereinigten Staaten und Kanada. Er lebt derzeit in Jackson, NH

Zu Ornsteins Kompositionen gehören:

Zwei symphonische Gedichte, „Der Nebel" und „Das Leben des Menschen" (nach Andrev); ein Klavierkonzert, Opus 44; eine Vertonung des 30. Psalms für Chor; ein Quartett für Streicher, Opus 28; ein Miniatur-Streichquartett; ein Klavierquintett, Opus 49; zwei Sonaten für Violine und Klavier, Oper 26 und 31; zwei Sonaten für Cello und Klavier, Oper 45 und 78; Drei Lieder, Opus 33; Vier Vertonungen von Blake, Opus 18. – Für Klavier Solo: Sonate, Opus 35; Zwergensuite, Opus 11; Eindrücke von der Themse, Opus 13; Zwei Eindrücke von Notre-Dame, Opus 16; Zwei Schattenstücke, Opus 17; Sechs kurze Stücke, Opus 19; Drei Präludien, Opus 20; Drei Stimmungen, Opus 22; Elf kurze Stücke, Opus 29; Burlesken, Opus 30; Achtzehn Präludien – à la Chinoise, Opus 39; Arabesken, Opus 48; Gedichte von 1917, Opus 68.

# BLOCH

Ernest Bloch wurde am 24. Juli 1880 in Genf, Schweiz, geboren. Er studierte in Genf bei Jaques Dalcroze, in Brüssel bei Ysaye, am Hoch'schen Konservatorium in Frankfurt bei I. Knorr und bei Thuille in München. Seine Oper „Macbeth" wurde 1910 an der Opéra Comique in Paris aufgeführt. 1915 wurde er zum Professor für Komposition am Konservatorium in Genf ernannt. 1916 kam er als Dirigent des Maud Allan Symphony Orchestra nach Amerika. Sein Quartett wurde in dieser Saison von den Flonzaleys aufgeführt, und im Mai 1917 widmete die Gesellschaft der Musikfreunde ein Konzert ausschließlich seinen Werken. Im Sommer kehrte er in die Schweiz zurück und reiste erneut nach Amerika, diesmal mit der Absicht, sich hier niederzulassen. Von 1917 bis 1919 unterrichtete er Komposition an der David Mannes School. Im September 1919 gewann er mit seiner Suite für Viola den Coolidge-Preis. Er lebt in New York.

Neben „Macbeth" umfasst die Liste seiner Kompositionen eine Symphonie in cis-Moll; „Vivre-Aimer"; „Hiver-Printemps"; „Trois Poèmes juives", „Trois Psaumes" (22. für Bariton, 14. und 137. für Sopran); „Poèmes d'Automne" für Mezzosopran; „Schelemo", Rhapsodie für Cello und Orchester; „Israel" (Symphonie – zwei Sätze); Streichquartett; und Suite für Bratsche und Klavier oder Bratsche und Orchester. Eine Sonate für Violine und Klavier ist in Vorbereitung.